| 정종배 다큐시집 |

1923 관동대학살
── 생존자의 증언

창조문예사

시인의 말

2023년 올해가 관동대지진 조선인 대학살 100년이다.
항일 저항시의 근간은 관동대지진 조선인 제노사이드이다.

  학다리중앙국민학교 5, 6학년 유방현 담임선생님과 문창과 강의 시작과 입학이 같아 76학번이라 자칭한 시인 구상 선생님의 그늘에 놀다가
  망우역사문화공원에 묻혀 있는 한국을 사랑한 일본인 아사카와 다쿠미의 '인간의 가치'를 실현한 디아스포라 생애는 2000년 이후 내 삶의 지남차이다.
  아사카와 다쿠미 현창회 조재명 조만제 회장님 두 분은 고인이 되었지만 지금도 어른으로 망우역사문화공원 '사색의 길' 위에 필자의 앞길을 밝혀준다.
  『망우리공원 인물열전』을 출간하고 월간 《창조문예》에 '망우리공원 문인열전(2021. 8.~2023. 3.)'을 연재하며 관동대지진 참상에 관련된 인물들을 더 깊이 파악하여 페이스북에 올렸다.
  올해 초 광운대학교 김광열 교수가 글 잘 보고 있다며 관동대지진 관련 유명 인물 중 문인을 중심으로 줌 강의를 제안하였다.
  옛 신문과 논문을 찾고 뒤져, 3월 11일 두 시간 동안 부족하지만 100년 전 참상을 목격한 인물들을 소개하였다.
  이명재 하정웅 김종규 임헌영 정희성 김준태 우한용 선생님과 박경하 교수 오충공 감독 민병래 기자 김응교 교수 신경호 상임이사 김종수 목사님 유시경 신부님 김태완 기자 천승환 사진작가의 격려와 응원이 이 시집이 나오기까지 큰 힘이 되었다.

필자는 학다리중앙국민학교 입학 전후 3년 동안, 무안 도산 외가에서 투병하는 엄마를 그리며 선친이 함평 무안 학다리오일장 과일전에서 상인들에게 팔려고 쌓아둔 옛 신문을 읽기 시작하며 세상에 대해 눈을 떴다.

국가보훈처 독립유공자 공적과 동아일보 조선일보 매일신보 친일인명사전 재일조선인단체사전 등과

2021년 출간한 『망우리공원 인물열전』에 이어, 100년 전 관동대지진 조선인 대학살 참상을 목격하고 동아·조선일보 등 자료에 실린 희생자 200여 명과 생존자 7,500여 명 중 200여 분의 실화와 증언 등이 이 다큐시집의 바탕이다.

100년 전 제노사이드 참상을 밝히지 못하는 신문 기사 행간에 배어 있는 통증에다 필자가 무슨 말을 더 보탤 수가 없었고, 연구자들의 도움이 될까 싶어 신문 기사와 자료를 거의 그대로 옮겨 실었다.

《창조문예》임만호 발행인, 최규창 주간, 편집부의 배려와 식구들의 사랑…… 고맙고 고맙습니다.

2023. 6.

※ 동아일보 조선일보 매일신보 등 당시 신문 표기는 대부분 현대어로 고쳤다.
※ 예 (친일, 문학)은 (친일인명사전 등재, 문학)을 줄여 표현한 것이다.
※ 이 시집은 〈관동대지진 조선인 학살 100주년 맞이 추모문화제 및 위령의 종루 보수를 돕는 사람들〉의 기금을 마련하기 위하여 기부할 예정이다.

| 차례 |

시인의 말   2

1부_ 관동대지진 조선인 대학살

관동대지진 조선인 대학살 100년   12
관동대지진 일본 정부   13
항일 저항시의 근간은 관동대학살이다   14
제노사이드 당한 조선인 수   17
임시정부《독립신문》에 6,661명 게재   19
희생자 구조와 조사 요원   20
제노사이드 함구령과 언론 통제   22
관동대학살 교과서 수록 문제   24
일본 도항과 동경이재동포위문반과 유학생 위로회   25
조선인 대학살과 자경단   27
참혹한 제노사이드   29
일본 한국 양국의 작가들   31
시인 소월 김정식   33
시인 파인 김동환   35
나라시노수용소   37
오충공 감독과 보화종루   39
시인 지촌 김용제   43
문학평론가 백철   44
소설가 민촌 이기영   47

소설가 백릉 채만식	49
소설가 마명 정우홍	50
자경단 재판	52
관동대지진과 망우역사문화공원	53
시인 월파 김상용	58
한국인 제노사이드 자료	59
계엄령과 유언비어 언론 통제	61

2부_ 관동대지진 조선인 제노사이드 100년

1923년 9월 1일 관동대지진	64
1923년 9월 1일~10월 9일 진판옥 일기	65
1923년 9월 2일 자경단과 학살령	83
1923년 9월 3일 신문 기사와 윤치호 일기	84
1923년 9월 5일 백작 송병준 신문 광고	86
1923년 9월 7일 초대 주불공사 한승인	88
1923년 9월 8일·9일 일본 진재 영화 상영	90
1923년 9월 10일·11일 의연금 모집과 부산 부두 귀국동포	92
1923년 9월 10일·11일 아사카와 다쿠미[浅川巧] 일기	94
동강 하정웅 청리은하숙과 사진작가 후지모토 다쿠미	104
1923년 9월 12일 총독부 출장소 개시와 부안 진재 의연 분배	106
1923년 9월 13일 황세자 전하와 자금시장 및 시중 쌀값	108
1923년 9월 14일·15일 비행사 안창남과 이주만 군	110

1923년 9월 16일 유언비어와 장형두와 진재 사진 4보 도착   113
1923년 9월 17일 조선인 폭동의 허설   116
1923년 9월 18일 인천 재적인 소식과 윤치호 일기   120
1923년 9월 19일 고학후 군과 민속학자 송석하   125
1923년 9월 20일 정평군청 처지 부당과 각 지역 소식   129
1923년 9월 21일 진재 의연금과 구제회 조직과 선천의 이영찬과 이영학 형제   134

3부_ 진재지방재유동포의 안부 조사 및 조선총독부 출장소가 조사한 동포 소개

1923년 9월 22일 진재지방재유동포의 제일회 안부 조사 도착, 조선총독부 출장소 제일회로 조사한 동포 소개   138
1923년 9월 23일 동경진재 지방생존동포 제일보   151
1923년 9월 23일 공초 오상순(吳想殉)   156
1923년 9월 24일 동아일보 특파원 제이회 안부 조사, 총독부 제일회 조사 동시 도착   158
1923년 9월 25일 상애회 박춘금   164
1923년 9월 26일 시인 신석정 집안 소설가 정우홍 이익상 신석상 가수 신형원   165
1923년 9월 26일 총독부 제이회 안부 조사 도착   169
1923년 9월 27일·28일 안창남 고한용 홍사익 정인영 자살   171
1923년 9월 29일 무정부주의자 독립운동가 김중한   177

1923년 9월 30일 동아일보 특파원 이상협 나라시노수용소 방문기	181
1923년 10월 1일 본사 특파원의 제4회 안부 조사 도착	189
1923년 10월 2일·3일 유언비어와 시인 이상화	196
1923년 10월 4일 김동환 안창남	199
1923년 10월 5일 안창남 오누이 만남	201
1923년 10월 6일 동요 반달 윤극영	206
1923년 10월 7일 정신병 환자와 젊은 아내 자살	208
1923년 10월 8일 소설가 이익상과 임영신	210
1923년 10월 10일 조선총독부 출장소 조사 제13보	214
1923년 10월 11일 유학생 전학 배분	218
1923년 10월 13일 진재 중에 참사한 동포	220
1923년 10월 14일·15일 군마현 자경단과 기특한 일본 부인	222
1923년 10월 17일 유언비어의 출처가 판명	224
1923년 10월 18일 군마의 학살범 34명 검거	226
1923년 10월 19일 임장 순사가 동정금 기부를 중지	227

4부_ 관동대지진 조선인 대학살 참상 뒤

1923년 10월 20일 조선인 학살 사건 신문 보도 통제 '일부 해금'	232
1923년 10월 25일·26일 이상화의 시 「독백」	233
시인 설정식 시 「진혼곡」	235
1923년 10월 27일~11월 3일 진재 조난 환영회	237
1923년 11월 4일 신시 「명월야」 박팔양	239

1923년 11월 5일 경부보를 불공대천지수	240
1923년 11월 8일 7,061 동포 부산 상륙	241
1923년 11월 10일 진재 후 귀환수 2만 8천여 인	242
1923년 11월 12일 류종열과 류겸자 음악회	243
1923년 11월 17일 중국 상해 〈추도가〉	244
1923년 11월 28일 순창 동포 15인 추도식	246
1923년 12월 5일 독립신문 김승학 추도문 추도가	248
1923년 12월 9일·10일 참사동포 추도식 전민철	252
1924년 9월 3일 인천노동총동맹 추도회 조봉암	254
시인 영랑 김윤식	257
시인 용아 박용철	259
영문학자 이하윤	260
극작가 유치진	262
수필가 이양하	264
수필가 삼오당 김소운	266
소설가 한설야	267
평론가 김문집	270
불문학자 손우성	272
동요 〈반달〉 작곡가 윤극영	274
동요 〈짝짜꿍〉, 〈졸업식의 노래〉 작곡가 정순철	276
《씨올의 소리》 발행인 민중운동가 함석헌	279
영화인 나운규 〈아리랑〉	281
최승만과 변희용	283
독립운동가 백정기 서민호와 엿장수 구학영 화가 백남순	285

님 웨일즈 『아리랑』의 혁명가 장지락	289
재독한인회 이미륵 이극로 김준연	291
한성산부인과 의사 길정희	292
추도가 / 동경에서 B생	294
관동대지진 조선인 대학살 추모식과 특별법안	296
관동대지진 조선인 대학살 희생자 추도식 축문을 대신하여	298
관동대지진 제노사이드 당한 희생자 - 2009년 5월 8일 현재까지	303

지바현 현장 답사 안내 - 지바현 내의 학살 사건 일람	313
1924년 4월 말 현재 주요 인물 및 경시청 편입 요시찰인물	316
一年이 되어 온 震災통 - 日記와 그 때의 回想, HY生의 일기	320

1부
관동대지진 조선인 대학살

관동대지진 조선인 대학살 100년

1923년 9월 1일 오전 11시 58분에 일어난 진도 7.9 관동대지진은
사망 및 행방불명 10만 5천여 명 피해자 190만 명
이재민 340여만 명이 발생했다
1차 피해는 지진 2차 피해는 화재 3차 피해는 제노사이드
조선인 6,661명이 대학살 당했다
1924년 이후에는 잊혀졌다
지금까지 피학살자 중 이름이 밝혀진 이들은 400여 명
이름과 고향 주소가 기록된 사람은 30여 명이다
희생자의 영혼은 100년이 흘러가도 중음신으로 구천을 떠돈다
일본 땅 22곳에 위령비 위령탑 위령의 종 묘지 등 26개를
대부분 양심 있는 일본인들이 건립했다
그나마 둘은 민단 둘은 총련 4곳은 재일한국인들이 세웠다
총련은 학생들의 소풍지로 참배하고 관리한다
1985년 한국인들이 기금을 모아 한국의 재료와 손으로
일본에 세운 유일한 기림시설 〈보화종루〉가 무너져 가고 있다
고국에는 충남 천안 〈망향의 동산〉에
재일본대한민국민단 사이타마 현·현북지부가 2003년에 건립한
'관동대진재 기옥현·현북지역 재일동포희생자위령탑' 단 한 기 뿐이다

관동대지진 일본 정부

일본 정부는 관동대지진 조선인 대학살 피해자나 유족들과
대한민국 정부에 공식적으로 사과한 적이 없다
지금도 제노사이드를 뭉개거나 외면하며
한국인을 깔보지나 않기를 바란다
태평양전쟁의 피해자인 성 노예로서 사실상 삶이 끝난
대한민국 여성들에게 사과하지 않는 것과 똑같은 맥락이다
관동대지진 조선인 대학살은
일본에서 일어나 잊어버리거나 재일한국인만의 문제라
나와는 관계없는 과거사가 아니라
지금 여기 생생하게 끓고 있는 피눈물의 현안이다
현재까지 일본 정부는 공식적으로
진상을 밝히거나 잘못을 인정한 적도 없다
1923년 9월 10일 임시정부 외교총장 조소앙(대한민국장, 임시정부)
「관동대지진 한인학살에 대한 외교총장의 항의서」말고는
대한민국 정부에서도 일본 정부에
진상 공개나 사과를 요청한 적이 없다
재일한국인들이 제일 겁나는 게
지금도 그와 같은 천재지변이 일어났을 때
100년 전과 같은 제노사이드를 당할 수 있다는
트라우마 속에서 하루를 살아간다

항일 저항시의 근간은 관동대학살이다

관동대지진을 형상화한 작품은 일본에서 '재해문학'으로 포괄하고 있지만
한국인 작가가 쓴 시와 소설은 일본 작가와 다를 수밖에 없다
일본인에게 관동진재는 자연재해였지만
대학살 피해자인 한국인에게는 민족과 인종과 타국민의 갈등이 분출한 공소시효가 적용되지 않는 제노사이드이기 때문이다
항일 저항시와 문학의 근간은 관동대지진 조선인 대학살이라 하여도 지나치지 않을 만큼 참혹했다
그 당시 참상을 목격하거나 관련된 문인은
시인 김소월, 이상화(애족장, 문화운동), 김동환(친일, 문학), 김영랑(건국포장, 국내항일), 박용철, 유치환, 유치상, 장정심, 고한용,
소설가 이기영, 채만식(친일, 문학), 한설야, 정우홍, 이익상(친일, 언론), 정연규, 수필가 이양하, 김소운, 극작가 유치진(친일, 연극), 이서구(친일, 연극), 조준기, 아동문학가 최신복(친일, 언론), 평론가 김문집(친일, 문학), 불문학자 손우성, 비교문학 이하윤 등으로 대부분 유학생으로 참상을 목격했다

김기림, 김말봉, 김영진, 박승희, 손진태, 정지용, 진장섭, 한식, 김두용, 김희명, 최현배(독립장, 문화운동), 김상용(친일, 교육학술) 등은 당시 현지에 있었는지 확인이 필요하다

양주동, 이장희, 유엽 등은 방학 중 귀국하여 일본으로 돌아가지 못하였다
일본에서 기획했던 근대문학사 최초의 본격적 시 전문지 《금성》을 백기만, 손진태, 이상백(애족장, 3·1운동) 등과 1923년 11월 10일에 창간했다
김소월은 한 달 동안 연락이 두절되어 가족들이 죽었다고 포기했다
신석정 시인 형님 신석갑과 사촌 매형 소설가 정우홍·이익상
소설가 신석상 아버지 신기형도 당시 동경 유학생이었다
윤동주(독립장, 학생운동) 시인 아버지 윤영석도 참상을 목격한 뒤
명동촌에 무사하다는 전보를 치고 급히 귀국했다
시인 구상의 맏형인 구원준도 지진 이후 행방불명됐다
시인 홍사용의 19살 아래 막내동생으로 왕족을 제외하고
한국인으로 유일한 일본군 육군대학 출신인 홍사익(친일, 군)도 참상을 목격했다

이육사(애국장, 의열투쟁) 시인은 대학살
다음 해 4월부터 1925년 1월까지 동경에 유학하였다
강기덕(독립장, 국내항일)과 지인들의 도움으로 시인 김동명은
1925년 일본 청산학원 신학과를 입학하여 일본대학 철학과를 수학했다
염상섭은 도쿄에서 양주동 나도향 등과 지냈으며 「숙박기」(1928)를 썼다
1927년 1월에 동경에 온 김용제(친일, 문학)와

3월에 도쿄고등사범학교 영문과에 입학한 백철(친일, 문학)은
제노사이드 참상을 고발하는 시를 일본어로 써서 발표했다

관동대지진 조선인 대학살 제노사이드가 대한민국 근현대문학사의
분기점으로
파스큘라(PASKYULA)와 카프(KAPF) 등 프롤레타리아 문학의 기폭제다

제노사이드 당한 조선인 수

관동대지진 조선인 제노사이드 당한 피해 사망자는
조선총독부 사이토 마코토[齋藤実] 총독의 2명에서부터
독일 외무성 보고의 23,058명까지
편차가 큰 만큼 발표마다 다르다
1923년 11월 15일 당시
일본 사법성 조사에는 233명 조선총독부는 832명
'조선인박해사실조사회'와 《중앙공론》 편집장인 정치학자 요시노 사쿠조
[吉野作造]는 2,613명이나
다른 기록에는 2,712명이라 주장했다
조선인이 학살당한 것으로
재일한국인의 인식이 통일되진 않았다
'15엔 50전[쥬고엔 고쥬센]'의 발음은 탁음의 연속으로
한국어에는 탁음이 없으므로 '쥬고엔 고짓센'으로밖에 발음할 수 없다
이때 바로 조선인이라는 것을 아는 것이다
신원이 밝혀진 조선인은 그 자리에서 살해된다
대학생과 지식인들은 대부분 살아났고 죽은 이의 대다수가 노동자다
김희명 작가는 2천여 명과
재일조선 YMCA의 총무 최승만은 2만여 명(『나의 회고록』 명단 확인 29명)
조도지[成道寺] 위령비 17명 도쿄도 위령당 83명 등을 확인할 수 있다

「재일본관동지방이재조선동포위문반 조선인학살 최종조사보고」와
1923년 11월 28일까지 집계한 「상해교민 보고서」인 「일만의 희생자」
1923년 12월 5일 자 임시정부 《독립신문》에 6,661명이라 실렸다
일본 사법성은 380명으로 축소하며 왜곡했다
K·H·S라는 필명은 5천여 명이라 주장하고
《신한민보》톰킨스 박사 항의서에는 500여 명이라 적혀 있다
독일 부르크하르트 기사 및 방문기 요코하마[橫浜] 15,000명 합산 독립신문(상해판)에 피학살 조선인은 21,600명이 달한다고 발표했다
식민지 조선에서 관동대지진은 1924년부터 사실상 잊혀진 기억이다
2013년 주일한국대사관에서 '일본진재시 피살자 290명 명부'가 발견됨에 따라
처음으로 희생자 명부에 대한 연구가 시도되었다
북한은 줄곧 관동대지진 당시 2만 3천여 명의 조선인이 학살당했다고 주장한다
해방공간 좌와 우 한국전쟁 전후의 이념대립 공권력에 의한 희생자와
5·18항쟁 희생자 숫자도 정확하게 파악하지 못하는 현실이다
일제강점기 민족을 배반한 자료를 없애고
눈을 감고 고개를 돌리면 넘치는 부와 거짓 명예로
거들먹거리며 왜곡된 현실을 즐기는 대한민국
100년 전 제노사이드 참상의 진상을 외면하는 탓일까

임시정부《독립신문》에 6,661명 게재

임시정부 독립신문사 사장 김승학(독립장, 임시정부)은
지진 당시 나고야[名古屋]에 있던 잡지사 사원인 한세복을 지진 지역으로 보내
동포들의 피해에 대한 조사를 지시한다
재일한국 YMCA의 총무 최승만과
천도교 도쿄종리원장 박사직 등이 주도하여
재일조선동포피학살진상조사회(한인피해조사회)를 결성하려 했으나
일본 경찰은 '피학살'이라는 단어가 있다는 핑계로 허가하지 않았다
대안으로 〈재일본관동지방이재조선동포위문반〉
줄여서 〈이재동포위문반〉을 만들었다
여기에 〈조선유학생학우회〉와
동아일보 특파원 이상협(친일, 언론)과 한세복 등이 참여했다
일본 관헌이 피학살자의 시체를 암매장하거나 몰래 화장을 하는 등
교묘한 방해를 뚫고 '조사보고서'를 만들었다
도쿄와 요코하마[橫浜] 사이에 무차별 학살이 많았다
가나가와[神奈川] 4,106명 도쿄[東京] 1,347명 사이타마[埼玉] 588명 군마[群馬] 37명 도치기[栃木] 8명 이바라키[茨城] 5명 등
한세복이 김승학에게 편지 형식으로 보고한 이 내용이
대한민국 임시정부 기관지《독립신문》1923년 12월 5일 1면에 실렸다

희생자 구조와 조사 요원

《동아일보》초대편집국장 이상협은
관동대지진 조선인 대학살 특파원으로 단독 취재하였다
김승학은 상해에 있었던 독립운동 기관지 《독립신문》사장으로
지진 당시 나고야에 있던 한세복을 지진 지역으로 보내
동포들의 피해에 대한 조사를 지시했다
한세복은 도쿄에 잠입해 들어와
동지를 규합해 희생자를 조사하여
재도쿄천도교 청년회 이철, 박사직, 민석현, 이동제,
조선기독교청년회 총무 최승만 간사 이헌
연합교회 목사 오기선 등과
변희용, 이근무, 이창근, 김건(독립장, 중국방면, 한위건의 필명. '학살'이라는 제목의 팜플렛을 냄) 등 유학생과 〈이재동포위문반〉등을 중심으로 한 10여 명이 협조하였다
　조선인 희생자는 임시정부가 간행하는 《독립신문》집계 6,661명이다
　독일 외무부 자료는 조선인 희생자가 6,661명보다 3배에 이르는 23,058명이다
　6,661명이라는 숫자는 중국 상하이 거주 조선인 조사단이
일본 현지에서 1923년 11월 28일까지 집계한 수치이며,
'재일교포위문반'과 당대 일본 최고 지식인인《중앙공론》편집장 요시노 사쿠조가 조사한 것을 비교해 도출한 것이라고 밝힌 바 있다

독일 외무부 자료는 "4개월 후인 1924년 3월 작성된 것이기에 지금까지 나온 관련 사료 중 최종적인 조사 결과물이라는 성격을 띠고 있다"고 밝혔다

이 영문 사료는 조선인이 일본인에게 참혹하게 학살당했다는 내용을 담은 본문 8매, 학살 증거 첨부 문서 3매로 구성돼 있다 첨부 문서를 보면

학살 장소와 시신이 모두 확인된 조선인 피해자는 총 8,271명

장소 미확인 시신 확인 피해자는 7,861명

장소 미확인 시신 미확인 3,249명

일본 기병(군인)에 학살된 피해자 3,100명이었다

이 가운데 학살 장소와 시신이 모두 확인된 피해자만 8,271명에 달하는데

이는 지금까지 알려진 전체 학살 규모 6,661명보다 훨씬 많은 숫자다

문서 마지막 부분에는 항일 독립운동에 참여한 한국인이

정보를 제공한 것으로 되어 있다

제노사이드 함구령과 언론 통제

1923년 9월 1일 관동대지진이 일어났다
도쿄 가나가와 지바 사이타마 군마 등 간토[關東] 각 지역에서
일본의 군대 경찰 민간인 자경단 등이
2일부터 조선인을 학살하였다
조선에는 9월 3일 조선총독부 기관지《매일신보》
민족지라 일컫는《동아일보》《조선일보》기사를 통해
관동대지진 발생과 피해 상황이 전해졌지만
조선인 대학살은 10월 20일 이후에서야 보도되었다
막대한 인명 피해와 계엄령 선포에 관한 기사는
조선 사회에 큰 충격을 안겨 주었고
노동자와 방학이었지만 남아 있던 유학생 안부라도
염려하는 목소리가 커져갔다
경성에는 9월 4일 '재경일본유학생회' 7일 '재도쿄유학생부형회'
8일 '재도쿄이재조선인임시구제회'가 각각 조직되어
재일조선인의 피해 상황을 조사하고 지원금을 모집하기도 하였다
지방에는 함흥, 평양, 개성, 고창, 인천, 전주, 맹산, 제주도 등
국외에는 만주, 상해, 미주, 독일 등
국내외 각지의 해당 지역 출신 유학생 구제회, 연주회, 구제금, 동정금, 의연금, 유학생 돕기, 동포 구제책, 쌀 모으기, 식량 공급, 부형들의 위문방문, 위문반, 위령제, 추도회 등 단체들이 조직되어 활동했다

구제금, 의연금 등을 모금한 지역만 110여 고장이었다
유학생들은 조선으로 돌아오는 과정인
각 수용소, 조선총독부 도쿄 출장소, 시노모세키[下關] 수상경찰서, 선박 등에서
끊임없이 "조선으로 돌아가서 조선인 대학살 사실을 말하면 안된다
그런 이야기를 하면 바로 경찰에게 잡혀간다"라는 협박을 받았다
조선총독부는 배일사상이 농후하고 혈기 왕성한 유학생들이
조선으로 돌아와 도시에서 선전 선동을 하며 혼란을 일으킬 수도 있으니
각 관할 경찰서에 유학생의 집을 방문하여
본인과 가족들에게 입막음과 행동 단속을 철저히 하도록 지시했다
특히 소위 지사적 인물에 대해서는 도심부로의 이동을 무조건 금지하고
도시에 들어간 자는 체포하라는 지시도 내렸다
이른바 함구령이었다
일본군 100명보다 한 놈의 밀정이 무섭다
독립지사마다 등급을 매겨 2명에서 5명까지 뒤를 밟고 쫓았다
밀정이 뒤따르지 않는 독립운동가는 밀정이다는 말이 있을 정도였다

관동대학살 교과서 수록 문제

자연재해가 일어나 자국의 민심을 수습하기 위하여
타국민을 학살한 근현대사 세계에서 유일한
관동대지진 제노사이드 40주기인 1963년경부터
신문이나 글로 자신이 목격한 대학살을 폭로하기 시작하여
10년 단위로 한 걸음씩 앞으로 나아가
대한민국 한국사교과서에 그 참상이 수록된 것은 1996년이었다
일본은 강덕상과 금병동 야마다 쇼지[山田昭次] 등의 학자들이
정확한 자료를 찾아내 끊임없이 제시하며
정부 당국에 요구하여 1981부터 게재됐다
필자는 38년 국어 교사로 발가벗고
김소월 이상화 김동환 김영랑 박용철 윤동주 이육사 신석정 등
항일 저항시를 가르치며 그 바탕이
관동대지진 조선인 대학살과 관련이 있다고
입술 한 번 떼지도 못했다

일본 도항과 동경이재동포위문반과 유학생 위로회

관동대지진 이후 내지 관헌의 희망에 따라 금지되었던
조선인의 일본 도항이
9월 말 공무 유학생 상거래 기타
어쩔 수 없는 사정이 있는 사람에게만
증명서를 교부하고 도항을 인정하나
노동자 기타 일반인은 계속 막을 방침이지만 일부는 가능했다
이에 따라 9월 말 3~4백 명의 유학생이 일본으로 돌아갔고
이후 방침이 완화되면서
10월 한 달 동안 유학생 222명 노동자 196명 기타 184명 총 602명 등
조선인이 일본으로 건너갔다
유학생들이 대거 일본으로 돌아오거나
각지의 수용소에서 풀려나기 시작한 9월 말
도쿄에서 '조선기독교청년회'와 '천도교청년회' 및 '유학생'들이 중심이 되어
〈재도쿄이재조선동포위문반〉을 조직하여
진상조사와 피해자 구제에 나섰다
조선 각지에서는 무사히 살아 돌아온 유학생을 위한 '위로회'가 열렸다
1923년 9월 1일부터 11월 11일까지
일본에서 조선으로 돌아오는 조선인 31,563명 중
유학생이 2,300여 명이었다

지진 피해 지역에서 오는 사람은 6,509명으로
그중에 유학생은 1,649명이었다
약 71%가 조선으로 돌아온 것이다
한국인 유학생은 요시찰 인물이며 불령선인으로
수많은 유학생이 조선으로 돌아오자
조선인 대학살 소식이 전해지는 것을 두려워했던
조선총독부는 유학생의 입을 막으면서
한편으로는 조선의 학교로 전학과 편입을 원하는
그들의 요구 사항을 들어주었다
식민지 시기 많은 한국인들이 도쿄에 들어갔다
처음에는 유학생이 많았다
식민 통치가 진행되면서 일자리를 찾아가는 경우가 더 많아졌다
1922년 말 도쿄에의 조선인 학생은 1,950명 노동자 1,540명으로 조사됐다
1923년을 기점으로 노동자 수가 학생 수를 넘어섰다
1923년 5~6월경에는 학생이 2,300명 8월에는 노동자가 4,000명이었다
그런데 관동대지진이 일어나고 1923년 말 조사에서는
학생 531명 노동자가 2,694명이었다
재해와 학살을 당하고 목숨을 구한 많은 조선인이 조국에 돌아가거나
일본의 다른 지역에 옮겨갔기 때문이다

조선인 대학살과 자경단

1922년경부터 재일조선인에 대한 일본 당국의 경계가 노골화되었고
조선인 식별자료 미행과 조사의 대상으로 삼았다
조선인을 언동에 따라 '갑'과 '을'의 부호를 붙인다
요시찰 갑호는 민족성이 강하고
일본에 반항적인 인물이라고 해서 5명의 미행이 붙고
을호는 갑호 정도가 아니어도 민족심을 가진 자이며
기타 낙천적인 자로 구분하여 3명의 경찰이나 밀정이 붙었다
그 결과 1923년 5월 메이데이에 조선인 주의자를 검거하고
6월 제1회 공산당원 체포가 있었으며
9월 1일 대지진을 빌미로 증오와 살인이 극단적으로 표출되었다
관동대지진 조선인 대학살이 사회주의자 및 독립운동가
무정부주의자 등에 대한 탄압의 정점으로
강덕상은 대학살을 지배와 피지배라는 식민지주의의 섭리가
일본 본토에서 전쟁의 형태로 나타난 사건이라 말했다
조선인들이 우물에 독을 푼다거나 불을 지르며
폭동을 일으키려고 한다는 등의 유언비어를
9월 3일 아침에 후나바시의 해군도쿄무선전신소 후나바시송신소는
결정적 역할로 일본 전역에 전파하고
　내무성 경무국이 경찰조직을 통해 일본 전국에 전파시켰다
　경찰과 관청이 연계되어 유언비어를 전국적으로 확산시켜

일반 일본 민중들에게 조선인에 대한 불안감을 북돋운 후
3,689여 곳에 자경단을 조직하게 하는 등
일본의 자료에 나타난다
자경단의 주축은 퇴역군인이었다 이들은
동학혁명과 전남의병 초토화 작전인 남한폭도대토벌과
1918년~1920년 사이 식민지 전쟁 때
군인으로 조선에 들어와
동학군과 의병은 독립운동을 할 자들이라며 무조건 죽였고
관동 조선인 대학살 때는 자경단의 주축인 퇴역군인으로 앞장섰다
민중들로 조직된 자경단이
같은 민중인 조선인을 학살했다
일본 정부는 뒤로 빠지고
책임을 민중에게 돌리는 식으로
조선인 대학살에 대한 책임을 면피하려고 하였다
일본 정부의 조선인 대학살에 대한 책임이 면죄되는 것은 아니다

참혹한 제노사이드

나무에 묶어두고 오가며 일본도나 죽창으로 찔렀다
양손을 묶은 상태에서 강 속에 던져놓고는
목을 강물 위로 내밀면 작은 배를 타고 가서
독수리 부리 같은 쇠갈고리인 도비구치[鳶口]로 목을 찍어서
다시 물속으로 조선인을 밀어 넣고
대지진 때문에 활활 타고 있는 석탄불 속에
조선인을 산 채로 집어던지거나
오토바이 뒤에 긴 줄로 몸을 묶은 조선인을 매달고
죽을 때까지 달렸으며
구덩이를 파고 조선인을 생매장
임산부의 음부에 죽창이 꽂혀 있었다는 증언과
군인들이 만삭인 임부의 배를 갈랐다
배 속 아이가 울자 아이마저 찔러 강에 던졌다
너무 참혹해서 이루 다 말할 수 없다
도쿄의 경우 수도라는 특성 때문에
가장 많은 인적 물적 피해를 입은 곳으로
군대에 의한 학살이 많았다
조선인 희생자 6,661명 중 반 이상의 참상이 일어난
요코하마의 경우는 경찰이 앞장서
자경단 조직을 종용했다는 증언도 많이 있다

이처럼 관동대지진 조선인 대학살 제노사이드는
자연재해를 이용한 타민족 학살로 세계 근현대사에 유일하다
일제는 독립투사를 교묘하게 고문하는 방법을 고안하여
그 잔인성은 중세 때 종교재판소를 뛰어넘는
남녀의 몸에 대나무 못을 박고 피부를 찢거나 비트는
입에 담지 못할 갖가지 고문을 자행했다
100년 전 역사 때문에 일본이 무릎을 꿇어야 한다는 생각은
받아들일 수 없다는 당신은 어느 나라 대통령인가
백주대낮 조선총독부 총독의 화신인가

일본 한국 양국의 작가들

관동대지진 조선인 제노사이드 이후 양국의 작가들은 각각 어떤 반응을 보였는가
그 학살에 항의하고, 피해자인 조선인에게 위로의 말을 전하는
일본 작가는 한 명도 없었다
국가에 대한 사랑보다 개성의 실현을 지향한
시라카바하[白樺派, 백화파] 작가들도 마찬가지였다
백화파 작가들 중에서
사회적 관심이 가장 많아서 톨스토이를 존경하고
대지주인 조상이 물려준 토지의 소유권을 소작인들에게 무상으로 양도한 아리시마 다케오[有島武郎]도
조선인 제노사이드에는 입을 다물었다
인도주의자도 조선인을 낮잡아 봤다
일본인 작가는 조선인 학살자들의 공범이라고 말해도 과언이 아니다
관동대지진 당시 자경단이었던 우치무라 간조[內村鑑三]나
동일본대지진 당시의 이시하라 신타로[石原愼太郞]의 담론으로 알려진
자연재해를 하늘이 인간에게 내린 징벌로 생각하여
재난을 계기로 인심의 쇄신을 꾀하는 천견론(天譴論)은
말할 필요도 없이 그 피해 지역 피해자들을 깎아내리는 얘기이며
용인하기에 곤란한 이야기다
그들에게는 그 사건과 관련하여 죄의식이 없었다

일본인 중 일부 뜻있는 이들을 제외하고
대부분은 지금도 변함없이 관심 밖 일이다

반면 한국 작가들은 재일한국인들을
직접적으로 업신여기는 차별을 당한
그 민족적 사건에 대하여 반응을 보였다
그들은 '간토대진재' 즉 관동대지진 조선인 대학살 참상을
체험한 작가와 비체험 작가로 구분될 수 있다
일본 프롤레타리아문학 잡지 등에 작품을 일본어로 발표한 작가로
『혼』과 『이상촌』의 정연규, 시집 『고려촌』의 한식, 시 「행복」·「이방애수」
등의 김희명, 시인으로 김용제·백철·강문석 등이며
1932년 일본 유명잡지 《개조》의 문예현상모집에 당선한 소설 「아귀도」
의 장혁주(친일. 문학), 김사량의 「빛 속에」는 이은직의 「흐름」과 1939년 제
10회 아쿠타가와 류노스케상[芥川龍之介賞] 후보에 올랐다
아쿠타가와 류노스케[芥川龍之介]도 자경단에 가입하였다
고국으로 돌아온 지식인들은 대부분 민족적 참상을 일제 검열로 오감을
닫았다

시인 소월 김정식

당시 일제 감시와 탄압 때문에
'간토대진재' 문학으로 꼽을 만한 작품 수효가 많지 않다
그래도 다수를 점한 것이 시 갈래이다
이상화 「독백」(《동아일보》, 1923. 10. 26)
'흰달'이라는 필명의 김소월 「나무리벌노래」·「차와 선」·「이요」(《동아일보》, 1924. 11. 24)
'월파'라는 필명의 김상용 「일어나거라」(《동아일보》, 1926. 10. 5) 등은
대화체 발화법을 채택함으로써
그 파멸의 제노사이드를 문학적 형상화로 거듭났다

1923년 오산학교를 졸업하고 동경상과대학 전문부에 입학했던 소월 김정식은
관동대지진 조선인 대학살 제노사이드 참상의 현장에 있었다
고향 집에 한 달간 연락이 없어서
숙모 계희영은 대지진 소식이 보도된 신문의 사망자 명단에
김정식 이름 석 자가 실려 있는 것을 본 식구들은 죽었다고 포기했다
일본에서 편지 한 통이 날아오자
그 주소로 귀국을 독촉하는 전보를 보내 10월경에 돌아왔다
동경으로 돌아가 학업을 계속할 뜻이 있었으나
조부를 비롯한 집안의 반대로 학업을 중단했다
　　　－ 계희영 『약산의 진달래는 우련 붉어라』 (문학세계사, 1982, 231~237쪽)

스승인 안서 김억(친일, 문학)은 대진재에 관해서는 일절 언급을 않은 채
도쿄에서 1년가량 체류하고 돌아온 김소월이
"걷잡 수 없는 크나큰 니힐에 빠지게 되었다"고 했다
— 김안서 「소월의 생애」(《여성》 30호, 1939. 6, 98쪽)

귀국한 후 시 「초혼」(1925)은 세속적인 남녀 관계와
우리 민족의 전통 장례 절차인 고복 의식을 설정하여
일제의 검열을 피하며 용의주도하게
민족의식을 표출한 작품으로 해석할 수 있다
제노사이드 경험을 한 항일의식을 바탕으로
조국과 민족에 대한 사랑을 노래한 작품으로 평가할 수 있다

시인 파인 김동환

도요[東洋] 대학교 영어영문학과에 재학 중에
1922년 도쿄 유학생들이 창립한 '재일조선노동총동맹'의 중앙집행위원으로도 활동하다가
관동대지진 당시 조선인 수용소 중 가장 큰 수용소인
지바현 나라시노 기병 13연대가 있던 자리의
'나라시노수용소'에 갇혀 있을 때
동아 조선일보 지면에 가장 많이 이름을 중복으로 올려졌던 파인 김동환은
일본인의 조선인 혐오로 인한 학살과 수용소 수감을 경험한 뒤
학교를 중퇴하고 귀국했다
장편서사시 시집 『승천하는 청춘』(신문학사, 1925. 12. 25, 이후 『승천』으로 줄임)을 발표하였다
이 시집의 제2부는 관동대지진에 대한 탁월한
문학적 보고서라 말할 수 있다고 김응교 교수는 발표했다
서사 시집 『국경의 밤』과 함께 대한민국 근대적 장편서사시로서
확고한 문단의 위치를 차지하게 되었다
1925년부터 조선프롤레타리아예술가동맹에서 활동하고
1927년 프롤레타리아 연극단체인 '불개미단'을 창단했다
1929년 종합 잡지사 '삼천리사'를 운영하며 유력인사로 성장하여
1930년대 중후반부터 내선일체와 황민화 운동을 앞장서며 변모했다

1930년 좌우합작 민족운동단체인 신간회 중앙집행위원으로 선출됐다
민촌 이기영의 중편소설 「고난을 뚫고」와 장편소설 「두만강」
사회주의 소설가 마명 정우홍 「진재전후」 등은
관동대지진 조선인 제노사이드를 경험한 작가의 소설이다

조선인 대학살을 세계 유일 다큐로 제작하는 오충공 감독은
세 번째 작품 〈1923 제노사이드, 93년의 침묵〉을 제작하며
파인의 딸인 김채원 소설가
2018년 8월 인사동 화봉문고 전시관에서
김동환의 시 「승천하는 청춘」을
영랑의 막내딸인 김애란 여사
종로3가 카페에서 김영랑의 시 「독을 차고」를
낭독하는 모습을 영상에 담았다

나라시노수용소

관동대지진 조선인 대학살은
천부적 혹은 사회적 요소를 들어 특정 인류 집단을
고의적 및 제도적으로 말살하는 행위
또는 그러한 시도를 일컫는
특정 인종에 대한 집단학살한 제노사이드(genocide)이다
제노사이드 관련 장소로 가장 유명한 장소는
독일의 아우슈비츠수용소와
관동대지진 조선인 대학살 때 나라시노수용소이다
한국인 중에는 아우슈비츠수용소는 알아도
나라시노수용소에 대해서는 잘 알지 못한다
9월 1일 관동대지진 발생 직후
일본 군경은 일본 언론과 함께 조선인들이 방화를 하고
우물에 독을 타고 폭탄을 설치한다는 등의 유언비어를 확산시키다가
9월 3일에는 유언비어 때문에 살해되는 조선인들을 보호한다는 명목
으로
군인들이 조선인 3,500여 명을 찾아내
나라시노수용소에 끌고 갔다
이 조치로 학살이 멈췄느냐 그렇지 않았다
관동대지진 조선인 대학살 피해자 중에는
나라시노수용소에 끌려갔다가 학살된 희생자들도 많았다

나치 독일이 유대인들을 아우슈비츠수용소로 끌고 갔다
조금씩 조금씩 가스실로 끌고 가 죽였던 것처럼
강덕상 교수가 주장하는 각 수용소에 갇혀있던 11,000명을 비롯하여
나라시노수용소에 끌려갔다가 어느 날
수용소 밖으로 끌려 나와 3~5명씩 마을별로 분배된 뒤
각 마을 자경단원들에 의해 살해된 조선인들이 많았다
이러한 관동대학살의 실상은 당시나 일제 내내
상해임시정부에서 발행하던 《독립신문》 말고는
국내 언론이나 출판물에서 직접적으로 표현된 사례는 찾아보기 어렵다
당시 국내 언론에 대학살 피해를 제보한 동경 유학생들도 있었지만
지진으로 인한 사망인 것처럼 보도되었고
그분들 중에는 1970년대에 들어서야
사실은 학살 실상을 제보했었다는 증언도 있었다
그만큼 일제의 통제가 심했고 독재정권은 외면했다

오충공 감독과 보화종루

2023년 제25회 지학순정의평화상을 수상한 오충공 감독의
1983년 첫 번째 다큐 〈감춰진 손톱자국〉에 이어
1986년 두 번째 관동대학살 기록영화
〈불하된 조선인 – 관동대진재와 나라시노수용소〉를 보면
나라시노수용소에 갇혀 있던 조선인들이
일본인 자경단에 불하되어
살해되었던 실상들에 대한 일본인 가해자들과
학살 현장까지 끌려갔다가 살아남은 생존자의 증언이 채록되어 있다
이 다큐에는 1985년 극작가 김의경 민속학자 심우성 등
대한민국 문화예술인들의 주도로
한국 시민들의 성금을 모아 건립했던
고국의 시민들이 한국의 건축 자재와 인력으로
일본에 세운 유일한 관동대학살 희생자 기림시설
'보화 종루' 건립 모습도 생생하게 영상에 담았다
위령의 종루가 세워진 일본 지바현 야치요시[八千代市] 다카쓰구 관음사는
1923년 9월 나라시노수용소에서 끌려 나온 조선인들을
처형하는 임무를 맡은 자경단원들이 임시 본부로 사용했던 곳이다
　야치요시 나라시노수용소 부근의 4개 마을(다카쓰구, 가야다상, 가야다하, 오와다신덴) 자경단 학살의 일기를 치바현 〈조선인 학살추도·조사 실행위원회〉가 낸 『이유없이 학살당한 사람들 – 관동대지진과 조선인』(1983))에서 처음

세상에 밝혔다. 그 내용은 다음과 같다

1923년 9월 3일 재향군인단과 청년단이 결성되었다.

7일 모두 지쳐 있어 한숨 잤다. 오후 네 시경 바라크(병영-다카쓰 창사)에서 '조선인을 넘겨줄테니 받으러 오라'는 연락이 있었다며 급하게 집합하였다. 희망자가 받아 오기로 하여 밤중에 조선인 15명을 받아 와 각 지구에 배당했다. 다카쓰구는 끌려 나온 3명의 조선인들을 관음사 경내 지금은 그루터기만 남은 은행나무에 묶어놓고 밤을 지새 공동으로 지켰다.

8일 9시경에 조선인 2명을 받아 와 5명을 구덩이를 파고 앉혀 목을 베기로 결정하였다. 절 경내에서 죽이면 훗날 문제가 된다고 하여 관음사에서 5분 거리 떨어진 지금은 다카쓰구의 마을 공유지 나기노하라[ナギの原] 들판에서 생죽음 당했다

9일 밤 12시가 지나서 모두 출동 조선인 1명을 받아 왔다는 연락이 왔다. 바로 전에 구덩이를 파놓았기에 데리고 가 제등을 밝히고 칼로 베어 묻어버렸다.

1960년부터 주민들과 관음사 주지가 위령 푯말을 세워놓고 위령제를 지내오다

1979년에 결성되어 1998년 9월 24일 지바현 양심적인 일본 시민모임 〈조선인 희생자 추도 조사 실행위원회〉 주도로

현지 주민들의 증언을 바탕으로 백목련 나무뿌리에서 조선인 6명의

유해가 발굴되어 관음사에 안치되었다가
 〈보화종루〉 옆에 1999년 위령비를 세우고 그 밑에 희생자 여섯 분의 유해를 모셨다
 〈2023년 관동대지진 조선인 학살 100주년 위령의 종루 보수 및 추모문화제를 돕는 사람들〉 모임에 필자도 추진위원으로
 2022년 11월 예비 조사팀과 관음사 보화종루 점검에 참여했다
 그동안 잦은 지진으로 개보수하여야 하는 관음사 〈보화종루〉를 오는 9월 10일 추모문화제를 치르며 기림시설물로 거듭나길 빌면서
 올해는 망우역사문화공원 답사 안내하고 받은 강사료를 기부하고 있다.
 다음은 작년 11월 보화종루 앞에서 쓴 시이다

관음사 보화종루 앞에서

 근현대사 세계 역사 속에서 유일하게
 자국의 자연재해로 흉흉한 민심을 수습하기 위하여
 조선인이라는 이유로 나라시노수용소에서 끌려 나와
 하룻밤 묶여 지샌 관음사 뜰 안의 은행나무
 그루터기에 화려한 버섯이 피어난다
 5분 거리 지금은 다카쓰구 마을의 공유지인
 나기노하라 들판에서 생죽음을 당한 뒤

백목련 나무뿌리에 얽히어 묻혔다가
양심적인 일본인들에 의해 이국 하늘을 바라보고
위령의 종소리로 고국의 향수를 달랬다
보화종루 기둥이 잦은 지진으로 금이 가고
기와지붕 무너져 빗물이 스며들어
이제는 마음 놓고 종소리를 들을 수 없다
미안하고 죄송해요 조금만 기다리면
조금씩 힘을 보태 편안한
조국의 종소릴 다시 들려 드릴게요

2022. 11. 14. 저녁 6시

시인 지촌 김용제

1927년 1월 동경에 온 김용제가 쯔루하시 도로공사를 하던 중
조선인 노동자의 것일지 모를 백골이 나타나자
"오오 친애하는 일본의 노동자들이요! / 이 백골의 차갑고 서늘함은 / 살아 있는 노동자의 철의 의지와 외줄기 / 같은 적에의 격렬한 증오와 분노를 모아 / 피압박계급의 반역의 맹세를 아름답게 새겨넣읍시다 / -프롤레타리아에는 국경이 없다~ / 민족의 특색을 파묻어버립시다!"
-「선혈의 추억 - 9월 1일을 위하여」(일본《전기》, 1931. 9)라고 노래했다

관동대지진 조선인 대학살을 가장 비극적으로 극대화해
통렬하게 표현하고 있는 한국인의 문학작품을 꼽는다면
시인 김용제의「진재의 추억」이라 할 수 있다
이 시는 1927년 일본으로 건너가 배달 등의 막일을 하다가
1929년 주오[中央]대학 법과에 입학했으나 곧 중퇴하고
1930년 일본 문단에 등단해 프롤레타리아 문학운동을 하던 김용제가
1931년 9월에 일본어로 발표한 작품이다
관동대학살 당시 남편이 학살되었을 것으로 알고 남편을 찾아 나섰다가
일본 기병대에게 쫓겨 뒷골목 언덕길에서 도망치면서
아들과 함께 돌계단에 머리를 부딪혀 죽게 되는
임신한 여인의 이야기를 담고 있다
그 절정을 이루는 시이다

문학평론가 백철

백철은 평안북도 의주 출신으로 본명은 백세철 백철은 필명이다
1926년 신의주고등보통학교를 수석으로 졸업하고
일본 도쿄고등사범학교 영문과에 입학한 후 문학에 뜻을 두고
1928년에 교지인 《동우》에 시 3편을 발표하고 문학 활동을 시작하였다
민중 시인 시라도리 쇼고[白鳥省吾]가 편집을 맡고 있던
전원파적인 시 동인지 《지상낙원》의 동인으로 참여하며
1929년 11월에 「우박이 쏟아진 날」을 발표한 이래
이듬해인 1930년 6월에 발표한 「송림」까지 9편의 시를 발표했다
사회주의 문학 의식을 노래하던 그는
농촌 자연을 노래한 온건한 민중시 성향의 《지상낙원》에 염증을 느끼고 멀어지며
전위 시인들과 함께 《붉은 깃발 아래로》라는 동인지를 내는 등
전위적인 프로문학 활동에 적극 참여한다
'전위시인'이 되어 1930년에 결성한 일본 프롤레타리아시인회에 가담하고
곧이어 김용제와 같이 일본의 나프(NAPF : 전일본무산자예술동맹)에 맹원으로 가입하여
나프의 시 동인지인 《전위시인》의 동인으로 본격적인 활동을 하게 된다
1930년에 들어서면서 일제의 탄압이 노골화하여
일본 문단에서 전향 사태가 일어나자

백철도 1931년 10월 「농민문학론」을 마지막으로 프로문학 활동에서 발을 뺏다
프로문학 활동은 1929년 11월부터 1931년 7월까지 채 2년이 못되었다
이 기간에 그는 18편의 일어시를 발표했다
그의 시를 살펴보면 「우박이 쏟아진 날」, 「9월 1일」(1930. 9), 「국경을 넘어서」(1931. 4) 등의 제목에서도 알 수 있듯이
서사적 사건이나 상황을 담은 산문체의 형식을 취하고 있다
「나는 알았다 삐라의 의미를」(1930. 4)에서 더욱 분명하게 드러난다
"나는 지금 모든 것을 보고 들었다"로 시작되는
이 시는 화자인 조선인 노동자가 일본인 노동자에게서 받은 삐라를 통해 계급 투쟁에 대해 새로운 깨달음 – 즉
한국인 노동자들이 일본에서 받는 착취와 차별이
조선인에 대한 민족차별이 아니라
자본가가 노동자에게 가하는 계급 차별이라는 것을 깨닫는다는 내용이다.
이와 같은 계급 투쟁의 국제 연대 의식은 관동대지진이 발생했을 때
조작된 유언비어로 수많은 조선인들이 일본인에게 살상당한 사건을 담고 있는 《전위》에 발표된 시
「9월 1일」(1930. 9)에서 더욱 분명하게 나타나고 있다
백철은 이 시에서 정치 이념의 선동성을 높이기 위해

1920년대에 독일과 일본에서 민중시의 운동 방법으로 유행한 '슈프레이 콜'이라는 시 형식을 사용했다

8년 전 대지진 때 많은 조선인이 억울하게 학살당했음을 잊지 말자고 호소하는 조선 노동자들과

모든 학살이 유언비어에 속아 일어났음을 깨달은 일본 노동자들이 번갈아 등장하는 장면이 나온다.

그 마지막 장면에서 조선 노동자와 일본 노동자들이 모두 함께 얼싸안고서

"우리들은 일어났다 / 서로 부둥켜안은 팔짱은 굳세고 / 놈들은 **한 것이라도 / 놈들의 **한 것이라도 / 우리들은 굴하지 않고 나아간다, 나아간다. / 그날의 복수를 위해 / 내일의 승리를 위해"라고 끝을 맺고 있다

소설가 민촌 이기영

민촌 이기영은 7살부터 23살 때까지 책방 점원 막일꾼패 통역과 날품
팔이 행상 광부 유성기 약장수로
집을 나가 마산 부산 인천까지 갔다가 아버지한테 붙들려 끌려왔다
진서와 일본 말과 글에 횅하고 고대소설 신소설을 두루 읽다가
기독교에 끌리게 되었다
새로운 학문과 알음알이에 목말라 하던 젊은이에게
기독교는 어지러운 세상을 건질 수 있는 구명수로 보였다
예수교 여학교 선생을 하다가 3·1혁명 물너울에 휩쓸렸고
1922년 일본 동경으로 가
세이소쿠[正則] 영어학교 야간에 들어가 영어를 배우며
러시아 소설들을 골똘히 읽기를 비롯하여 기독교와 연줄을 끊는다
고국에서부터 알고 있던 홍진유(애족장, 국내항일)와
동경에서 한 셋집에서 밥을 끓여 먹으며
대서업자한테 글씨품을 팔며 고학을 이어가다
동경대지진 제노사이드를 겪은 뒤 귀국했다
귀국하기 전 조선 유학생들 모임에서
사회주의 운동가로 나서는 홍진유와 함께
이기영 삶에 대수로운 동무가 된 조명희(애국장, 노령방면)를 만났다
조선인을 가장 많이 수용한 '나라시노수용소'에 갇혀 있다 벗어나
관동대지진 조선인 대학살을 모면하려
이곳저곳으로 피해 도망 다니다 히비야[日比谷]공원에서 밤을 새고

팻말에 일본인 가족 이름을 써서 들고 다니며
가족을 찾는 양 일본인 행세를 하여 위기를 모면하고
조선인 유학생 감독부에 수용되었다가
9월 30일 '《동아일보》 제1회 구조선 홍제환'을 타고
태평양을 떠다니던 중 폭풍까지 만나
일주일 만에 부산항에 상륙한다.
이기영은 중편소설 「고난을 뚫고」(《동아일보》, 1928)와 함께
그는 겨우내 장편 「사의 영에 비하는 백로군」을 써서
「암흑」으로 제목만 고친 후 1924년 3월 중순 상경하여
먼저 조선일보 편집국장 홍신유 동아일보 편집국장 홍명희에게 보였
으나 두 번 다 게재를 거절당했다
이기영은 중편소설 「고난을 뚫고」(《동아일보》, 1928)와 함께
수필 「인상 깊은 가을의 몇 가지」(《사해공론》, 1936. 9) 등의 작품과
시간대와 내용과 부합하며 북한에서 1954년부터 1961년까지
발표한 대하소설 「두만강」에서
관동대지진 조선인 대학살을 소환하여
그때의 상황을 제3부 제7장 전체를 '동경대진재'라는 제목을 달아
당시 상황을 비교적 소상히 묘사하고 증언하여
인민상과 레닌문학상을 수상하고 노벨문학상 후보에 올랐다
박경리의 「토지」· 조정래의 「아리랑」에서도
관동대지진 관련 내용과 인물이 등장한다

소설가 백릉 채만식

소설가 백릉 채만식은
와세다[早稻田]대학 본과 영문과를 입학하기 위하여
와세다대학부속 제일고등학원 문과에서 공부를 하다가
가세가 기울어 귀국을 고려하던 중
관동대지진으로 고국으로 돌아왔다
강화도 사립학교 교원으로 취직하기 전
초기작 「과도기」를 완성한다
「과도기」(1923)에는 채만식이 체험한
동경의 근대와 경성의 근대가 모두 들어 있다
1902년 6월 17일 군산시 임피면에 태어난 채만식을
근대 풍자문학의 대가라 명명하여
시민과 함께하는 자립도시 군산에서 채만식 문학관을 운영한다
일제강점기가 끝나고, 1948년~1949년 발표한 중편소설을 통해서
대놓고 '나 친일했소' 하고 나선 인물은 채만식이 유일하다
반성조차 한 이가 드물다
대부분의 친일파들이 자신들의 친일 행각을 숨기려고 했을 때
채만식은 오히려 양심선언을 한 격이다

소설가 마명 정우홍

노동자로 노동투쟁의 북풍회원이며
관동대지진 제노사이드 참상을 목격하고
40여 일 감방 생활을 경험한
마명 정우홍의 「진재전후」(《동아일보》 연재, 1931. 5. 6 ~ 8. 27) 소설은
자신이 직접 겪은 관동대지진 조선인 대학살의 충격이 만든 소설이다
정우홍의 「진재전후」는 '이행선의 발굴을 통해 드러난 작품'으로
이는 관동대지진을 다룬 식민지 시대에 쓰인
유일한 소설이라는 점에서 주목을 받는다
소설 속의 '홍'은 정우홍으로 여겨진다
이 작품에서 사실상 주인공이다
정우홍은 1920년대 초반 재일조선인운동에 참여하여
김약수 등과 인연을 맺어 활동했다
진재 이후에는 공산당 활동을 지속하면서
여러 번 유치장을 경험한 사회주의자 정우홍이
관동대지진 전후의 상황과 필명 라일(羅一)로 동아일보 신춘문예 당선작인
「그와 감방」(《동아일보》, 1929. 10. 22~11. 16)은
일본의 재일조선인 차별과 1920년대 사회주의운동가의 내면을
고찰할 수 있는 작품이다.
— 『식민지 문학 읽기』 — 일본 15년 전쟁기 (이행선, 소명출판, 2019)

그가 관동대진재를 겪고 당대를 재현한
식민지시기 유일의 소설이라는 점에서 큰 의미로
1930년대 전후 사회주의 작가로서 문학사적 의의와 위상이다
정우홍은 사촌 처남인 신석정을 박한영 스님에게 소개하여
불교경전을 수학하게 했으며
서울의 언론계에서 활약했던 손아래 동서 이익상과 함께
중앙의 시단문학에 등단시키는 역할을 하였다
한때는 계화도에 들어가 신석정과 함께 시문학 공부를 했으며
중앙의 시 문예 잡지에 함께「옥잠화의 설운 정」등을 발표했다

자경단 재판

일본 사법성은 지진 이후 조선인의 범죄를 조사했다
단 한 건의 습격도 방화도 우물에 독을 풀었다는 사례도 밝히지 못했다
반면 군대 경찰 자경단의 학살 행위는 넘쳐났다
그러나 '군대의 범죄는 군대 작전상 정당한 임무 집행이었다'
'자경단의 범죄는 혼란의 와중에서
애국심을 발휘하다 보니 그렇게 되었다'며
대부분 집행유예 처분을 받았다
결국 학살에 대한 형사처벌은 아예 이루어지지 않았고
일본 정부는 지금도 은폐와 부인에 급급한다
관동대진재 재일조선인 학살 관련 공판에서
실형률과 판결 기준이 엄해지는 순서는
'조선인 학살<경찰서 습격에 의한 조선인 학살<일본인 학살'이었다
길거리에서 조선인을 참살한 일본인은 애국심을 주장했고
대부분 집행유예로 풀려났다
관동대지진 조선인 대학살은 일본 정부가 자행한 미증유 제노사이드
이다

관동대지진과 망우역사문화공원

일제강점기 때 경기도 경성부가 양주군 망우리 아차산에
경성부 부립 공동묘지 분묘 단지를 정했던 이유는
늘어나는 주택 수요를 충당하기 위해서였다
이면에는 조선 왕조 건원릉의 맥을 끊고 훼손하려
경기도로부터 아차산 일대 75만 평(약 2,479,338㎡)을 매입하고
1933년부터 이 중 63만 평에 묘지를 조성하였다
'서울'을 경기도 '경성부'로 격하시키고
건원릉이 있는 '망우리면'을 '망우리'로 낮추었다
1973년 폐장될 때 약 4만 8천여 묘지(묘지록)가 조성되어
현재는 7천여 기가 남았다
2021년 7월부터 서울시 시설관리공단으로부터
중랑구청(구청장 류경기) 전국 지자체 처음으로 묘역 전담 망우리공원과로
조례만 빼고 묘지 및 공원 관리 등을
위임받아 명칭을 새롭게 부여한 '망우역사문화공원'에서
이장한 분들을 포함하여 교과서에 수록된 인물은

오세창(대통령장, 3·1운동), 한용운(대한민국장, 3·1운동), 지석영, 방정환(애국장, 문화운동), 유관순(대한민국장, 3·1운동), 조봉암, 최학송, 계용묵, 김이석, 김상용, 박인환, 함세덕(친일, 연극), 강소천, 김규진, 이중섭, 권진규, 이인성, 장덕수(친일, 교육학술), 설의식, 문일평(독립장, 중국방면), 국채표, 장형두, 아사카와 다쿠미 등이며

이장하신 분은 안창호(대한민국장, 임시정부), 송진우(독립장, 문화운동), 김활란(친일, 교육학술), 임숙재(친일, 교육학술), 박마리아(친일, 교육학술), 이기붕, 안석영(친일, 영화), 김동명, 김영랑(건국포장, 3·1운동), 채동선, 송석하, 함이영, 나운규(애국장, 만주방면), 임방울, 박길룡, 진영숙, 전한승, 조용수 등 40여 명이다.

미 서훈 독립운동가는 김기만, 나우, 변성옥, 이영학, 허연, 박현식 등이고,

조봉암, 김찬두, 임용하, 김명신, 김분옥 등은 친일 관련으로 서훈을 받지 못한다

망우역사문화공원 인물열전 가족 중 유명인을 소개하면

순조 효명세자, 신립 신완, 정운찬, 한명숙, 정일형 이태영 정대철, 오페라 김신환, 김수영, 박순녀, 금수현 이현우, 전인권, 백선엽, 김준엽, 피천득, 설정식 김우창 김보성, 이갑성, 홍수환, 이일래, 박성범 신은경, 최순애 이원수, 배순훈, 이이화, 차의과대학 설립자, LG·율산그룹 창업자 등이고

이희승, 전혜성, 허화평, 장준하, 현봉학, 강수지, 신카나리아, 소프라노 김천애, 안병원 테너 박인수, 정원식, 박용구, 세종대학 설립자, 전두환 이순자 등은 이장했다

비문을 쓴 분은 송시열(신경진 신도비), 신완(신경진 묘비), 한장석(명온공주 김현근), 정인보(설태희, 문일평), 이광수(안창호), 박종화(양천 허씨), 이은상(손창환),

윤보선(이영준), 이병도(국채표), 유달영(이경숙), 김활란(장덕수 박은혜), 주요한(오한영), 조완구 조지훈(박찬익), 박목월(강소천), 조병화(차중락), 김남조(임숙재), 이규태(문일평), 조재명(아사카와 다쿠미), 곽근(최학송 표지비) 등이고

　글씨를 새긴 이는 오세창(설태희 방정환 경서노고산천골취장비), 정필선(이영준), 신익희(이병홍), 김충현(안석영 김영량 강소천 조봉암), 김응현(한용운 오세창), 손재형(안창호 오세창 손창환), 김기승(안창호 장덕수), 배길기(김말봉 김이석), 정학남(김승민), 황재국(김준엽 모 최학송 문학비), 한묵(이중섭), 송지영(박인환) 등이다.

　인물열전 150여 명은 대한민국 국가 지정
　3·1운동, 관동대지진, 반민특위, 한국전쟁, 4·19혁명, 5·16군사쿠데타 등을 비롯하여
　기념일에 거의 다 들어갈 만큼 대한민국 근현대사
　역사문화 살아 있는 박물관으로 거듭나고 있다
　2013년 무연고 처리될 예정인 서해 최학송 소설가 유택의 관리인으로 북한에 있는 후손을 대신하여
　1958년 미아리공동묘지에서 이장하며 등재한
　시인 김광섭(애족장. 3·1운동) 뒤를 이어
　2010년 필자의 이름을 묘적부에 덧붙였다
　관동대지진 조선인 대학살 제노사이드의
　사회적 문화적 정치적인 제 영향 등에 대해
　자료를 찾고 연구하는 학문적 토대가 얕고 연구자는 소수에 불과하다

관동대지진에 대한 연구 중 문학은 다른 분야보다 많다지만
손으로 꼽을 만큼 연구자가 귀하다

망우역사문화공원 인물 중에 관동대지진에 관련된 분은
남도 정서 시문학파 민족시인 독립운동가 시인 김영랑
동요 〈오빠 생각〉의 오빠인 아동문학가 최신복
사법살인 당한 정치인이자 독립지사 조봉암
조선민속학과 박물관 분야의 선구자 송석하
조선의 유일무이한 천재 식물분류학자로 고문사 당한 장형두
일본 동경 한인교회 목사로 목숨 건 구조와 후원을 한 오기선 목사와
도산 안창호 조카사위인 독립운동가 김봉성(건국포장, 3·1운동)
화가로서 해방 후 최초로 생명보험회사를 창립한 강필상 등은
현장에서 참상을 목격하고 급거 귀국하거나 구조와 구원 활동을 하였다

경성의전 의사 유상규(애족장, 중국방면)는
오사카 노동자수용소에서 소식을 들었다
방정환은 관동대지진 조사요원 및 후원금을 전달했다
나운규(애국장, 만주방면)는 영화 〈아리랑〉
계용묵은 소설 「인두지주」
아사카와 다쿠미는 '일기' 등에서
관동대지진 관련 주제나 이야기를 하였다

시인 김상용은 릿쿄대학 영문학과
소설가 김말봉은 도시샤여자대학 영문과
경성방송국 방송인 1호인 노창성(친일, 언론)은
도쿄공업고등학교 재학 중이었다
시인 김동명은 1925년 일본 유학을 하였다
이중섭의 오산학교 부부가 유학파인 미술·영어 교사 임용연, 그의 부인 백남순 화가는 참상을 목격하였다.

2023년 올해가 '조선인 대학살'이 일어난 지 100년이다
한일 관련 단체들이 활발하게 다양한 행사를 치르고
영상 작업을 통해 진상 규명과 사과를 요구할 예정이나
일본 정부는 '검토 중'이라며 요지부동일 것이다
1923년 9월 1일 일어난 '관동대지진' 혼란 속에서
한국인이 무고하게 제노사이드 당한 참상을 경험하고 목격한 뒤
한국인들은 대부분 귀국했다
일본의 경찰과 군인 및 자경단의 제노사이드로 인해
한국인들의 분노를 수습하기 위해 관동대학살 이후
유학생은 물론이고 한국인에 대한 일본 입국을 제한했다
동경에 머물던 유학생 1,500여 명은 대부분 희생당하지 않았다
하층민인 노동자들은 한국인이라는 이유로 죽임을 당했다

시인 월파 김상용

아침의 대기는 우주에 찼다 / 동편 하늘 붉으레 불이 붙는데 / 근역의 일꾼아 일어나거라 / 너희들의 일 때는 아침이로다 //
농무가 자욱한 신상(神爽)한 아침 / 죽은 듯 고요한 경쾌한 아침에 / 큰 소리 외치며 일어나거라 / 너희들의 잘 때는 아침 아니다 //
아침의 대기를 흠씬 마시며 / 공고한 의지와 꿋꿋한 육체로 / 팔다리 걷고서 일터에 나오라 / 혈조(血潮)의 전선에 힘있게 싸우자
　　　　　　　　- 김상용, 「일어나거라」, 《동아일보》, 1926. 10. 5

월파는 시인 김상용의 호이다
전원적이고 목가적인 시로 알려진 대표작 「남으로 창을 내겠소」의 시인이지만
릿쿄대학 재학생으로서 관동대지진 조선인 대학살의 참상을 목격했다는 본인은 어디에도 밝히지 않았지만
목격하지 않았을까 추정할 수 있는 시
「일어나거라」를 발표하였다
김상용은 이화여전 교수로 친일인명사전에 이름을 올렸다
올해가 관동대지진 조선인 대학살 100년
재일한국인 트라우마 제노사이드 조금도 변하지 않은 일본
현 정부도 일본 정부에 진상을 밝히거나
잘못을 인정하는 사과를 받기는 이미 글렀다

한국인 제노사이드 자료

관동대지진 조선인 대학살에 관련하여
정부문서 증언과 기사 각계의 논평 논설 등
자료를 모아놓은 질과 양에 있어서 지진이 일어난 일본 쪽이 많으나
일본 관련 단체나 정치인의 답변은 '연구 중·검토 중'이라 밝힐 수 없단다

한국 쪽은 조선총독부 관보인 《경성일보》와 기관지였던 《매일신보》
미주지역 《신한민보》 만주에서 발간된 《만주일일신문》과 《신천지》 등의 보도와 논설
해방 후 〈재일선인단〉의 문건을 제외하고는
상해임시정부 발행한 《독립신문》
《동아일보》와 《조선일보》 두 신문의 보도와 논설이
당시 조선 쪽 반응을 보여주는 자료의 전부라고 할 수 있다
1923년 당시 조선총독부 자료에 따르면
동경 일원 조선인 15,000여 명 중 유학생 2,000여 명
9월 10일 개학 맞춰 1,500여 명은 현장에 있을 것으로 추정한다

필자가 학다리중앙국민학교 입학 무렵
아버지는 함평 무안 학다리 오일장 점포를 열고서
제물과 과일과 헌 신문지를 팔았다

그 당시는 어물도 신문지로 싸서 팔았다
깜박산[坎方山] 아래 도산 외가에서 투병하는 어머니를 그리며

광에 쌓인 옛 신문을 뒤적이며 시간을 보냈다

그 힘인지 지금도 자료를 찾는다고
컴퓨터로 옛 신문을 뒤적이며
노동자는 외면하고 학생들 이름과 대도시 출신지만
먼저 눈을 주면서
뼈저린 통한의 역사인 친일 미청산과
남과 북 단절로 인하여
가로막힌 계급과 이념의 벽이 높고 깊어
눈에 익지 않은 이름 앞에서 이 밤도 지샌다

계엄령과 유언비어 언론 통제

9월 2일 계엄령이 공포되어
내무성 경무국장 고토 후미오[後藤文夫]는
동족 살육의 소식이 조선에 알려지는 것을 차단하기 위해
조선총독부 경무국장 앞으로
「조선인일본래항제한」을 요청하는 긴급 전문을 보냈다
같은 취지로 조선총독부는 긴급 칙령 「유언비어취체령」을
9월 7일 발표 즉시 시행했다
그해 9월과 10월 두 달 사이 조선인 학살사건과 관련된
불온 언동에 대한 훈방 1,156건 1,317명
법규 위반 검거 111건 122명에 이르렀다
9월 1일부터 11월 11일까지
《동아》《조선》두 신문의 학살사건에 관련된
기사 게재 금지 602건, 차압 조치 18회나 있었다
1923년 9월 20일 동경진재 관련 신문 기사 게재 금지를 해제하였지만
내무성이 조선총독부 경무국장에게 조선인 학살사건에 관해서는
"단순히 관청에서 발표한 것으로 한정하고 이외는 단호히 게재 금지
토록 할 것"을 요청했다
  유언비어란 누군지가 불분명한 채 입에서 입으로 전해져 퍼지는 것이다
  왜곡된 유언비어의 내용은 다음과 같다

조선인들이 분필로 표식을 하여 폭탄을 던지도록 했다
청소회사 인부들이 작업할 집의 표식이다
조선인들이 폭탄을 가지고 다닌다
폭탄이 아니라 사과였다
흰 셔츠에 통 좁은 바지를 입은 남자와 조선 옷을 입은 여자가
독약을 우물에 넣고 있다
여자 3명이 쌀을 씻고 있었다
폭탄과 독약을 가지고 다니는 조선 사람이 있다
파인애플 깡통이고 독약은 설탕이었다
각 처에 조선인이 폭행 습격 방화 등의 계획을 암호로 기록했다
이것은 분뇨수집인 신문 우유 배달부들이 단골집을 분필로 표시한 것이다
조선인이 폭발물을 소유하고 있다 폭발물이 아니라 고춧가루였다

이런 유언비어는 일본 사회에 먹혔다
일본 경시청이 의도적으로 퍼뜨렸다는 증거가 있으므로
유언비어라 할 수 없다

2부
관동대지진 조선인 제노사이드 100년

1923년 9월 1일 관동대지진

1923년 9월 1일 오전 11시 58분 리히터 규모 7.9의 대지진이
일본 도쿄와 간토 남부를 휩쓸었다
지진은 점심 식사를 준비하던 시간에 벌어졌다
난롯불도 끄지 못한 채 몸만 빠져나온 터였다
도쿄는 3일 아침까지 화재가 꺼지지 않았다

현재 일본은 9월 1일을 〈방재의 날〉로 정하고 있다

9월 1일 당일 조선총독부는 매우 늦은 시간에 지진 발생 소식을 들었다
이튿날 사이토 마코토 조선총독은 아리요시 주이치[有吉忠一] 정무총감
문서과장 토목부장 총독부 병원장 국민신문 기자 등 일본인 6인은
신석린(친일, 중추원)·민영기(친일, 매국수작)·박기양(친일, 매국수작)·이희두(친일, 군)·윤덕영(친일, 제국의회)·이진호(친일, 제국의회)·민대식(친일, 경제)·송진우(독립장, 문화운동) 등 9명의 한국인 유력자를 모아 대책회의를 열었다
  진재지로 총독부 관리를 파견하여
  도쿄 소재 조선총독부 출장소와 함께
  조선인 실태 파악과 진재 처리 실무를 담당케 했다
  사이토 총독도 10일 도쿄에 도착했다

1923년 9월 1일~10월 9일 진판옥 일기

전북 임실에 거주했던 진판옥(족보 경옥, 1903~1950)의 10대, 20대의 삶을 '진판옥 일기(1918~1947)'를 통해

학교생활, 경제생활, 여가활동, 구직 및 면서기 생활로 재구성하여 살펴볼 수 있다

1923년에는 일본에 건너가 진학 및 취업을 하려고 하였으나 조선인에 대한 차별로 엿장사, 우유배달, 신문배달, 건설현장, 막노동 등을 전전하다가

9월 1일 관동대지진으로 일본 경찰에 구류되어 10월에 강제 송환된다.

1923년 9월 1일 토 날씨 청(晴) 기온

五時頃에 起床하여 朝飯을 마치고 한 일 없이 놀면서 主人에게 또 한 번 말을 하였더니 終次 듣지 않기에 하는 수 없이 마음만 盃々하였다. 그렁저렁 때는 되어 点心을 마쳤다. 暫間 앉았으니 金容善氏가 死生에 이르러 업혀 왔더라. 그래 몸을 어루만져 주고 겨우 情神을 차린 后 조금 있자니까 地震이 일어나기 始作하더라. 그래 봄에 한 번 겪은 일이 있어 염려치 않고 앉아 있었다. 그래 아주 甚하여 집이 넘어갈 듯하기에 어쩔 줄을 물으려 뛰어가 왔더니 집이 무너지고 煙突이 부러지고 야단이 났더라. 日人들도 生后 처음이라고 하며 놀래 짐들을 내더라. 그래 또 들어가 앉았더니 한 十分쯤하여 또 크게 한번 하더라. 그래 또 뛰어나와 서 있지도 못하고 앉아서 땅 노는 대로 움직였다. 처음(처번) 할 때 마침 深川區 時計로는 꼭

正午였다. 그래 그 后로는 準備를 하고 있었는데 마침 나 있던 집은 함석집에 가벼워서 넘어가지 않았다. 地震 끝에 起火가 四方에서 되었는데 그때에 마침 昨夜부터 南風이 甚히 불어 불의 形勢가 더욱 甚하였다. 우리 있는 집은 飛行機 工場 곁곁 집도 없고 띄어 있는 집이었다. 한참 있다가 市街로 求景을 나갔다. 過然 벽돌집이고 양옥이고 오히려 木製가 덜 무너졌더라. 안 상한 집이 없이 난리 중 어디 치어 죽은 사람을 여기저기서 끌어내고 길 저쪽도 갈 수 없고 이쪽도 갈 수 없더라. 그 중에라도 먹는 게 第一이더라. 도로 皈來하여 있었는데 그렁저렁 저녁이 되었는데 저녁을 지어 먹고 準備들을 하고 있었는데 불 形勢가 참 위험하더라. 그래 이제는 할 수 없어들 하여 避難을 하기 始作하였다. 나중에는 南風 어리어더니 東에서 불었다 西에서 불었다 北에서 불었다 정처없이 四方에서 불어오며 소々리 바람이 불어오고 사람도 딸려와 나가게 위험하게 불었다. 연기는 온 하늘을 덮어 보이지도 않고 불로 空中을 이루고 가 이 모래비가 오다시피 벽돌 같은 것이 튀며 空中을 볼 수 없었다. 그래 우리도 바닷가까지 避難을 하였는데 한 三里쯤이나 되었는데 불덩이가 떨어지고 불기운에 얼굴을 내어놓지 못하였다.

나는 마침 空中을 보다가 벽돌가루에 눈알을 데여서 빨리 눈을 비々 고 눈물바가지나 흘렸다. 이 불을 무릎쓰고 한참씩 있다가 고개만 좀 내어놓고 진정(전)을 하였는데 또 海溢을 한다고 하여서 더욱 놀랐다. 그곳으로 數百名이 避難을 하였는데 밤새 그 사람 부르는 소리에 처량하여 들을 수

없더라. 그래도 잠밖에 무상한 게 없더라. 그중에라도 쿨쿨 자는 사람도 많더라. 밤새도록 한숨 붙이지 못하고 눈물만 흘리며 눈만 비ゝ었다

1923년 9월 2일 일 날씨 청 기온

날이 밝아 불기운은 어제보단 덜하고 海溢난다 소리는 더욱 ゝゝ 甚히 들리는데 이제는 너른 陸地便으로 건너가야만 하게 되었기에 차ゝ 저便으로 가기를 始作하였다. 똘물을 건너 자리 定止하고 앉았으나 눈은 조금도 개이지 않고 情神을 차릴 수 없었다. 사람이라고는 모두 다 걸인 중에도 上걸인이요 눈알들이 뻘게져서 먹을 것을 찾느라고 이리저리 신 한 짝도 시지 못하고 나도 그 形上은 차마 참 사람된 눈으로 볼 수 없더라. 主人은 自己 老親을 찾느라고 이리저리 彷徨하며 情神을 잃고, 여기저기 사람 찾는 소리 귀가 시끄러 들을 수 없고 난리 나리 큰 난리더라. 새때쯤 하여 같이 있던 사람 둘이 송장 물속에서 싸래기 한 포대를 주워와서 그걸로 밥을 지었으나 되지도 않고 먹을 수 없어 먹지 못하였다. 그래 日本 사람들이 다 갖다 먹었다. 또 짐을 챙기어 먼저 있던 神田으로 찾아가기로 가다가 배가 고파서 또 내려놓고 쌀 한 가마니 가져왔던 걸로 밥을 지어 먹었다. 또 짐을 챙기어 가기를 始作하였다. 불을 피해서 송장 속으로 가는데 송장 타는 냄새에 코를 뜰 수 없고 永代橋를 건너는데 三十分이나 걸렸다. 그렁저렁 먼저 있던 집에 이르렀다. 그 집이라고 남아 있을 理가 없더라.

내 집은 어디로 날려 간지도 알 수 없고 몸 하나만 빠져나온 것이 多幸이었다. 저녁이 되어 밥 한술式 요기하고 함석 쪽을 주워다 의지하고 밤이슬 맞어가며 한 데서 잘 양으로 하였으나 밤 어리니 불 형세가 또 위험하더라. 바로 곁에서 불이 뻘겋게 타고 地震은 ○해 하는데 只今도 生命이란 것이 살아 있는지를 알 수 없었다. 그러나 잠밖에는 無상한 게 없더라. 간밤에 잠을 자지 못하여 九時頃쯤하여 누우니 그냥 잠들고 말았다.

1923년 9월 3일 월 날씨 청 기온

四時頃에 起床하였다. 洗手를 하고 河錫柱 氏하고 오늘부터 避難을 하기로 約束을 하였다. 昨夜에 밖에서 하룻밤 밝히고 온 사람이 兵隊들이 韓人을 取調한다기에 이 時期를 利用하여 무슨 活動을 하는가 한 感이 들더라. 粥 한 그릇씩으로 요기를 하고 主人公을 作別하고 河公과 同伴하여 品川便으로 向하고 出發하였다. 사람이 混雜하여 오고가고 避難하는 中에 兵隊들 온거리 々々 지켜서々 鮮人을 取調하더라. 그中에도 內閣 組織은 하여 電車에다 廣告를 붙였더라. 또 橫濱은 變化라는 廣告가 붙어있었다. 그리되어가는 中 河公은 한번 取調를 當하고 次々로 피하여 品川이란 곳까지 이르렀다. 日本人들이 퇴머리를 하고 가라고 하기에 수건을 내어 퇴머리를 하고 거기서 바로 魯炳春 君을 訪問하였다. 아직껏 오지 않았다고 하기에 또 出하여 河公과 같이 電車 終點에 막 넘어서니 日人들이 막아서々 오는 住所를 묻고 人種 區別을 찾더라. 그래 韓人이라고 하였더니,

대번 그 곁 派出所로 가자고 하여 따라갔다. 대강 取調를 받고 警察署까지 가자고 하여서 따라가는 中 거리々々 창 든 놈, 몽둥이 든 놈 其外 여러 가지 연장을 들고, 툭々 사람에게 던지더라. 어느 영문인 줄 모르고 警察署까지 이르렀다. 나 혼자만 잡혀왔는 줄 알았더니, 여러 同胞가 있더라. 事實 罪는 없으나 日記冊 하나가 있어서 少小間 기치 않게 생겼더라. 住所 姓名을 알려준 다음에 밖으로 나가지 못하고 앉았다. 벌써 点心 때는 겨우고 이제나 내줄까 저제나 내줄까 하였으나 오늘 해가 마치도록 내여놓지를 않았다. 이제까지 아무 영문인 줄 몰랐다가 우리 同胞한테 들어서 알았다. 橫濱에 있는 鮮人 로가隊들이 平素에 日本 로가대들과 일을 할 제 意味없이 많이 맞아 죽었음을 원통케 알고 있다가 마침 이 機會를 타서 活動을 하자고 술들을 먹고, 우물에 다 藥을 풀고, 불을 놓고 한 일이 있었는 貌樣인데, 朝鮮사람이 二千名이 총칼을 들고 東京으로 向하고 온단 말이 있어々 朝鮮人이라고는 경찰서에서 잡아가고 靑年團, 民間自警團들이 나서 鮮人이라고는 搏殺을 시켜 鮮이라고는 依支할 곳 없이 죽게 되었다. 나중에 事實을 調査하여 보니 虛言이었어서 平難들을 시키려고 다녔었다. 밥은 먹지 않아서 배는 고픈데 저녁이 되어서 한숨 자고 나니까 玄米밥 주먹보다 작은 걸 한 덩이 갖다주기에 요기하고 또 오그리고 잤다.

1923년 9월 4일 화 날씨 청 기온

五時頃에 起床하였다. 事實 배는 고팠다. 밖이라고는 도무지 出入을 안 시켰다. 東方에 돋는 해는 우리의 情神을 산란케 하고 空中에 떠다니는 飛行機는 우리의 故國 生覺을 더욱 興奮케 하였다. 때는 밝아 새때쯤 되었다. 밥을 지어 한 덩이씩 주기에 죽지 않고 살 生覺으로 받아 요기를 하였다. 좁은 곳에서 活動이란 할 수 없이 갑갑하고 솟는 화를 鎭定할 수 없이 앉았다 일어섰다 누웠다의 회를 넘겼다. 밖을 쳐다보니 제대로(올케) 난리였고 내어준들 죽을 성도 싶고 참 어디다 比하여 形言할 수 없더라. 잡혀 들어오는 사람마다, 피로 감투를 쓴 놈, 창을 맞은 사람, 칼을 맞은 사람, 風臺(繃帶)를 감고 꼭 戰爭에 傷者 쏟아지듯이 잡혀 오는데 그 威驗함을 차마 目見할 수 없고, 더욱이 當者의 말을 들을 때마다 소름이 끼치며 이맛살이 찌푸려지더라. 그리저리 오늘 해도 다 되어 밤 八時 頃쯤 되어, 또 生命 保存하자는 뜻으로 한 덩이 玄米밥을 얻어먹었다. 이 形上이 된 놈이 자리나마 取할 수 있나. 水道간에다 짚거적을 펴고 눈이나 감는 것이 오히려 나을 줄로 알고 九時頃에 就寢하였으나 그 난리 중에 잠인들 옳게 잘 수가 있으리오.

1923년 9월 5일 수 날씨 청 기온

五時頃에 起床하였다. 亦是 새때쯤 하여서, 밥 한 덩이 요기를 하였다. 사람들을 쳐다보면 벌써 눈이 쑥 들어가고 배들이 고파서 눈이 울며불며

야단들이더라. 어제와 같이 누웠다 앉았다의 해를 마쳤다. 저녁밥 한 덩이를 얻어먹고 八時頃에 就寢하였다.

1923년 9월 6일 수 날씨 청 기온
　五時頃에 起床하여 새때쯤 하여 玄米밥 한 덩이로 요기를 마치고 終日 해를 넘겼다. 저녁을 요기하고는 우물가에 가 沐浴을 하고 十時頃에 就寢하였다.

1923년 9월 7일 목 날씨 청 기온
　五時頃에 起床하여 새때쯤 하여 주먹밥 한 덩이로 요기를 마치고 終日 해를 넘겼다. 저녁밥 한 덩이 요기하고는 잘 곳도 없어서 한 데다가 가마니 자락을 깔고 잤다.

1923년 9월 8일 토 날씨 청 기온
　五時頃에 起床하여 새때쯤 하여 안남미 밥 한 덩이로 요기하고 終日 해를 마쳤다. 저녁밥 한 덩이 요기를 하고는 卽 九時頃에 就寢하였다.

1923년 9월 9일 일 날씨 청 기온
　五時頃에 起床하여 밥 한 덩이 요기를 하고 終日 해를 넘겼다. 저녁을 마치고 卽 九時頃에 就寢하였다.

1923년 9월 10일 월 날씨 청 기온 ~ 9월 14일 금 날씨 우 기온

9월 10일 우와 여함 특기사항 무함, 9월 11일부터 14일까지 동상 특기사항 무함, 날씨는 10일부터 12일까지는 청, 13일 14일은 우(비) (필자가 임의로 묶어 요약함)

1923년 9월 15일 토 날씨 우 기온

- 發信: 本弟, 嚴柱完, 文義根, 金轍均

五時頃에 起床하였다. 주먹밥 한 덩이로 요기하고 오늘에야 葉書片紙를 써서 부쳤다. 오늘 해가 마친 后 또 亦是 주먹밥 한 덩이로 요기하고 就寢함이 되었다.

1923년 9월 16일 일 날씨 청 기온

五時頃에 起床하여 한참 있다가 아침 요기를 마쳤다. 終日토록 지내였다가 저녁을 요기한 后에 물가에 가 浴身을 하고 十時頃에 就寢하였다.

1923년 9월 17일 월 날씨 청 기온

六時頃에 起床하였다. 힘없는 하얀 안남미 쌀밥 한 덩이로 아침 요기는 마쳤다. 어느덧 点心 때는 다달았다. 속없는 배는 벌써 시장하였다. 그러나 별수 없었다. 해가 이미 서산에 걸려 어두운 밤에 이르렀다. 果然 中心으로 남모르게 고대하였던 눈덩이 같은 밥 한 덩이로 요기하였다. 먼저 때에는 건너니 고 무엇이고 生覺 없더니 이제는 그나마 반찬 生覺까지 났다. 그 中에도 무슨 즐거움이 생기어 이야기까지 하다가 就寢하였다.

1923년 9월 18일 화 날씨 청 기온

六時頃에 起床하였다. 아침 요기를 마친 後에 또 서로〃〃 마주 쳐다 보아가며 蔭光만 찾아다니며 終日 해를 마쳤다. 저녁밥 한 덩이 요기를 마치고는 잘 곳이 없어 한 데서 가마니만 깔고 밤이슬 맞아가며 지내게 되었다. 해가 오르면 더웠으나 추웠다. 万一에 이 至境에 있는 中병이나 發生되면 다 죽겠더라.

1923년 9월 19일 수 날씨 청 기온

六時頃에 起床하였다. 주먹밥 한 덩이로 요기를 마치고 八時 頃에 脚氣 때문에 救護室에 가 診察을 받았다. 오늘은 또 十餘 名이 出하였다. 누웠다 앉았다 하며 終日 해를 마쳤다. 주먹밥 한 덩이로 저녁을 마치고 八時 頃에 就寢하였다.

1923년 9월 20일 수 날씨 우 기온

六時頃에 起床하였다. 七時頃에 주먹밥 한 덩이로 요기를 마쳤다. 九時頃에 朝鮮總督府 醫師에게 脚氣 診察을 받았다. 오늘은 十餘名 出하고 八十名 남았다. 終日토록 그렁저렁 넘기고 또 주먹밥 한 덩이로 夕食을 마쳤다. 한참 놀다가 오늘에야 日記冊을 열어 八月末日 것과 오늘 日記를 마쳤다. 十時頃에 就寢하였다. 高濟鳳氏와 初面人事

1923년 9월 21일 금 날씨 청 기온

六時頃에 起床하였다. 주먹밥 한 덩이로 朝飯 요기를 마쳤다. 九時頃에 醫師에게 診察을 받고 藥을 타 왔다. 終日토록 누웠다 앉았다 하며 해를 마치고 주먹밥 한 덩이로 夕飯을 마치고 한 것 없이 이야기를 하고 놀다가 日記를 마치고 十時頃에 就寢하였다. 十二日까지 調査에 東京 橫濱만에 死傷者 十萬餘名이고 燒失戶數 四十萬餘에 達하고 職業을 잃고 갈 곳 없는 者 百十萬餘에 達하였다더라.

1923년 9월 22일 토 날씨 우 청 기온 한(寒)

六時頃에 起床하였다. 주먹밥 한 덩이로 요기를 마치고 조금 있다가 警察署에서 말하기를 朝鮮總督府 出張所로 간다고 準備를 하라고 하기에 가기를 나섰다가 비가 와서 가지 못하고 來日 가기로 하고 하루 더 있기로 하였다. 한 것 없이 놀았으나 날이 추워서 午前 同限은 寒氣를 免치 못 하였다. 오늘 正午에는 밥이 있어서 点心 요기를 하였다. 그렁저렁 한 것 없이 오늘 해가 지고 저녁에 이르러 밥 한 덩이로 주림을 免하였다. 비가 그치고 구름 한 점 없는 가을 하늘에 半空中에 걸린 明朗한 달빛은 理想스럽게도 밝았다. 過然 父母兄弟親舊의 生覚도 났으며 시름 없는 한

숨도 나왔다. 高濟鳳氏와 暫間 同限 그리저리한 談話가 있었으며 즐기다가 들어와 그리저리 오래된 后 日記를 마치고 十時頃에 就寢하였다.

1923년 9월 23일 일 날씨 담(曇) 기온

五時頃에 起床하였다. 아침밥을 마치고 朝鮮總督府 出張所로 離居하려고 準備를 하였다. 組를 지어 巡査와 같이 한참동안 걸어가다가 電車를 타고 靑山 總督府 收容所까지 이르렀다. 다 調査를 마친 后에 倉庫같은 幕에 가마니를 깔은 곳으로 자리를 정하여 주더라. 다 각々 자리를 정한 后에 組대로 糧食을 내어주기에 点心을 지어서 오늘에야 처음으로 좋은 쌀밥에 그릇을 받쳐 먹었다. 出外해 바람을 쐬고 勞動할 사람을 뽑아서 내보냈다. 河錫柱 氏를 作別하였다. 또 高濟鳳氏를 作別하고 섭섭한 마음을 금치 못하였다. 朝鮮靑年會에서 사람이 와서 朝鮮 가고 싶은 사람은 住所 姓名을 써 오래서 써 주었다. 그리저리 저녁때가 되어서 夕飯을 마쳤다. 조금 있다가 日記 后 八時頃에 就寢하였다.

1923년 9월 24일 월 날씨 대우 기온 강풍

— 發信: 魯炳春

五時頃에 起床하였다. 雨來 故로 朝飯을 짓지 못하고 九時頃쯤 되어 朝飯代로 軍人들 먹는 빵 一封式으로 요기하였다. 한 것 없이 그렁저렁 점심 때가 되어 晝飯을 지어 먹고 또 한 것 없이 저녁 때가 되었다. 아침

때에 먹던 빵으로 요기하였다. 한 것 없이 쓸 데 없는 雜談으로 지껄이며 놀다가 日記를 하려 할 즈음에 監督께서 불을 끄고 자라고 하여서 마치치 못하고 九時頃에 就寢하였다.

1923년 9월 25일 화 날씨 청 기온

六時頃에 起床하였다. 빵으로 요기를 마치고 出外하여 정자 그늘 나무 밑에서 놀았다. 비가 와 다 개어서 하늘은 아주 晴明하였다. 그렁저렁 정오가 되어 晝飯을 마쳤다. 또 정자 그늘 나무 밑에서 終日 해를 마쳤다. 兵隊에 가서 구루마에 빵을 싣고 왔다. 빵 두 봉으로 夕食을 마치고 事務所에서 集會하여서 注意演說을 들었다.

1923년 9월 26일 수 날씨 청 기온

六時頃에 起床하였다. 室內의 掃除를 하고 朝飯後 또 出外하여 外場의 掃除를 하였다. 한 것 없이 正午에는 빵으로 요기하고 또 그렁저렁 夕時가 되어 夕飯을 마쳤다. 沐浴을 하고 十時頃에 就寢하였다.

1923년 9월 27일 목 날씨 담 기온

六時頃에 起床하여 室內의 掃除를 하고 朝飯을 빵으로 요기하였다. 午前 十一時頃에 朝鮮 있는 日本修養團이 朝鮮人 慰問 次로 來往하였는데 各道別로 나뉘어서 住所를 적어주고 新聞에 낸다고 寫眞을 찍었다. 後에

적으나마 同情的으로 한다고 菓子를 돌렸다. 後 晝飯後에 朝鮮 갈 사람을 불렀는데 나는 이번에 못 가게 되었다. 事實 難이로다. 여기 있어 봐야 일 없고 故國을 간다 할지라도 집에 가기가 싫은데 참 난이로다. 그럭저럭 놀다가 衣服을 나누어 주었는데 女服이라 남을 주어버렸다. 夕飯 後 놀고 자려 할 즈음에 한 반에 있는 사람이 脚氣에 곽란이 나서 곧 十分도 못하여서 死亡하고 말았다. 十一時頃에 就寢

1923년 9월 28일 금 날씨 우 기온
- 發信: 舍弟, 文義根 金轍均 兩

六時頃에 起床하여 室內의 掃除를 하고 朝飯後에 朝鮮 가시는 兄壬에게 片紙를 부치고 作別을 하였다. 晝飯後 놀다가 또 저녁을 지어먹고 遊하다가 十時頃에 就寢하였다. 그날 昨夜의 死者의 치상을 하는데 우리도 가서 예를 지내는 데 다같이 앉았다.

1923년 9월 29일 토 날씨 청 기온

六時頃에 起床하였다. 室內의 掃除를 마치고 朝飯을 지어서 먹었다. 한 것 없이 遊하다가 点心을 지어 먹고 午后에 단소를 하나 팠다. 심々한 데 祭를 삼고 불고 놀다가 夕飯을 지어 먹고 놀다가 十時頃에 就寢하였다.

1923년 9월 30일 일 날씨 청 기온

　六時頃에 起床하여 朝飯을 지어 먹고 朝鮮 가고 싶은 사람은 住所 姓名을 써 오라고 하기에 卓演枸 氏와 같이 나가기는 싫으나 그 경을 치고 또 日本 땅에서는 學業은 틀린 듯 싶어서 마지 못하며 써 냈다. 나중에 다 檢査를 마쳤다. 晝飯後 또 놀다가 夕飯後 遊하다가 十時頃에 就寢하였다.

1923년 10월 1일 월 날씨 담 기온

　六時頃에 起床하였다. 朝飯後 朝鮮 갈 사람의 姓名을 記錄하여 붙였다고 가 보라고 하더라. 가 본즉 마침 붙었더라. 그래 이제는 별 수 없이 返國하게 되었다. 나중에 注意 말을 다 듣고 證明書 하여 가지고 빵 네 덩이씩을 받아가지고 十五里쯤 되는 芝浦라는 곳까지 步行으로 갔다. 그곳에서 終日토록 기다렸다. 마침 돈 十五錢 남아 東京燒失地画를 一枚 샀다. 電氣 들어온 后에 배에 오르게 되었다. 商船이라 짐 싣는 곳으로 탔다. 倉庫 속 같은 곳으로 들어가 자리를 잡았다. 빵으로 저녁 요기하고 九時頃에 就寢하였다.

1923년 10월 2일 화 날씨 담 기온

　五時頃에 起床하였다. 八時에 배는 橫濱으로 向하고 出發하였다. 아침은 빵 남은 걸로 요기하였다. 뱃전에 나와 橫濱에 이르기까지 求景을 하였다. 얼마 안하여 橫濱港에 到着하였다. 橫濱은 대체 다 燒失되고 말았다. 軍艦은 數十隻이 軍兵을 準備하였더라. 美國 軍艦은 二隻이 와 있었는데 其中에 第一 巨大하였다. 橫濱港에서도 避難民 한 百五十名쯤 되었다. 그래 총 한 三百八十名쯤 실렸다. 그렁저렁 午后를 當하였는데 배가 떠나다가 風浪이 甚하여서 나지 못하고 하루 저녁 더 유람하였다. 夕飯을 지어주어서 요기하고 八時頃에 就寢하였다.

1923년 10월 3일 수 날씨 청 기온

六時頃에 起床하였다. 朝飯後 배는 벌써 떠났다. 風浪이 일어나니까 배가 흔들려 어지러워서 누워서 그럭저럭 지내며 나와서 求景도 하여 가면서 終日을 마쳤다. 夕飯을 지어주어서 요기를 면하였다. 또 밤이 돌아와서 八時頃에 就寢하였다.

1923년 10월 4일 수 날씨 청 기온

六時頃에 起床하였다. 朝飯後에 亦是 어지러워서 누웠다가 선창가로 나와 놀다가 하며 終日을 지내었다. 今日부터는 点心도 주어서 먹었다. 過然 太平洋 바다는 넓었다. 山 하나도 보이지 않는데 過然 바다는 平々하니 보이지 않고 둥글하게 보였다. 물빛은 아주 검었다. 맛은 염수물 以上으로 짜더라. 夕飯後 八時頃에 就寢하였다.

1923년 10월 5일 금 날씨 청 기온

　六時頃에 起床하였다. 朝飯을 마치고 선창 위에서 놀았다. 富士山 求景을 하였는데 참 높더라. 파도는 쳐서 흰 꽃이 핀 것 같았고, 天氣는 晴眼하여 以上 없는 景致를 이루었더라. 아- 슬프도다. 成功이나 하고 가면 오죽이나 기쁘리오마는 그 일 저 일 다 그릇하고서 모진 목숨 끊지 않고 살아가게 되어 이 배를 타기는 탔다만은 故國해서 父母兄弟를 무슨 面目으로 相對하리. 아! 이 세상에 나와 같이 지지리도 못난 물건은 또 어디가 짝이 있을고. 終日을 虛送타가 밤이 닥쳐 夕飯을 마치고 八時頃에 就寢하였다. 바닷물로 沐浴을 하였다. 바닷물이 밤에는 물결이 빨긋한 물로 보이더라.

1923년 10월 6일 토 날씨 청 기온

　六時頃에 起床하였다. 八時頃에 배는 下關에 到着하여 停留를 하였다. 배에 짐을 실으려고 그렁저렁 오래 지체를 하여 午后 四時頃에야 出發하였다. 過然 이제는 日本 따은 離別하게 되었다. 下關은 차々 멀어지고 날은 차々 어두운 밤이 되었다. 風波가 일기 始作하고 몸은 차々 어지러워지더라. 속으로 들어와서 누워있었다. 차々 더 흔들리고 속에 있는 것이 곧 넘어올 듯하더라. 이때까지 그런 일이 없다가 필경 게우고 말았다. 그렁저렁 七時頃에 잠들었다.

1923년 10월 7일 날씨 청 기온

　　五時頃에 잠을 깨어 準備들을 하라고 하는데 당최 어지러워서 일어날수 없더라. 누워서 옷을 입고 짐을 챙기며 밥을 가져왔으나 먹지 못하고 있다가 겨우 진정하여 뱃전 위에 나와 밥을 좀 먹고 두어 뭉탱이 쌌다. 釜山을 차々 가까워지고 山川에 벼는 누릇々々하여 있고 흰옷 입은 同胞들은 배를 저어 여기저기서 보이고 朝鮮 땅이 분명하더라. 그렁저렁 배가 釜山港에 到着되었다. 警察署에서는 바로 調査가 나왔다. 그렁저렁 끝나고 十一時頃에야 上陸하게 되었다. 한 배에 실려오던 한 사람은 脚氣로 모진 목숨 끊어지고 말았다. 釜山 救護所로 따라가서 辨当 한 개씩으로 요기하였다. 后에 車 탈 證書를 하여주며 車時干이 되어서 停車場으로 往하였다. 午后 一時 車로 釜山驛을 出發하였다. 過然 日本도 볼 때에 센찬하게 보였지만은 本國은 보니 더 멀고 멀었더라. 그렁저렁 가서 大邱를 지나 十二時에 大田에 到着되어 다 下車하였다.

1923년 10월 8일 월 날씨 청 기온

　　巡査들이 와서 또 調査를 다 마친 后에 待合室에 와서 쉬었다. 數時間을 기다리다가 車 時間이 되어 木浦로 올라탔다. 巡査들이 辨当를 가져와서 나누어주었다. 五時가 되어 車는 出發하였다. 辨当로 요기하였다. 七時에 裡里駅에 到着되어 下車하고 全州行 往便으로 올라탔다. 三禮駅을 當하여서 刑事 一人이 日本서 오는 사람 調査하더라. 그래 가르쳐준 다음에

九時頃에 全州驛에 到着되었다. 刑事에 따라 全州警察署로 갔다. 高等係로 들어가 仔細한 調査를 다 마친 后 이번에 日本서 한 일을 여기와 말을 하면 新規則에 依하여 處罰 한다고 注意를 시키고 나가라고 하더라. 그렁저렁 두 어 시간 지체가 되었더. 全北日○車部에 책보를 맡기고 高校로 往하여 文君과 金君을 訪問하여 任實 學生을 만나 보았다. 后 全州神社에 올라 求景하다가 책보를 찾아가지고 金君方으로 往하였다. 여러 형님 찾아왔다. 그리저리한 이야기를 하고 밤 돌아온 后 저녁을 마치고 金文君과 이야기를 하고 놀다가 沐浴을 하고 와서 十一時頃에 就寢하였다.

1923년 10월 9일 화 날씨 청 기온

六時頃에 起床하여 文君 故去하고 한 것 없이 朝飯後에 金君과 같이 出하였다. 郵便局 前에서 人事를 하고 八時 半頃에 出發을 하였다. 오다가 任實 사람을 만나 同行하여 오다가 萬馬錐에 와서 갈렸다. 그렁저렁 와서 下午 三時頃에 本家에 當到가 되었다. 다시 여러 말할 것도 없고 부끄러운 生覺 뿐이었다. 집안 사람들은 반겨함은 勿論이고 洞里 사람들까지도 반겨하더라. 當한 나는 그다지 걱정도 안하였는데 집에서는 참 말할 수 없이 근심들 하였더라. 衣服을 갈아입고 父主께서는 나중에 오셔서 뒤에 뵈었다. 저녁을 마치고 九時頃에 就寢하였다.

- 「진판옥 일기」, 박경하 중앙대학교 명예교수 제공

1923년 9월 2일 자경단과 학살령

산 곱고 물 맑은데 님 없는 손이로다 / 네 마음 태 같으면 고인즉도 할 것이 / 월하에 밤이 드니 흥겨울가 하노라
―「경도(京都)에서」, 이서구, 《동아일보》, 1923. 9. 2

신문에는 이렇게 한가로운 시가 게재되었지만
도쿄 부근의 진재를 이용하여 조센징[朝鮮人]은
각지에서 방화하고 불령의 목적을 수행하려 한다
현재 도쿄 시내에서는 폭탄을 소지하고 석유를 뿌려 방화하는 자가 있다
이미 도쿄부 일부에서는 계엄령을 시행하고 있었기 때문에
각지에서는 면밀하게 시찰하여 조선인의 행동에 대해서는 엄밀하게 단속할 것
조선총독부 대만총독부에도 타전되었다
일본 정부의 삐라나 선전은 조직적인 학살의 뇌관을 때리는 불화살로
동시에 2일 오후 3시경 조선인 폭동에 대한
엄중한 단속 및 조선인 보호 수용 방침을 결정한다
후테이센징[不逞鮮人]에 대한 '단속과 호보'라는
이중적인 지시는 사실상 '학살령'이었다
자경단의 만행을 일본 정부가 부추긴 죽음의 불구덩이다

1923년 9월 3일 신문 기사와 윤치호 일기

일본 유사 이래 초유의 대지진에 대한
1923년 9월 3일 동아일보 조선일보 기사 요약
염려되는 조선인의 소식
동경 부근에 흩어져 있던 수천의 학생과 노동자
그네의 생사존몰은 과연 어찌 되었는가
아아! 일본의 큰 지진! 동경의 큰불!
그 같은 참상을 겪게 된 조선사람의
동경 유학생의 안위는 과연 어떠한가?
다행히 방학 중임으로 유학생의 대부분은 아직 고향에 돌아와
그저 거주 중이라 불행 중 다행이라 하겠으나
방학이 되어도 사정에 끌려서 동경에 남아있던 학생들과
노동에 골몰하여 고향에 돌아올 뜻도 없고 마음먹지 못한
고학생들이 수가 거의 일천 명에 이르렀다
그들의 생사는 아직까지 조사할 길이 끊어져 있는 것이다
고학생이 제일 많이 있는 심천구[深川區] 천초구[淺草區]가 전멸이다
구사일생을 얻게 된 동포가 몇 사람이나 되겠는가
애호하는 자질을 가세가 빈한한 탓으로
외지에 고학을 보내고 방학이 되나 만나보지 못하여
가뜩이나 애를 끓은 부모의 애는 마디마디 끊는 일 것이다
그 외에도 동경 부근에는 조선인으로서

노동에 종사하는 사람이 매우 많아서
그 인명 수가 실로 학생 이상의 다수인 바
그네들은 하기방학도 없이 그곳에 머물러 있었을 터인즉
그네의 생사존몰은 실로 멀리 앉아 듣는
우리들의 애를 끓는 문제라 하겠다

윤치호(친일, 제국의회)**의 일기 1923년 9월 3일 월요일**
 통신이 두절된 탓에 앞뒤가 맞지 않는 얘기도 있긴 하지만, 도쿄와 요코하마가 거의 완전히 파괴된 것만큼은 틀림없는 모양이다. 15만 명이 화재, 해일, 기아, 열기 때문에 목숨을 잃었다고 보도되었다. 9월 1일 오전 11시 50분쯤 대지진이 발생해, 24시간도 채 못 돼서 대도시인 도쿄와 요코하마가 잿더미로 변해버렸다고 한다.
 세계대전에서 과학의 파괴력이 증명되었으나, 이번 대지진을 통해 과학의 무기력함이 여실히 입증되었다. 이 두 사건을 통해 인간이 탁월하다는 게 얼마나 불안한 일인가를 엿볼 수 있다.　　－『역사비평사』, 2005

1923년 9월 5일 백작 송병준 신문 광고

　백작 송병준 씨. 송병준 씨 2일 이래 행방불명 동경 구정구내 행정 모 여관에 유숙하는 조선일보 사장 송병준 백작은 2일 이래 행방을 알 수 없다더라(4일 오후 대판 급 전보).　　　　　　－《조선일보》, 1923. 9. 5

　삼가 알립니다. 본인의 부친(백작 송병준 씨)이 동경 여행을 하는 중 현장에 있었던 바로, 이번 지금까지 한 번도 본 적 없는 천재지변 즉 관동대지진에 안전하고 무사히 지나간 것은 보통 사람과 지인 친구 모든 이들의 돌아볼 은혜로운 염려 덕분에 말미암아 자식으로서 감격을 이기지 못하여 이에 지면에 삼가 감사를 표합니다.
　　　　　　　　　　－ 송종헌 고,《조선일보》, 1923. 9. 10

　삼가 알립니다. 본회 회장 송병준(친일, 매국수작) 씨가 동경 여행 중 금번 진재에 무사하신 전신을 접하였기에 이에 삼가 알리니 회원 여러분은 안심하심을 경건히 요구합니다.　　－ 조선교풍회,《조선일보》, 1923. 9. 10

　다음 날에도 '조선소작인 상조회 본부' 이름으로 본회 회장 송병준 씨에 대한 같은 내용의 광고(《조선일보》, 1923. 9. 11)가 실렸다.

　이 광고와 내용을 페이스북에 올린 뒤, 신고가 들어왔다며 심사에 들어간다는 연락이 왔다. 신문광고에 실린 내용을 올렸는데 무슨 문제가 있는가?라 반문하였다. 며칠 뒤 혐오의 글이 아니라고 판단하였다는 답이었다.

지금도 반민족 행위 친일 분자들이 은밀하게 드러내놓고 비웃으며 암약을 하고 있다.

한말 내부대신 민영달 아들 관동대지진 조선인 대학살 때 피살당한 것을 뒤늦게 안 조선총독 사이토 미노루가 민영달을 찾아가 사죄하였다.

―《동아일보》, 1982. 9. 1

1923년 9월 7일 초대 주불공사 한승인

　임정기 허연 한승인 3명은 집안이 가난하여
　평양 순안 재림교회가 운영하는 의명학교 기숙사에서 도원결의 이상으로 생활했다
　흥사단 단우로서 독립운동가인 초대 주불공사 한승인은
　두 학생 생지옥의 실황을 목도한 최신 소식으로 동아일보에 실렸다

● 구사일생으로 동경을 탈출한 두 학생 생지옥의 실황을 목도한 최신 소식
　참화의 지옥을 벗어나 2일에 맹화 중의 동경을 떠나 도보와 무료승차로 구사일생의 곤경 중 6일 아침 6시 경성역에 도착하는 급행차로 무사히 귀국한 학생 두 명이 있다 그들은(두 학생 사진 게재)
　원적 평남 강서군 수산면 운북리 23 현주소 동경 경교구 남하야정 27 좌등방 명치대학생 한승인,
　원적 원산부 두방리 47 현주 동경 경교구 하야치정 27 좌등방 동양대학생 이주성의 양 군인데 그들은 지진이 일어날 당시에 가장 위험한 경교구에 있었음으로 당시 이 참혹한 광경을 목도하였으며 화렴 중에 몸을 피하여 갖은 곤경을 겪고 돌아왔는데 그들은 조선사람으로서 처음 귀국한 사람이라 말만 들어도 소름이 끼칠만한 소식이 많기로 그 대강을 보도하는 바이다　　　　　　　　 －《동아일보》, 1923. 9. 7

　피난길에서 한승인은 이 지진의 여파로
　재일조선인 7천여 명이 무고하게 학살당하는 현장을 목격하고 큰 충격

을 받았다.
　한승인은 9월 6일 서울에 도착해 이 같은 일본의 만행을
1923년 9월 7일 자 동아일보에 기고하여 만천하에 폭로하였으나
조선인 대학살의 참상은 기사로 발표되지 못했다.
　마침 이 기사를 읽었던 인촌 김성수(친일, 교육학술)는
한승인에게 장학금을 지원하고 미국으로 유학 갈 수 있도록 길을 열어 주었다.
　5·16 군사 쿠데타 이후 도미하여 가발사업 성공하고 민주화운동 반유신 운동을 펼쳤다.
　1973년《기러기》10월~11호에「일본 관동대지진 조난기」란 제목으로
그때 일을 회고하면서 연속 기고하였다.
　1983년에는 그가 청년 시절에 경험했던 끔찍한 사건을 회고하여
181페이지에 달하는『동경지진 한인대학살』을 발간했다
동년배의 글로는 최학주의『나의 일본 학살 현장 탈출기』와
김대업의『불 속에서 구해주신 주의 종의 고백』등이 있다

● 동아일보 초대 편집국장인 이상협 특파원은 일본유학생대회에서 7일 밤 출발했다.
● 경성부에서 의연금 모집 취지서를 발표하면서 조선인 대학살을 언급하지 않았다.

1923년 9월 8일·9일 일본 진재 영화 상영

- 8일, 《조선일보》 1면 '동경·횡빈의 전멸상태와 금후 경제계의 관측'
- 8일, 《동아일보》 1면 '동경재변과 인심 반성할 기회'라고 실었다

- 일본대진재 영화 상영과 일본대학생 최동설,
  일본대진재 영화를 조선극장에서 상영하고 우리 독자는 할인이 있다
  동경 지방의 공전의 진재로 "불나라" "죽음의 무덤"이 된 수라장을 편답하며 두 명의 기사를 희생에 바치어서 박히인 동경진해영화는
  조선극장 주인 황원균 씨의 활동으로 제일보가 조선극장에 도착하였다
  신문지상으로만 보와도 그 처참한 광경을 능히 생각할 수 있었거든
  그 현장을 박히온 활동사진을 볼 때에 과연 우리의 감회는 어떠할까?
  살을 나누고 뼈를 함께 보존하는 자질과
  친족을 동경에 보내고 초조히 지내던 친족들의 궁금증도
  이번 제일보로써 동경 참화와 진상을 능히 살필 수 있을 것이다
  금 9일부터 매일 주야 2회로 13일까지 5일 동안 조선극장에 상영할 터인데
  낮에는 하오 1시 밤에는 하오 7시 30분에 개관을 할 터이며
  특히 우리 동아일보 독자를 위하여 란에 넣은 우대권을 오려 가지고 가면
  특등 1원 50전을 1원 20전에 일등 1원을 80전에 이등 80전을 60전에 삼등 50전을 30전에 각 등의 할인이 있겠으며 겸하여

'파라마운트' 회사의 문예영화도 함께 볼 수 있을 터이라더라
— 《동아일보》, 1923. 9. 9

● 27명은 무사 귀국하였다. 80여 명이 동행하다가, 본적 서산군 안면도인 일본대학생 최동설(고남리 출신, 서울중동학교 졸업) 씨는 어제 9일 아침 경성에 들어왔는데 …(하략)…   — 《동아일보》, 1923. 9. 9

태안군을 포함한 일제강점기 서산군의 일본유학생이 28명인데, 그 가운데 안면도 출신이 5명이었다.
— 향토문화연구소, 1995, 『태안해안국립공원의 마을 안면도 승언리』

1923년 9월 10일·11일 의연금 모집과 부산 부두 귀국동포

동경지방이재동포구제회 발기 구급의 의연 모집에 대해서
● 휴지통. "동경의 참혹한 혹한 진재에 대하여 동정을 표하고 힘자라는 데까지의 원조를 한다는 것은 사람으로서 사람을 사랑하는 의미로 좋은 일이겠다

그러나 요전 서선지방에 비참한 수해가 있을 때는 본체도 않던 놈들까지 제가 인정 많은 사람을 대표한다는 듯이 날뛰는 것은 좀 괴이쩍은 걸 월전까지 철이 나지 않았다가 별안간 동경 지방 지진으로 정신이 났다 하면 그처럼 경사로운 일은 없겠지

이번 동경 지방 지진이 생김으로 우리 조선 사람에게 이익이 있다 하면 이것 한 가지는 이익이라 할까 만일 그자들이 여전히 총독부에 곱게 보이기 위하여 날뛰는 것이라 하면 아아 이 세상은 철저히 개벽 되어 버리는 편이 차라리 나을지도 모른다"라고 조선인 대학살 제노사이드 상황을 알고 있지만 밝히지 못하는 상황을 함축했다
● 일본 신석[新潟]현의 어느 수도공사에 품팔이를 하던 조선인 노동자 31인이 지난 9일 마산에 무사히 도착하였다.　　─《동아일보》, 1923. 9. 10

● 본사 특파원 동경에 본사 특파원 재외 동포 위문회 파견원 리상협 씨는 10일 무사히 동경에 도착되었다는 전보가 있었다
● 중국에 전학하려는 은시세에 주의하라 중국 유명학교의 일 년 동안 학비와 기숙사비를 소개하여, 있는 집의 행태는 100년 전에도 주변을 살피

지 않았다
● 노동 갔던 사람들이 들어와 부산 부두는 귀국 동포로 혼잡하다
  더욱이 7일부터는 일본 관서지방에서 노동을 하던 동포들이 당국의 '귀국 명령'으로 인하여 연일 배마다 백여 명씩 무료승차 승선의 편을 조차 부산에 상륙되나 본시 그날 벌어 그날 사는 노동자들이므로 상륙하여부터 즉시 '배고프다'는 타령이 일어나도 도저히 구제할 방법이 없음으로 아직은 각 관공서의 주선으로 밥을 지어 먹으며 한편으로는 만철에 교섭하여 무료승차권을 배부하여 각각 귀향을 시키려 하나 만철에서는 아직 쾌락이 없음으로 더욱이 대혼잡을 이루는 중이라더라
● 동경지방이재조선인 구제동정금 모집 사무소는 경운동전도교당내(본사에서도 취급) 기한은 본월 말일까지 금번 구제회의 사무 보는 기한은 9월 말까지로 하였으나 구제는 일시가 바쁜 터이므로 동정하실 이는 늦어도 일주일 안으로 가져오기를 바란다더라
● 이재지 동포의 통신을 어제부터 온다 이재민의 통신을 더 원만하게 교섭할 차로 체신국에서 소도[小島] 부사무관이 그저께 밤에 동경으로 출발하였고 오늘도 이재민의 전보가 많이 올 터이다
● 대판 방면에서 노동하던 우리 동포의 일부분은 요새 동경대지진으로 인하여 생계를 구할 수 없어서 지난 8일 오후 3시 목포에 입항한 궁도환(宮島丸)으로 150명이 귀국하였다는데 그중에 유학생도 많이 있다더라

                                            -《동아일보》, 1923. 9. 11

1923년 9월 10일 · 11일
아사카와 다쿠미[浅川巧] 일기

• 1923년 9월 10일

9월 10일 밤 끊임없이 비가 내렸다. 그러나 왠지 차분한 밤이었다.
7월 23일부터 35일간의 홋카이도, 도호쿠 지방에서부터 고향까지 정신없을 정도로 바쁜 여행을 하고, 돌아오자마자 전라북도에 이미 약속된 임업 강습회의 강연을 하러 가고, 9월 2일 전주에서 도쿄 대지진의 뉴스를 보고 놀라서 그날 밤 야간열차로 경성에 돌아왔다. 도쿄에 관해서는 편지도 교통도 단절되었기 때문에 누님댁의 소식도 아직까지 알 수가 없다.
여행 때부터 오늘까지 일기를 쓸 기분이 아니었지만, 오늘 밤은 왠지 차분한 기분이어서 무엇인가 쓰고 싶다.

마사토시 군의 편지에 의하면 "도쿄 대지진의 참화는 실제 재해의 10분의 1에 지나지 않는다. 그 외에는 지진 때문이 아니라 불량 조선인의 방화에 의한 화재 때문이라고 전해져서 도쿄 그 근교에 사는 일본인들이 격양해서 조선인만 보면 다 죽여버린다는 기세여서 선량한 조선인까지 대부분 목숨을 면하지 못하고 있다고 한다"고 쓰여져 있었다. 그 일은 어제 이마무라 씨에게도 들었다. 이마무라 씨는 경무국장과 친한 사이이기도 하고, 정보위원이기도 해서 아직 발표되지 않은 이야기라고 하면서 말했다.
조선인 중에서 누군가는 무분별하게 석유관을 들고 방화하고 돌아다녔다는 것, 피난하는 부녀자를 욕보였다는 것, 일본인의 격양이 극도로 달해서 조선인이라고 하면 그 인간이 범인인지 아닌지를 판별할 여유도 없이 닥치는 대로 때려죽인다는 것, 일본인 중에서도 조선인과 용모가 닮은 자는 오해받아 살해된 자도 있다는 것, 도쿄 근교의 청년단들은 지금도 불량 조선인이 역습한다고 소문을 퍼트려서 준비하고 대처하고 있는 자들도 많다고 한다. 이상의 일은 아무런 근거가 없는 일이라고는 생각할 수 없다. 그러나 사실이라고 생각하기에는 불안하고 씁쓸한 일이다.

아무리 조선인이 일본에 반감을 품고 있다 하더라도 이러한 갑작스러운 재해를 틈타서 방화를 하다니 너무 잔인하다. 조선인 중에서 어리석은 자를 선동해서 그렇게 시킨 못된 일본인이 있을 것이라고 생각한다. 그 화재만 일어나지 않았더라면, 사상자들은 실제의 10분의 1 이하였을 것이라고 생각된다. 그것을 생각하면, 방화한 놈들의 죄는 가볍지 않다. 시민의 경악도 무리가 아니다. 군중이 흥분했을 때여서 제압할 수 없었을 것이라고 생각한다. 그러나 단지 조선인이라는 것만으로 조선인을 보면 살려두지 않는다는 것도 난폭한 일이다. 도대체 일본인과 조선인이 융화되어 있지 않기 때문에 이러한 일이 생기는 것이다. 일본의 시골 신문에는 조선인 전체가 마치 불량배인 것처럼 쓰여져 있다. 조선인의 신문에서도 또한 이와 같은 재해를 인류의 사건으로서 넓은 마음으로 받아들이는 것에 다소 소홀하다는 생각이 든다. 앞으로도 사건이 생길 때마다 일본인과 조선인이 서로 따로따로가 되어 버린다면 얼마나 슬픈 결과를 초래할 것인가. 악마는 두 민족의 사이를 갈라놓으려고 기다리고 있다.

  나는 믿는다. 조선인만이 이번의 뜻밖의 천변의 기회를 이용해서 방화하려고 계획을 했던 것이 아니라고. 오히려 일본인의 사회주의자들이 주모해서 아무것도 모르는 조선인 막벌이 일꾼들을 앞잡이로 이용했다고 생각한다. 도대체 일본인은 조선인을 인간 취급을 하지 않는 나쁜 습관이 있다. 조선인에 대한 이해도가 너무나도 부족하다. 조선인이라고 하면 누구라도 똑같다고 생각하고 있다. 하얀 옷만 입고 있으면 모두 똑같은 조선인이라고 생각하고 있다. 조선인 중에서 유식자들도 조선옷을 입고 일본인 동네를 걸으면 무시무시한 모욕을 당한다고 한다. 우리 집의 김 군들도 어제 미술관의 짐 정리를 도와주다가 미술관의 수위 마누라에게 모욕을 당해 분개하고 있다. 시시한 일로 시작된 것 같은데 결과는 커졌다. 사실은 이렇다. 김 군이 일을 마치고 손을 씻기 위해 수돗가에 갔다. 거기서 수위 마누라가 있어서 가능한 공손하게 인사하고 세숫대야를 빌려달라고 부탁했다. 그 여자는 확실하게 거절하지도 않았지만, 대답도 하지 않았다. 처음에는 두서너 말만 거만한 태도로 응답했지만, 그 후에는 입을 다문 채였고, 그 태도가 너무나 꼴보기 싫었다고 했다.

  김 군은 일본어도 잘한다. 김 군이 실례되는 말을 할 염려도 없는데, 일본 여성에게 가끔씩 모욕을 당한다고 한다. 대체 여자들이란 생각이 얕다. 마음이 좁고 깨끗하지도 않으면서 노골적으로 그것을 나타낸다. 우리 어머니도 조선인에 대한 생각에는 좋지 않은 점이 많다. 그리고 일본인끼

리라면 내색하지 않을 정도의 일이라도 금방 나타낸다. 어머니는 우리 형제들의 생각도 아주 잘 이해하고 있어도 그러한데, 하물며 다른 일본 여자들은 더 심할 것이라고 생각한다.

경성의 혼마치 근처의 상인들은 더 심하다. 나도 조선옷을 입었을 때에는 때때로 모욕을 당해서, 불쾌한 기분이 들 때가 많다.

이러한 일은 사소한 일 같지만, 등한시할 수 없는 일이다. 평상시의 증오를 유사시에 잊을 수 있는 인간은 적을 것이다. 인류라든지, 신이라든지 하는 문제를 판단할 수 있는 인간이라면 처음부터 증오 따위는 느끼지 않을 것이다. 평상시에 인간을 대상으로 해서 증오를 느끼고 있는 자도, 때로는 신이라든지, 인류라든지 하는 큰 문제 앞에 머리를 굴려서 생각을 바꿀 수 있다면 좋을 것이다.

교회에서는 일본인도, 조선인도, 그 어느 쪽도 이러한 점을 고려하고 있는 것 같지 않다.

우리들은 이러한 일을 위해서 기도해야만 한다. 누군가를 저주한다는 것은 신 앞에서도 증오를 느낀다는 것이다. 이것은 두 민족 모두 은총을 받을 수 없는 일이다.

나는 도저히 믿을 수가 없다. 도쿄에 있는 조선인들 대다수가 곤란에 처한 일본인과 그 집이 타버리는 것을 원하고 있다고는.

그렇게 조선인이 나쁜 놈이라고 믿고 있는 일본인도 근성이 아주 나쁘다고 할 수 있다. 정말로 저주받은 인간들이다. 나는 그들 앞에 조선인의 변호를 하기 위해서 가고 싶다고 절실히 느낀다.

 이번 도쿄의 참해 대부분을 조선인의 방화에 의한 것이라고 역사에 남긴다는 것은 견딜 수 없이 괴로운 일이다. 일본인에게도, 조선인에게도, 너무나도 두려운 일이다.

 그러한 사실이 존재한다면 어쩔 수 없지만, 적어도 내가 아는 한, 조선인이 그렇게 어리석은 자들만 있는 것이 아니라는 것은 확실하게 말할 수 있다. 그것은 시간이 증명해 줄 것이다.

 이러한 사변에 대해서 아쉽게 생각되는 것은 교회의 태도이다. 얼마 안 되는 기부금을 모으고, 일본과 연락을 취하는 통신에만 몰두하고 있다. 돈은 관청에서도 그 외의 단체에서도 모은다. 통신정보는 요즘 관청이 훨씬 자세하고 신속하고 요령 있게 처리한다. 교회에는 다른 사명이 있을 것이다. 그것은 이와 같은 천변이 알리고 있는 신의 소리를 듣는 일과 일본과 조선, 두 민족 사이에서 일어나는 많은 문제들에 대해서 기도하고 또 최선을 다하지 않으면 안 되는 것이다. 관청이나 다른 세속적인 단체의 흉내를 내기보다는 오히려 그들을 정신적으로 이끌어 가지 않으면 안 된다. 등대가 되어야만 한다. 예수는 예루살렘 궁의 장대함도 아무 흔적 없이 없앨 수 있다고 경고하고 있다. 일본은 대 도쿄를 내세우고, 군비를 뽐내고, 만세일계를 자랑하는 것을 삼가야만 한다고 생각한다.

인류 공통의 보물을 하늘에 쌓는 것이 영원한 세상에서 사는 길인 것을 교회는 세상에 역설해야만 한다.
— 아사카와 다쿠미 일기와 서간(다카사키 소지 편저, 김순희·이상진 번역, 야마나시현 호쿠토시, 2014)

• 1923년 9월 11일

9월 11일 어젯밤부터 계속 내리는 비는 오늘도 하루종일 부슬부슬 내리고 있다.

장장실에서 불러서 가 보니, 장장이 이야기가 있었다. 그것은 "이번 도쿄의 재해에 관해서 어떤 조선인이 취한 태도는 동정의 여지가 절대로 없다. 결코 사소한 동정심을 보여서는 안 될 것이다. 그들 조선인들의 반성을 촉구하기 위해서 엄격하게 질책해야만 한다." 이러한 이야기는 본부에서 각국 고등관을 모아서 국장이 직접 훈시한 이야기라고 한다.

천재를 빙자해서 방화, 살인, 강도, 강간을 서슴지 않게 한다는 이 무서운 일은 인간에게는 상상도 할 수 없는 악행인 것은 두말할 필요도 없다. 그러나 소수의 악당 때문에 조선인 전체가 궁지에 빠질 것을 생각하면 동정하지 않을 수가 없다. 사회주의자나 불량배들은 일본에도 많이 있다. 이번의 악행도 조선인만의 소행은 아니라고 생각한다. 단지, 조선인이라는 이름하에 일괄해서 논하는 것에 대해서는 나는 찬성할 수 없다.

일본인은 대체로 배타적인 점에 있어서는 조선인 이상인지도 모른다. 조선인에 대한 이해가 너무나도 없다. 일본 시골에서는 아기가 울면 "언제까지 울고 있으면 조선인이 온다."라고 겁주는 말조차 나오기 시작했다. 그 때문에 조선인에 대해서 저속하고 기분 나쁘고 잔인한 악인이라고 생각하고 있는 경향이 있다.

 일반적으로 일본에 있는 조선인을 보면, 일본의 자연과도, 인정과도, 조화되진 못하고, 비참한 나날을 보내고 있는 것 같다. 이렇게 된 것은 양쪽에 결점이 있다고 보는 것이 정당하다고 생각한다. 조선인이 일본에 가서 토목공사장이 막벌이 일꾼 무리에 들어간다. 거의 정다운 말 한마디 듣지 못하고, 혹사당하고, 멸시당한다. 그러한 상황에 처해 있을 때, 사람은 항상 할 수가 없는 것이다. 더욱더 야성을 발휘할 뿐이다. 조선에 있었을 때도 한 번도 해 보지 않을 짓을 아무렇지도 않게 하게 된다.
 거기서 조선인은 바보다, 악당이다라는 정평이 나게 되는 것이다.

 고슈(甲州, 지금의 야마나시현)에서는 농업화나 현청이 장려해서 조선의 소를 농경에 쓰기 위해서 들여왔다. 처음에 조선인 교사를 초빙해서 전했더니, 아주 평판이 좋았다. 사용해 보아도 과연 성적이 좋았다. 조선의 소는 얌전하고, 힘도 세고, 변변치 않은 사료에도 잘 견딘다. 점점 더 평판도 좋아졌지만, 얼마 안 되어서 악화되어 성질과 행동이 거칠고 난폭해져서 다루

기가 어려워졌다고, 최근에는 평판이 땅에 떨어져서 조선의 소를 구입한 자는 손해를 보았다는 이야기다.

이 일에 관해서도 조선에 있어서의 소의 사육, 일을 시키면서 다루는 정신적 의향에 대해서 잘 이해하고 임하지 않으면 안 된다. 자기 가족처럼 인간과 같은 지붕 아래에서 키워지고, 넓은 논밭에서 유유히 일했던 소가 갑자기 성미가 급한 일본인에 의해서 매를 맞고 혹사당하면, 비뚤어지는 것도 당연하다고 생각한다.

이런 경우에도 소에게는 조심할 여지가 없다. 다루는 입장에 있는 인간에게는 자성의 여유가 주어져 있다. 일본인과 조선인 사이에서도 많은 점에서 강자인 일본인이 조금 삼간다면 수습은 빨라질 것이다. 또한 그것이 우세한 측이 취해야만 하는 태도이다.

이번 사건에 의해서 일본인과 조선인은 더욱더 사이가 멀어질 뿐이다. 게다가 가까스로 자라기 시작한 조선인의 새싹을 꺾는 것이라고 생각되어 동정하지 않을 수 없다.

이런 경우에 무엇이 주의 뜻에 맞는 가장 올바른 길인지 계시받기 위해서 기도할 것이다. 내 힘으로 할 수 있는 일이라면 무엇이든 도움이 되고 싶다.

조선인에 대해서 '도대체 요즘 정부가 약간 응석을 받아주고 있는 것

같다. 이번에야말로 원래대로 엄격하게 단속해서 다루지 않으면 안 된다. 조선인은 이번 사건으로 세계의 동정도 받지 못하게 될 것이다. 두 번 다시 고개를 들 수 없도록 탄압을 받아도 할 말이 없을 것이다. 조금 매운 맛을 보여주겠다.'라는 의견이 많은 것 같지만, 이러한 것에는 동의할 수가 없다.

— 아사카와 다쿠미 일기와 서간(다카사키 소지 편저, 김순희 · 이상진 번역, 야마나시현 호쿠토시, 2014)

| 아사카와 다쿠미(淺川巧, 1891~1931. 4. 2.)

망우역사문화공원 사색의 길 약수터인 동락천 가까운 길섶에 일본인 아사카와 다쿠미[淺川巧] 묘지 안내판이 서 있다. 한국에 1914년 들어와 조선총독부 농상공부 산림과 임업시험소(장) 고원 및 기사와 조선 공예 연구가로 활동한 아사카와 다쿠미는, 일본인이지만 조선의 수목과 도자기를 사랑하고 연구하며 한국인의 마음 속에 살다 한국의 흙이 되어 지금까지도 많은 사람들의 존경을 받고 있다. 그의 친한 행적은 일기 · 편지 · 수목과 수목원 관련 논문 · 보고서 · 도자기 가마터 답사 및 신문 기사와 추모의 글, 저서『朝鮮의 膳』·『조선도자명고』등에 남아 있다. 현존하지는 않지만 소설「숭」과「뇌산소과」등도 창작하였다고 전해진다.

다쿠미에게 매료된 또 한 사람, 김성진 씨는 1922년~1923년의 다쿠미가 쓴 일기를 1945년 형님 아사카와 노리타카로부터 받아, 1996년 다카

네정(다쿠미의 고향)에 기증하는 것을 계기로 2001년 그의 고향에 '노리타카 다쿠미 형제관(현 관장, 히나타 요시히코[比奈田善彦])'을 설립하는 계기가 되었다.

1931년 아베 요시시게(경성제대 교수, 문부상)는 「아사카와 다쿠미를 애도하다」를 발표, 1947년까지 일본 중학교 교과서에 15년 동안 '인간의 가치'로 수록했다.

1994년 에미야 다카유키는 소설 『백자같은 사람』(일본 고교 필독서 100만 명 독서)을 출간했다.

아사카와 노리타가(淺川伯敎·1884~1964)·다쿠미(巧·1891~1931) 형제의 삶을 소개하는 만화로 된 평전을 펴낸 '아사카와 노리타가·다쿠미 형제 추모회'는 형제의 출생지인 야마나시[山梨]현 호쿠토[北杜]시(시장, 가미우라 에이치[上村英司])가 내년부터 지역 초등학교에서 평전을 부교재로 쓴다고 2021년 12월 31일 밝혔다.

포천시와 호쿠토시 자매결연 20주년 기념 상호방문 차 지난 2월 한국에 온 호쿠토시 시장 일행이 망우역사문화공원 아사카와 다쿠미 묘지 참배할 때 형제추모회 사무국장 히나타 요시히코[比奈田善彦]가 반갑게 인사하며 '만화 평전'을 필자에게 증정했다.

동강 하정웅 청리은하숙과 사진작가 후지모토 다쿠미

1914년에서 1931년까지 조선에서 17년 동안 칸트의 '인간의 가치'를 실현한
아사카와 다쿠미 선생의 디아스포라를 통해 배워 깨달은
평생 모은 그림 10,000여 점을 고국에 기증한 메세나의 화신
재일한국인 동강 하정웅(청리은하숙 숙장, 광주시립미술관 명예 관장, 영암군 홍보대사)은
2006년부터 아사카와 다쿠미 고향인 야마나시[山梨]현 호쿠토[北杜]시 기요사토[청리]에서 '기요사토 긴자쥬크[淸里銀河塾]'를 개최하여
2박 3일(토·일·월요일) 프로그램으로 올해까지 20회에 이르렀다

필자도 수림문화재단(설립자, 전 중앙대학교 이사장 동교 김희수) 후원으로 '청리은하숙 세계시민학교'(교장 박전열 중앙대학 명예교수, 숙장대행 정종배)를
2015년에서 2017년까지 3년에 걸쳐
아사카와 다쿠미 폴 러쉬 김희수 하정웅 등
네 분의 디아스포라 삶을 통한 청소년교육 프로그램을 운영하며
다쿠미 선생의 고향에서 열린 2016년, 2017년 '청리은하숙'에 참가했다

2016년 6월 넷째 일요일 오후에는 도쿄로 돌아오는 차량이 많아 고속도로 정체가 심하다 (재)수림문화재단 신경호 상임이사 인솔로 하네다 공항을 향해 출발한 지 얼마 되지 않아 지체와 정체가 반복됐다 신 상임

이사의 몇 차례 간곡한 요청으로 일본인 기사가 갓길 운행을 결정했다 신 상임이사의 설명이 이어졌다 일본인들의 이중성을 볼 수 있을 것이다 우리가 탄 차가 갓길로 들어서면 곧바로 우리 뒤로 죽 줄을 설 것이다 우리가 갓길로 빠지자 정말 거짓말처럼 뒷 차량들이 갓길로 줄을 이었다 일본 속담 '빨간 신호등이라도 다 함께 건너면 무섭지 않다'는 말을 증명하듯 군중심리 집단주의 일본 문화의 특징을 두 눈으로 현장감 있게 보았다

  2018년 2월 16일 릿쿄대학 '제10회 윤동주 시낭송회'에 학생들과 동참했다

후지모토 다쿠미[藤本巧] 사진작가의 아버지는
아들이 다쿠미 선생을 닮은 삶을 살아가라는 바람으로
아들 이름을 지었다 다쿠미 사진작가는
1970년 이후 한국의 옛 모습과 발전상을 사진에 담았다
코로나로 인해 일본 도쿄 쿄토 오사카 등 주일한국문화관에서
〈후지모토 다쿠미 사진활동 50주년 기념 특별 순회전-성신교린전〉을 개최하였다
아사카와 다쿠미 형제는 수집한 민예품을 일본으로 가져가지 않았다
다쿠미 사진작가도 수만 장의 필름을 '고궁박물관'에 기증했다

1923년 9월 12일 총독부 출장소 개시와 부안 진재 의연 분배

유학생 조사회 활동과 위로와 친족회 조직 동경진재 구제로 동아 조선 각 지국과 분국 및 야소교 장로회 청년회 등과 각 시와 군마다 이재동포 구제회 발기 총회 및 구제 특파원 파견과 의연금을 모집했다

● 일본 동경 부근의 금번 진재에 대하여 지난 7일 오후 1시부터 부안군청에 각 면장을 소집하고 의연금 2천 원을 아래와 같이 배당 모집하게 하였더라
 부령면 건선면 각 2할 5분 보안면 주산면 각 1할 5분 상서면 하서면 각 2분 5리 동진면 백산면 산내면 각 5분 행안면 2분이었다
● 총독부 출장소 진재사무소 개시했다
● 12일 오전 창경환 25명 신라환 27명 덕수환 17명 등이 부산항을 통해 귀환하였다
● 화재의 동경에서 서신 650통 10일 오후에 처음 들어왔다

－《동아일보》, 1923. 9. 12

● 피난동포의 희모빈지 위험을 면하고 고국에도 돌아온 이 살아 있다고 급히 전보를 보낸 이가 있다
● 광주군에 한 명 생환 최분섭(23) 9일 오전 송정리역 도착하였다
● 개성에는 10명 소식 박광진(도쿄미술대학 졸업, 화가) 이흥신(기자) 신영순(애족장, 문화운동) 외 7인이 살아 있다 여비가 없어 송경장학회에 돈을 보내 작일

오후 급행열차로 출발하였다
● 군산에도 학생 1인 설인영(25)이 경복환을 타고 부산항에 내려 당일 군산 도착했다 동경에서 하관까지 자기는 일본인이라고 속이고 왔다더라
● 평택에도 1인 안착 이희성 금성중학교 재학 중 지난 5일 일본을 떠나 어제 오후 평택 도착했다   －《조선일보》, 1923. 9. 12

1923년 9월 13일 황세자 전하와 자금시장 및 시중 쌀값

● 황세자 전하는 고륜[高榆]어전에 안녕히 계시다
   진재 후에 황세자 전하와 비전하께서는 고륜어전에 안녕히 계시다고 동경에 가 있는 금촌[今村] 이왕직 서무과장으로부터 전보가 왔다더라
● 지진이 일본에게 대재앙이었다는 건 의심할 여지가 없다. 그런데 조선인에게도 마찬가지다. 조선에서 도쿄로 돈이 지속적으로 흘러들어가고 있다. 은행 대출이나 의연금의 형태로 말이다. 갈수록 조선의 자금시장이 경색되어가고 있다. 당국이 쌀값을 억제하다 보니, 조선인들은 돈을 손에 쥘 수 있는 유일한 수단을 박탈당한 상태다. 다양한 명목의 세금들이 이중, 삼중으로 부과될 것이다. 일본에서는 수억 엔이 복구사업에 쓰여질 것이다. 목숨을 잃은 사람들에게는 아무런 도움이 될 수 없지만, 살아남은 사람들의 입장에서는 자금이 돌면서 이득을 보게 될 것이다. 그러나 조선인들에겐 복구사업에 쓰이는 돈을 단 푼이라도 만져볼 수 있는 기회조차 없을 것이다. 그래서 조선인들은 일본이 이익을 얻든 손해를 보든 간에 고생만 할 뿐이다.
● 동경전보 등강[藤岡] 내무서기관은 말하되 "이번 참사 중에 조선사람에 대한 여러 가지 좋지 못한 풍설이 있었습니다 동경에서도 악한 무뢰한들이 혼잡한 기회를 타서 여러 가지 유언비어를 함부로 선전하여 일반 인심을 어지럽게 하였습니다. 그리고 그 기회를 타서 못된 짓을 하려고 한 자가 있었습니다. 그러나 그들은 검거되었습니다. 다른 지방에서도 이 같은 일이 있은 듯 합니다마는 일반은 이 같은 못된 놈들에게 이용되지 말아야

할 것입니다. 조선인의 피란민에게 대하여는 더한층 동정하여야 할 것이므로 당국에서는 극력으로 보호를 할 작정입니다 – 운운하였더라

● 휴지통. 동경지진으로 졸지에 올랐던 쌀값은 차차 그 전대로 내렸지만 소매상 중에는 여전히 무법한 쌀값을 그대로 받아서 빈민의 고통은 여간이 아닌 모양이다 조선사람에게 있는 것이라고는 다만 쌀뿐일까 쌀값이 대세로 올라간다 함은 혹 좋은 일이라 할지 모르나 일부 간상의 농락은 서민만 괴롭게 할 뿐이다 이뿐 아니라 동경지진을 구실삼아 경향으로 출몰하며 어리석은 사람을 속히 여러 가지 협잡이 유행되는 모양이라 경찰은 이러한 점에 특히 주의하기를 바란다 한다 쓸데없는 비가 사흘 동안이나 계속하여 가을장마를 염려하는 사람도 많은 모양이다 금년은 어찌 됐든 천재지변이 많은 해이라 염려하는 것도 무리는 아니지만 경성측후소의 말을 들으면 이번 비는 그다지 많이 오지는 아니하리라고

–《동아일보》, 1923. 9. 13

1923년 9월 14일·15일 비행사 안창남과 이주만 군

● 동경 부흥책의 전도 일본이 시련 기회

● 안창남 씨 사거 금번 진재 중에 사거하였다고, 동경 심천구 주기 일본 항공학교 교원으로 있던 일등 비행사 안창남 씨는 금번 진재 중에 사거하였다더라
사거를 전한 안 씨 23세의 단촉한 일생으로
조선의 과학상 위대한 공로자 비행기술은 일인도 감탄하였다
흉보를 접하고 영매 실신 아우의 이름을 부르며 미친 사람같이 몸부림을 치고 있다
— 《동아일보》, 1923. 9. 14

1901년 서울 종로에서 태어나 1930년 순국한 안창남은 비행사로 일본에서 활동하다가 1923년 9월 관동대지진을 겪고 국내로 돌아와 1924년, 1945년경 중국으로 망명하여 북평에서 조선청년동맹에 속하여 활동하였으며, 여운형의 권유를 받아 산서성 태원에 가 염석산 산하의 비행학교의 교장으로 활동하면서, 상해에 본부를 둔 대한독립공명단에 가입하고 1929년 비행대의 설립을 위하여 국내에 파견된 공명단 단원 최양옥(독립장, 중국방면), 김정연(독립장, 중국방면) 등에게 600원을 제공하는 등의 활동을 하다가 1930년 4월 산서비행학교에서 비행교육 중 추락하여 사망한 사실이 확인되어 독립유공자로 운동계열 중국방면 2001년 애국장 서훈을 받은 독립운동가이다.

안창남과 망우역사문화공원 인물들과 관련은 다음과 같다
안창남은 서울 상공을 최초로 난 조선인 비행사로
비행 성공 축하 식장에서
'이화여전 기숙사 미인 이정애'의 데이트 신청을 '받아 온다, 아니다'
격론 끝에
"내가 누군데", 호기를 부렸지만
안창남도 여지없이 딱지를 맞았다
동경에서 당시 천도교 기관지 격인 《개벽》의 동경 특파원인 방정환과
대담한 내용이 《개벽》 잡지에 수록되었다
1949년 영화감독 노필의 데뷔작은 영화 〈안창남 비행사〉이었다

귀환동포 소개 12일 오전 창경환 25명 신라환 27명, 오후 덕수환 17명
— 《동아일보》, 1923. 9. 14

● 동경을 탈하여 9일 만에 귀향 창원 이주만 군
　금번 동경 진재 중에서 간신히 일신의 위기를 탈출하여 9일 만에 귀향한 창원 이주만 군은 지난 9일에 백난 중 무사 도착하였는데 마산에서 자제를 동경에 보낸 일반 학부형들은 그 안부를 알지 못하여 심히 민울한 중에 재하든터에 군의 귀향을 들은 만산 일반 인사는 씨를 청하여 당취삼라관에 위로회를 개하고 씨가 목도한 동경의 광경과 사정담이 유한 바

씨의 말에 의하면 참재가 발생하던 익일에 살기가 긴장한 동경을 떠나 창원에 도착하기까지 8, 9일간의 그 구사일생의 모든 고초는 듣는 자로 하여금 간담이 서늘케 하였으며 경관의 힘을 의뢰하여 겨우 집에 도착은 하였으나 같이 갔던 제군의 안부는 알아볼 겨를도 없었다 하더라(마산)

— 《동아일보》, 1923. 9. 15

1923년 9월 16일
유언비어와 장형두와 진재 사진 4보 도착

● 피난민 답지와 부산 부근의 인심 단속 유언비어가 날로 늘어가서

　부산 지방 일대에는 요사이 일본 지방에서 피난을 하여 나온 사람들이 날로 증가하여 감에 따라서 일본 지방에서 조선 사람에게 대한 일본 사람들의 감정으로 흘러나오는 난폭한 행동이 점차로 부근에 전파되며 이에 따라서 여러 가지의 유언비어가 날로 늘어가는 까닭에 부산 육상경찰서에서는 치안을 문란케 할 염려가 있다 하여 엄중히 경계를 하던 중에 지난 12일에는 일본인 한 명과 조선인 한 사람을 인치 조취 중이요 이로부터는 그러하는 유언비어를 하고 다니는 사람은 조선인 일본인을 물론하고 용서없이 인치할 방침이라더라

● 귀환 동포 소개 13일 아침 창경환 승객 19명 13일 밤 덕수환 승객 14명 14일 아침 창경환 승객 27명　　　　ー《동아일보》, 1923. 9. 16

　동경에서 출발한 승객 중에 경성의 방치규(3·1운동 주도, 신간회) 광주의 장형두 강영석 등은 부산항에 도착했다

　장형두는 조선유일무이한 천재 식물분류학자로 1949년 고문사 당하며 망우리공동묘지에 묻혔다 좌익사범이란 누명을 지금도 벗지 못하고 있다

　강영석(애족장, 학생운동)은 1990년 독립유공자로 선정되었으나 《동양지광》 경리부장을 역임하여 친일인명사전(교육 학술)에 등재되었다

● 동경으로부터 귀향한 2인

　전주군 난전면 원당리에 본적을 두고 벌써부터 동경에 가서 고학을 하던 김완철 김득철 형제는 지난 11일에 구사일생의 위기를 탈출하여 귀향하였는데 그들의 진재 당시로부터 전주에 도착하기까지의 경과를 들으면 실로 모골이 송연하더라

● 함흥 학생 소식

　함흥 유학생으로 동경 진재 지방에서 조난한 자는 40여 인데 그 중 주수영 군은 동경을 탈출하여 5일 명고옥에 무사 도착하였다는 전보가 온 후 지금까지 아무 소식이 없이 행위불명이 되었고 이동윤 군은 2일 동경을 탈출하여 노동자 5인과 같이 기옥현 월곡경찰분서에 호위되었다는 믿을 만한 소식이 있고 김용현 군은 동경을 탈출하려다가 부상을 당하여 경찰의 구호로 지금 모 병원에 수용되었는 서신이 있으며 정병훈 군을 함흥인으로 금번 최초로 귀향하였는데 군의 조난 담을 들으면 비절참절한 상태는 무엇이라 말할 수가 없더라

● 전동여관에서 귀환동포를 무료로 숙박케 하여

　종로기독교청년회에서는 매일 경성역에 나가서 동경으로부터 피난 동포를 맞아가지고 여러 가지 편의를 보아주던 바 종로 전동여관에 교섭한 결과 동 여관에서는 아주 갈 곳이 없는 이에 한하여 무료로 숙박시키기를

쾌락하고 이미 숙박케 하였다더라

● 진재 사진 4보 착신 다시 본사 독자 우대

　동경지방 진재 영화를 영사하던 조선극장에서는 13일까지 전부 끝을 막으랴 하였으나 아직 그 참상을 구경하지 못한 래객들의 요구에 의하여 다음 17일까지 연장하여 계속 상영하게 되었는데 15일부터는 사진이 전부 차환되어 〈사랑과 불〉〈하이스포이트〉 등 재미있는 파라마운트 문예영화도 있어서 매우 볼만하다는데 그를 따라서 본사에서도 다시 독자 우대권을 17일까지 연기하여 발행하게 된 것이다.　－《동아일보》, 1923. 9. 16

1923년 9월 17일 조선인 폭동의 허설

● 조선인 폭동은 허설

조선신문사 보고 강연의 성황 야기진삼 씨의 실제 시찰 보고

조선신문사 주최의 관동대지진 보고회는 예정과 같이 재작 15일 오후 7시부터 시내 장곡천정[長谷川町] 공회당에서 열리었는데 이번의 진재는 임의 유사 이래의 첫 기록일 뿐만 아니라 실제로 견문한 보고 들은 강연은 경성에서는 처음임으로 기다리던 부민은 시각을 다투어 모이게 되어 너른 공회당에 만원의 성황을 이루게 되었는데 정각에 이르러 석삼전무[石森專務]의 간단한 개회사를 비롯하여 특파원의 실제로 보고 들은 자세한 보고로 만장 청중의 숨을 죽이고 동 11경에 폐회하였는데 그 신문사 사회부장으로 진재 각지를 시찰하고 돌아온 야기진삼[野崎眞三] 씨의 보고 중 조선인 폭행 사건에 대하여 일부 주의자들이 폭행을 하였다 함은 전연 근거가 없는 풍설이며 모모단체를 조직하였느니 폭탄을 가지고 건물을 파괴하며 인명을 살상하였느니 하는 등 사실도 무근한 일일뿐 아니라 당장 독약을 우물에 넣었다는 그 물을 먹어보아도 아무 상관이 없었고 그밖에 여러 방면으로 이러한 사실의 유무를 조사하여 보았으나 도무지 그러한 사실을 발견치 못하였다는 의미로 보고하였더라

● 가족의 안부 몰라 밀양군에 대비극

금년 2월경에 밀양군 하남면 수산리에 사는 방봉준(35) 방재영(37) 김택서(36) 김성록(36) 김삼록(34) 등 다섯 사람은 노동을 하고자 동경으로 갔고 그

동리에 사는 김종철(42)의 김석윤(19)은 동경으로 고학을 하러 갔는데 이번 재난의 소식을 들은 부모 친족은 밤낮 눈물로 세월을 보내는 바 김석윤의 현주소는 동경시 신전구 금정 1정목 1번지 임전유삼랑[林田留三郞]의 집이라더라

● 동경을 탈하여 귀향
　동경에 유학하던 진해 니동리 김진석 군을 대동하고 지난 12일 오후 4시에 진염의 동경을 탈하여 진해에 도착하였는데 동경진재 시 자기는 지진 당일부터 3일간은 그 여관에서 체재하다가 경관의 보호를 얻어 소석천구[小石川區] 경찰서에서 4일간 유숙하고 지난 8일에 동경을 떠나 도중에 하룻밤을 지나고 9일 오전 6시에 일비곡역[日比谷驛]에서 차를 타고 귀향하였다더라
● 보성 학생 안부 동경 재유학 보성학생 중 9월 13일까지의 금번 진재 피난 소식을 접한 자는 다음과 같다 김영학 박계용 김홍채 김병규(전보) 김용태(서신)
● 전주 구조파원불능 부형의 초조하고 우려하며
　동경 진재 후 전주 재적자로 동경 재유학생의 안부를 알지 못하여 귀성 중인 유학생과 전주청년회 주최로 6백여 원의 의연금을 모집하여 9월 8일 일본 구조원 2명을 파송하기로 하였다가 당국의 금지로 중지하였다 함은 이미 보도하였거니와 그 후에도 당국에 대하여 하루라도 빨리 출발 구급

의 길을 교섭 중이던 바 송본 내무부장이 월 15일 동경으로 출장한다 함으로 송본과 한 사람만 동행할 것을 제안하였으나 거절당하여 30여 명의 생사를 알지 못해 초조하게 된 가족은 물론이요 일반 인사의 우려가 막심하며 차후 될 수 있는 대로 파원 구조하기로 하는데 금전 구조비로 의연한 제씨는 다음과 같다 (제씨는 생략)

● 진영 학생 전부 귀환
　동경에 유학하는 경남 진영 유학생 김란곤 서병지 강대홍(일제강점기 부산 지역에서 활동한 언론인 사회운동가) 김영주 4군은 금번 진재를 서소압[西巢鴨]에서 9월 5일까지 피난하다가 8일에 전부 무사 귀환하였는데 도중 경난은 형언할 수 없었다더라

● 관세면세와 조선 생우의 타격을 입었다
　조선생우의 일본내 수요는 축년 격증하여 금년도 이른 봄 이내 수출이 왕성하던 바 진재 당시 시모노세키에는 이미 300여 두가 있었고 부산에도 상당히 기다리는 중에 있었는데 그러나 1차 진재의 보도가 전해지자 시세는 한 마리당 15원의 폭락을 알린지라 이 수출업자는 대 타격을 입었고 소자본 중에는 재차의 곤란을 예상하는 바이다

- 진재와 선철 수입 하루 약 2만 원이 떨어졌다

　동경 지방 대진재로 한일 간 여행자가 아연 두절되어 기차는 거의 빈 차로 다니는데 간간이 증차하는 때는 일본으로부터 송환자와 피난민 등 무임승차 등 뿐이오 조선내 각지 단거리 여행조차 점멸하는 경향이다. 하루 예정 수입이 3만 7천 원 내외였는데 일시에 격감하여 1만 4천 원으로 떨어졌다.　　　　　　　　　　　　　　－《동아일보》, 1923. 9. 17

1923년 9월 18일 인천 재적인 소식과 윤치호 일기

● 진재 후 우편물 인천우편국의 일본 관동지방 진재 후 인천우편국에 우편물 도착 상황을 듣건대, 전보는 8일부터 우편물은 13일부터 발하게 되었는데 도착한 통수는 전보는 8일부터 13일 정오까지 58통이요 우편물은 13일에 시내 배달한 것이 53통인 바 태반은 조선인의 진재 중 무사하다는 전보와 서신이라며 대개는 동경 직발이 아니라 비행기 혹은 선편으로 부근 지방을 거치어 도착된 것이라더라

● 동경 진재 후 인천 재적인 소식

과반 진재로 인하여 참담히 파멸된 일본 동경에 유학이나 혹은 노동을 목적하고 기우한 동포 중 인천 재적자는 그 수가 명확치 못하나 약 60명 이상으로 계산한다. 그런데 유사 이래 초유인 대지진 중에 있던 자녀의 소식을 알고자 본사 인천 지국 후원으로 친족회를 조직하고 구제방법까지 협의하였다 함은 이미 기사화한 바 있거니와 그 후에 위기일발로 천신만고를 겪고 구사일생으로 귀환한 동포도 있으며 혹은 병사나 독학부에 수용되어 있어 부모 친척의 타는 가슴을 적게나 위로하는 전보나 서신이 있어 차차로 안부의 소식을 알게 되는 터인데 15일까지 판명된 소식은 여좌하더라

살아나온 사람 인천 송현동 86의 2 배순남(16) 배순석(14), 외리 180 김영운(19), 내리 205 김동수(20)

무사하다는 소식이 있는 사람 외리 206 고주철(의사, 고유섭 숙부), 용강정 44 이창문(20), 산근정 3 김형대(24)

● 마산 유학생 부모 위로 방문

마산에서는 지난번 동경 진재 후 그 자제의 소식을 알지 못하여 민울 중에 있는 일반 학부형을 위하여 부청에서는 심산[深山] 내무과장과 정규창 서기 양 씨를 부윤 대리로 경찰서에서는 김병태 강태문 양 씨를 서장 대리로 수일 전에 각각 시내의 동경 유학생 가족을 방문하였더라

● 진재지 유학생 조사

이원의 일본 유학생회에서는 금번 동경지방 진재에 더불어 이원인으로 동경에 재유 중이던 동포의 안부를 조사하며 구제하기 위하여 협의한 결과 동경에 위원을 파견하기로 하고 한편으로 동정금을 모집 중인데 위원은 다음과 같더라

조홍국 김윤희 이상락 전원숙(애족장, 3·1운동) 박인준 정상섭 최세린

1894년 함남 이원에서 태어나 1948년 순국한 전원숙은 1919년 3월 11일 함남 이원군 남면 차호시장에서 약 1천 명의 군중과 함께 "조선독립국"이라 쓴 기를 들고 독립만세를 고창하며 행진하였으며 아울러 군중들에게 독립을 위해 노력하라는 연설을 하는 등 활동하다가 체포되어 징역1년을 받은 사실이 확인되어 운동계열 3·1운동 애족장을 2000년에 서훈받은 독립유공자이다

● 철원 진재 구제 협정

　금번 동경 지진에 대하여 당지 일인(日人)과 조선인 유지를 군청에 회집하고 구제금 모집을 협의하였는데 일본인 측에서는 관리를 제하고 민간에서만 천원을 부담하기로 하고 조선측에서는 일천 오백 원 이상을 부담하기로 협의하였다더라　　　　　　　　　　－《동아일보》, 1923. 9. 18

● 윤치호 일기 1923년 9월 18일 화요일

　다행스럽게도 도쿄와 요코하마에 대지진이 발생했을 때 조선인들이 범법행위를 저질렀다는 게 낭설인 것으로 드러났다. 오히려 2천~3천 명의 조선인들이 격분한 일본인들에게 린치를 당했다는 내용의 소문이 나돌고 있다. 어느 말을 믿어야 할지 종잡을 수가 없다. 장용섭의 누이인 장정심*이 9월 2일에 쓴 편지에 의하면, 이런 일이 있었다고 한다. 일본인 패거리가 그녀를 죽이려고 하숙집에 들이닥쳤다. 그녀는 하숙집 주인이 일본 옷을 입혀준 덕분에 목숨을 건졌다. 함께 하숙하는 사람들도 그녀에게 더할 수 없는 친절을 베풀어 주었다.

* 장정심 감리교 전도사 : 여류시인, 개성 최초의 감리교 신자 중 한사람인 장효경의 딸이다. 호수돈여학교, 이화학당, 협성여자신학교를 거쳐 감리교 여선교회 사업부에 근무하며 문서 및 전도활동에 매진했다. 일제 말기에 조선기독교여자절제회 제4대 총무를 지냈다. 독실한 신앙심을 바탕으로 한 서정적 종교시를 다수 남겼다.

● 피난동포 경성역에 4인 각각 고향으로 갔다고 작이 오전 9시 경성역두에는 동경으로부터 피난하여온 우리 동포가 네 사람이 있었다는데 몸에 돈 한푼도 지니지 아니하였으므로 경성부 인사담당소에서는 매인 앞에 오십 전씩 점심값을 주어 각각 고향으로 돌아가게 하였다는데 그네들의 주소 성명은 아래와 같다더라

함남 고원군 상산면 명현리 오재신, 강원도 회양군 사동면 구만리 박보근, 함남 고원군 하발면 현덕리 이준학, 함북 종성군 행산면 삼봉리 엄문일

● 전남 청년 2인 피난하여 무사 귀국 전남 영광군 대마면 묘량리 16번지 소성순(29) 군은 대판에서 노동을 하다가 천신만고로 무사히 귀국하였다 하며, 함평 사람으로 동경에 유학하던 이재균 군도 무사히 귀국하였다더라(함평)

● 진남포의 학생 구사일생의 힘을 다하여 다시 고국 구경을 하였다. 진남포부 신흥리 심희돈(25) 군과 동 부동리 서순삼(23) 군은 동경에서 고학 생활을 하던 중 구사일생의 힘을 다하여 다행히 귀국하였다더라(진남포)

진남포의 일가족 진남포 차제창 군의 가족 네 사람은 지난 13일 아침에 진남포역에 도착하였는데 그들은 횡빈으로부터 돌아왔다더라(진남포)

● 광주는 11인 십오 일에 무사 도착 일본 관동지방 진재지로부터 피란한 동포 중 지난 15일 오전 1시 40분 광주 착 열차로 도착한 이의 씨명은 다음과 같다더라

● 화순군 청주면 관영리 주상순 광주군 광주면 기옥정 강영석(애족장, 학생운동)으로 1990년 독립유공자로 선정되었으나《동양지광》경리부장을 역임하여 친일인명사전(교육 학술)에 등재되었다. 동 박일덕 동면 이득수 최경문 강순명 이영권 장형두(조선 유일무이 천재 식물분류학자로 1949년 좌익으로 몰려 고문사 당하여 망우역사문화공원에 잠들어 있음) 외 일본인 소야정오

● 생환고국의 동포수 금번 관동지방 진재에 의하여 7일 저녁으로부터 부산 상륙하는 동포가 매일 연적한 바 부산수상경찰서에서 조사 발표에 의하면 12일 현재 부산에 상륙한 조선인 통계가 1,272명 중 402명이 피난 학생이라더라(부산)　　　　　　　　　　 －《조선일보》, 1923. 9. 18

1923년 9월 19일 고학후 군과 민속학자 송석하

• 동아일보 광고

　고학후 군! (지난 8월 28일 동경향발정 본적 강화군 송해면 솔정리)이 광고 보시는 대로 곧 부서하며 우인의 지구간이라도 이 광고 보시거던 고에게로 곧 통지하여 주시면 감사천만 인천부 내리 203 송태식 강화군 송해면 솔정리 고학섭

• 재일 진주학생 조사 파원 결의

• 함흥 유학생 소식

　함흥인으로 동경진재 지방에 있는 자 40여 인 중 최근 귀향한 자는 정병훈 박계은(소수구락부, 함흥청년회 창립) 2인이오 동경에서 무사 전신이 유한 자는 이동제(1924년 경시청 요시찰 인물) 이증림(1924년 경시청 요시찰 인물) 한림(1924년 경시청 요시찰 인물) 한성항 한동죽 김창호 방치규(3·1운동 주도, 신간회) 김교량 박홍기 이진영 박면연 이영수 이인선 이동윤 김용현 주수영 김원희 문태수 강용수(대한독립군비단원 이원 연락통신원) 이영일 차외 주북면 2인과 기타는 아직 소식이 망연하더라(함흥)

• 안주에도 진재 구제

• 홍사익 군은 무사 경기도 안성군 대덕면 소현리 홍사익(시인 홍사용 동생) 씨는 수년 전에 그 가족을 인솔하고 동경에 도거하야 현금 육군대학에 통학 중인데 금번 진재에 그 가족과 공히 무사히 피난하였다는 통지가 그 가족에게 도착하였다더라(안성)

　　　　　　　　　　　　　　　　　　　　－《동아일보》, 1923. 9. 19

● 조선일보. 진재지 동포의 안부 동경에 출장한 경성부 리원의 전보

　동경에 출장한 경성부 리원으로부터 이재민에 대한 안부조사 보고는 재작일을 위시하야 전보로 답지한다 함은 이미 보도한 바어니와 작일 오전 9시까지 하여 경성부 주민으로 동경에 가 있던 총 인원은 348명이라는데 그중에 사망한 자가 2명이요 행위불명자된 자가 51명이라 하며 그중에 우리 동포는 아래에 기록하여 13명인데 1명은 행위불명이라더라

　경성부 미근동 78 무사 김재학, 동 루하동 28 무사 김창모, 광주군 산주면 신사리 무사 민영희, 경성부 봉익동 8 무사 김홍호, 동 안국동 171 무사 고재흥, 동 간동 2 무사 주우명, 동 죽첨동 217 무사 이홍수 무사 이완근, 동 동림정 297 무사 정진환 무사 장종운, 동 간123 무사 유희경, 동 훈정동 8 무사 한상기, 동 적선동 157 무사 박상래, 동 사직동 26 2 행위 불명 김교경, 동 예지동 5 무사 이기동 무사 이기환, 동 창성동 158 무사 이완구, 동 경운동 76 무사 도상봉(대통령 표창, 도쿄미술대학 졸업, 화가) 무사 나상윤(일본 여자미술학교 졸업, 화가) 부부 화가, 동 가회동 92 무사 최의만, 동 루하동 199 무사 고희경(친일 백작, 이왕세자부 이왕직사무관), 동 황금정 1-118 무사 이용근 이병규, 무사 이병규(22) 씨에 대하여 안부를 조사하여 달라고 경성부에 신입은 더였으나 의뢰자가 주소를 기록하지 아니하였으므로 통지치 못한다는데 리씨는 조도전대학 제1고등학원에 재학중이라더라

1903년 함남 홍원에서 태어나 1977년 서울에서 순국한 화가 도상봉은 1919. 3. 1 서울 보성고등보통학교 3년생으로 재학시 파고다공원에서 조선독립 만세를 고창하는 수천 명의 시위군중과 함께 독립만세를 부르며 시위행진에 가담하고 동월 5월에는 서울 남대문 역전에서 수백 명의 시위 군중과 함께 독립기를 흔들며 조선독립 만세를 고창하며 활동하다가 일경에게 피체되어 징역 6월 3년간 집행유예를 받았으나 8월간 옥고한 사실이 확인되어 운동계열 3·1운동 대통령표창을 1992년 서훈받은 독립유공자이다

● 경성역 도착
  재작일로부터 작일 구시까지 경성역에 도착된 일본 진재 피난인이 27명 중에 우리 동포는 19인이라는데 경성부 인사상담소에서 다소간 여비를 지급한 사람은 다음과 같다더라
  함남 단천군 이중면 이호린(50전 지급) 동 김충환 동 이권한 동 이충한 동 주호월, 함남 단천군 파도면 은호리(50전 지급) 김학능 동 공동리(2원 지급) 김왕환, 함남 명천군 하기면 포항동(2원 지급) 김백권, 간도 용정촌 제4구 2호 17(2원 지급) 이예순 8명도 역시 무사
● 작 일본에 도착된 동경 전보에 의한 즉 아래 8명도 무사하다더라
  제5중학 1년생 무사 송석구(민속학자 송석하 동생), 동경 소석천 록하정 21 무사 김용환, 곡교중학교 생도 무사 김은한, 고과대학 예과 무사 송석하(민속

학자). 동경시 외호총정 상호총 87 무사 조창호, 조도대학 무사 김병철, 동경소석천구 호기정 75 무사 장수학, 경응대학 무사 이강진
● 피화동포 금번 대진재에 강세형과 문두인 군 기쁜 소식이 본사에 도착
일본 동경에 유학 중인 상지대학의 강세형 명치대학의 문두인 양씨로부터 무사하였다는 소식이 작 일본사에 도착하였다더라

● 평양과 진남포에도 반갑게 집에 돌아온 사람
 평양 신양리 24번지 정신복 양은 일본 횡빈신학교에 가서 공부하다가 이번 지진을 만나서 화염 중에 간신히 생명을 보전하여 가지고 지난 14일 반가이 집으로 돌아왔으며 진남포 신흥리 박성건 군은 동경 상야역전에 가서 우유장사를 하다가 이번 진재에 다행히 살아나서 홍노같은 시가를 헤치고 나와 천신만고를 겪으며 집으로 돌아왔다더라
● 동경에서 온 일 소년 인천을 거쳐 서산 고향에 본적을 충남 서산군 태안면 동문리에 둔 이백룡(19)이라는 소년은 지난 1일 오후에 동경에 지진이 시작되자 즉시 그곳을 떠나 지난 16일 오전에 인천에 도착하여 방금 공동숙박소에 몸을 부쳐 배편을 기다리는 바 그 여비는 애국부인회 인천에서 지출하기로 되었다더라(인천)　　　　　　－《조선일보》, 1923. 9. 19

1923년 9월 20일 정평군청 처지 부당과 각 지역 소식

- 동아일보 1면 일본 진재와 동양의 정국 중국의 동정은 무엇을 의미
- 진재 동정 모집 정평군청 처지 부당

  함남 정평군청에서는 금번 동경 진재에 대하여 면장 회의를 열고 일군을 통하여 빈부를 막론하고 각 호 평균 15전씩 배당 징수하기로 결정하였다 이에 대하여 부내면 풍교리에서는 리회를 열고 이번 동경 진재는 실로 미증유의 참사라 누구든지 인류애로써 이를 동정치 아니치 못할 것이나 원래 정평군은 토지가 척박하여 군민의 생활은 분전이 곤란할 뿐 아니라 방금 사선에 입한 차시에 그 모집의 방법을 강제로써 평균 배당을 시키는 것은 의연금 본연에 타당치 않고 모집 성적도 유산자에 향하여 자유 모집함만 같지 아니할 터이니 우리 이민은 그 불공평 불원만만 처치에 대하여는 반대치 아니치 못하겠다 하여 차에 반대하기로 일치 가결하였다더라

- 안악 재일 학생 소식

  안악군에 본적을 두고 동경에 유학하던 최제태 원경량 김성섭 3군은 지난 7일과 14일에 구사일생의 위기를 탈하여 귀향하였는데 지금까지 동경에 있는 안악 학생은 무사하다는 통지가 있다 하며 귀향한 그들의 진재 당시로부터 안악에 도착하기까지의 경과를 들으면 실로 모골이 송연하더라

- 진재지 학생 구제책

  멀리 고국을 바라보며 진재의 유허에서 방황하는 동경 유학생을 구제

하자 하는 부르짖음은 각지에 일어나는 바 고창의 유학생은 27인이라 본군 인사는 신속 차의 구제책을 계도하기 위하여 고창청년회에서 지난 5일 오후 8시 동회관에서 긴급회의 소집하고 좌기 문제를 결의한 바 전군을 표준 삼아 취지서를 공포하고 동정금을 모집하기로 일치 가결되었는데 좌기 4대로 분하여 9월 말일까지 동정금을 수집하기로 하였다더라

● 담양 구제 극과 동정

전남 담양의 유지 인사들은 서선 수재와 동경 진재를 당한 동포를 구제하기 위하여 지난 12일부터 3일간 구제 연극을 개최하여 매야 만원의 성황을 이뤘는데 동정금을 기증한 인사는 다음과 같다더라

● 원산 자선 연주회

관서 수재와 동경 진재에 이한 동포를 구제하기 위하여 원산에서 구제회를 조직하였다 함은 본보에 이미 보도한 바와 같거니와 지난 15일에는 이에 대한 구제 자선 연주회를 상리동아좌에 개최하고 해성악대의 양악과 원산유지의 아악이 있었고 춘성원신양권번예기도 총 출연하여 오후 12시까지 연주를 마치었으며 동회에서는 17일 오후 2시 원산청년회관 루상에서 위원회를 개최하고 구제금 발송달에 취하여 협의하였더라

● 초계 청년 구재 결의

초계기독청년회에서는 지난 9일 오후 10시 동회관에서 …(생략)…

● 원산역 여객 감소

　원산역의 승강 여객수는 강우와 진재의 관계로 기분 감소되는 바 근간은 더욱 그 수를 감하여 13, 14일 승강객은 양일 공히 평균 450명이며 기 수입액은 평균 천 2, 3백 원 가량이라더라

　귀환 동포 씨명 18일 아침 입항 창경환 27명 18일 밤 입항 덕수환 10명

－《동아일보》, 1923. 9. 20

● 진재와 동포, 80동포 소식 동경시 국정구 중 6번정 49 금강동에 현재 소를 두고 영문학교 다니는 박남식(24) 군은 지난 13일 오후 4시에 그의 고향인 전북 고창군 흥덕면 흥덕리로 무사히 돌아왔는데 그의 말에 의한 즉 동경 지방의 이재 상황은 이루 형언할 수 없으며 진재 당일 오후부터는 동경 전시의 공기가 가장 험악하여져서 문밖을 나가지 못하고 동거하는 80명 동포가 서로 어찌할 줄 모르다가 그 이튿날에 계엄령이 내린 후부터 7일까지 구제소에 수용이 되어 일일 하루에 현미 한 말씩으로 80명 동포가 근근이 생명을 유지하여 오다가 7일 이후에는 총독부 출장소에 수용이 되어 구호를 받고 있는 중이라고 하더라 (고창)

● 마산에도 12학생 다섯 명은 생사불명 김영근 김재곤 손기택은 살아 돌아왔다

● 광주역에 또 6명 17일 오전 10시 40분 도착 광주 지정선 동 조삼용 동 신상균 화순 박형기 동 박비기 동 박형덕

● 개성에도 1학생 개성군 송도면 고려정 230 산번지 임광익 군은 소석천 구 취방정 7번지에 하숙하던 바 대진 당일에 피난하여 명하정경찰서에서 보호를 받다가 증명서를 얻어 가지고 지난 10일에 출발하여 무사히 자기 집에 돌아왔다더라(개성)

● 제주에 피난동포 사지를 간신히 버텨서 제주도 사람으로 일본 동경에 가서 혹은 유학 혹은 노동하는 이가 70여 명에 달하는 바 이번 진재가 일어났다는 소식이 있어 그 부형들은 소식을 몰라 불안으로 지내는 중 신좌면 함덕리 한동이(22)는 죽은 줄 알고 있다가 피난선을 만나서 대판에 왔다가 부산을 거쳐 무사히 돌아왔으며 유학생으로부터 피신하였다는 통지가 대부분은 왔으나 노동하는 형제의 소식은 아직도 망연하다더라(제주)

● 경성부에 15인 무사한 소식이 또 왔어 지난 18일로 19일 오전 9시까지 한하여 경성부에 도착된 동경재류인 안부조사 전보에 의하면 총 인수 243인 중에 행위불명된 사람이 21인이라 하며 그 중에 우리 동포는 15인인데 그 씨명은 아래와 같다더라

   임병주 정의석 권상부 권중관의 일가족 최창문 허민수 이성열 안순영 임창인 이광실 김창섭

● 경성역에 5인 18일 오후로부터 19일 오전까지 동경으로부터 피난하여 온 우리 동포는 5인인데 그 씨명은 아래와 같더라

   김재환 박윤건 오영섭 오정식 한기욱

● 인천에 또 희소식 구사일생으로 사지를 면하여

　인천에서도 일본 관동지방에 가 있다가 이번 진재의 참혹한 광경을 당한 동포가 적지 아니한 중 이미 살아나온 이에게 전하여는 당시에 보도한 바어니와 지난 18일까지의 구사일생으로 돌아온 형제와 다만 살았다는 소식을 전하는 동포들은 아래와 같더라(인천)

　인천부 송현이 86의 2 배순남(16) 동 배순석(14) 외리 180 김영운(19) 내리 20 김동수(20) 등 4인은 귀국 외리 206 고주철 동 용강정 44 이창문(20) 산근정 3 김형대(14) 사정 25 유해용(19) 등 4인은 소식만 유할 뿐

―《조선일보》, 1923. 9. 20

1923년 9월 21일
진재 의연금과 구제회 조직과 선천의 이영찬과 이영학 형제

● 변·최 양 씨 무사, 천도교 청년회도 변희용과 및 최승만 '가족까지'는 판교경찰서에 수용중인 바 변희용은 경찰관에게 반항하였다는 이유로 독감방에 감금 중이며 천도교 청년회원은 무사하더라(동경특파원 전보)
● 진재와 일본 유학 근근 자유 도항 총독부 당국자 담
● 이원이 재해 구제회 동경 재유 동포 및 서선수해구제회를 조직하고 의연금을 모집하기로 결의하였는데 위원은 다음과 같다
● 장연 진재 의연금
  황해도 장연에서는 금번 동경 지방 대진재의 참상에 대하여 은율군수의 발기로 동정금을 모집하였는데 의연 씨명은 다음과 같다
● 거창에 구제회 조직
  동경 진재와 서선의 수해로 참경에 함한 동포를 구제하기 위하여
● 금산에 집회 금지
  금번 동경 지방의 진재로 인하여 계엄령이 발포된 지금이라 하여 전북 금산에서는 계엄령이 철폐되기까지 어떠한 단체는 물론하고 집회를 금지한다더라
● 재일 금산 학생 소식
  금산에서 동경에 유학하는 학생은 20인인데 그중에 5인 하기 휴학 중에 귀향하였고 남아 있는 15인은 동경에서 진재를 당하였는데 지난 17일까지 소식이 있는 학생은 다음과 같고 그 외에는 아직 하등의 통지가 무한 바 일반 부형은 심히 민울하는 중에 재하다더라 한원전 김용술(애족장,

3·1운동) 유영창 김필준 정금종 김정식 김현상 김태은(금산)

　　1887년 충남 금산읍 금산리 상옥에 태어나 1932년에 순국한 김학술(이명 김용술)은 1919년 3월 22일 전북 금산군 금산읍에서 임승환과 독립만세 시위운동을 벌이기로 협의, '금산경고'라는 제목의 경고문을 제작하여 군중에게 배부하고 이날 오후 2시경 장터에 모인 군중과 함께 독립만세를 외치면서 시위를 전개하다가 피체되어 징역 1년을 받은 사실이 확인되어 2009년 3·1운동으로 애족장을 서훈받았다

● 인천 진재 보고회 금 21일 오후 7시 인천공회당에서 조선신문 주최의 관동진재 보고회를 개최할 터인데 동사 특파원의 실견담이 있다더라

● 동경진재 활동 영사 조선신문 주최의 지방순회 중인 동경진재 활동사진은 래 24일 오후 7시에 인천(장소 미정)에서 공개할 터이라더라

　　선천의 진재 동정금 망우역사문화공원에 따로 묻혀 있는 형 이영찬(친일, 중추원)은 동생 이영학(미서훈 독립운동가) 비운의 두 형제의 아버지 이창석(미서훈 독립운동가)은 20원 동정금을 낸 명단에 있다

● 황해도 재령군에서는 관내 각 면장에게 동경 지방 진재에 대하여 발첩하여 의연금을 각면에 분담 모집한다

● 전주 서문교회 의연 전주 서문 밖 예수교회에서는 금번 서선 수재와 일본 동경 진재 이재구제비 2백여 원을 모집하여 서선에 50원 동경에 70원

을 기여는 동경 유학생 구제회에 의연하였더라
● 귀환 동포 씨명 19일 아침 입항 창경환 22명 19일 저녁 입항 덕수환 19명   -《동아일보》, 1923. 9. 21

● 유학생 수 급 생환 수
　동경 천고의 미증유한 진재로 인하야 태히 전부가 초토화하였다 함은 본지에 누차 보도로부터 세인이 공지하는 바어니와 아직 아 동포의 사생 존몰에 대한 조사에 통계를 상세히 알 수 없다 그러나 진재 후 각종 보도 종합에 의하건대 총독부 동경독학부에 기숙하고 있는 전북 지방 유학생 수는 좌와 여하더라(전주)
　군명 학생수 귀성자
　군산옥구 31명 6명, 전주 19명 11명, 진안 4명 1명, 금산 15명 4명, 무주 1명 00, 장수 1명 00, 임실 11명 7명, 남원 1명 1명, 순창 6명 5명, 정읍 11명 5명, 고창 15명 6명, 부안 11명 6명, 김제 26명 10명, 익산 26명 12명 (전주)
● 서산 형제 이봉주와 이백룡 귀향, 함평 유학생 강이영 귀향
　　　　　　　　　　　　　　　　　　　　　　-《조선일보》, 1923. 9. 21

3부
진재지방재유동포의 안부 조사 및
조선총독부출장소가 조사한 동포 소개

1923년 9월 22일
진재지방재유동포의 제일회 안부 조사 도착,
조선총독부 출장소 제일회로 조사한 동포 소개

동아일보 1923년 9월 22일 호외 발행 후 재수록, **진재지방재유동포의 제일회 안부 조사(362명)** 도착 동경에서 십사일에 발송한 제일회의 조사

무쌍한 고생과 무한한 위험을 사양치 아니하고 수라장 같은 동경에 들어가서 동포의 안부를 조사하는 본사 특파원이 제일회로 조사한 소식을 비행기편으로 대판까지 부쳤다 함은 이미 보도한 바이어니와 지난 십사일에 동경의 하늘을 떠나 대판으로 옮겨진 이 명부는 요사이 거의 정신을 차리지 못한 우편의 지체로 여드레 동안의 장구한 시일을 지난 금 이십일일 오전에야 비로소 본사에 도착하였도다. 자녀의 안부조사를 본사에 부탁하시고 일초일각이 삼추같이 기다리시던 여러 가정에 대하야는 미안하기 그지 없거니와 그 역부득이한 사정에 말미암아 그리된 것인즉 이점에 대하여 충분히 해량해 하여 주시기 바라며 또 부탁하신 여러분에게 대하여는 응당 일일이 통지하여 드릴 바이나 주소에 미상한 관계도 있기에 우선 도착된 제일회분 삼백륙십이인의 소식을 호외로 보도하고 제2회의 도착을 기다리여 속속 보도하기로 하였나이다(명부 중 아모 기록도 없으면 무사).

● 남장, 경북 안동군 일직면 송리(대통령 표창, 국내항일)
  1900년 경북 안동에서 태어나 1950년 순국한 남장은 1925년 2월 경북 안동에서 개최된 경북청년대회에 참여, 대회준비위원으로 선임되었고 동년 8월에는 안동청년연맹 결성에 참여하여 집행위원으로 선출되었으며,

1926년 겨울에는 경북 안동에서 고려공산청년회에 가입하여 이회승을 책임자로 하는 경북 야체이카에서 활동하다가 1927년 가을 조선공산당에 가입하였으며 1929년 1월 신간회 안동지회에 참여하여 대표위원 등으로 활동하다가 1930년 7월에 체포되어 동년 12월에 징역 10월에 집행유예 4년을 받은 사실이 확인되어 독립운동 운동계열 국내항일 대통령표창을 2005년 서훈받은 독립운동가이다.

● 박세균, 함남 함흥군 상조양면 상한리 38(21), 경성 전수학교 3년

1919년 3월 5일 서울 학생의 제2차 투쟁 남대문 시위에서 주도적 역할을 도상봉(대통령표창, 3·1운동) 김창식(대통령표창, 3·1운동) 김창제 백인제 한창달 김찬두(공의라 미서훈, 망우역사문화공원 유택) 심대섭(심훈, 애국장, 3·1운동) 전봉건(대통령표창, 3·1운동) 이동제 신봉조(친일인명사전 등재, 교육학술) 유점선(대통령표창, 3·1운동) 신특실(건국포장, 3·1운동) 노예달(대통령표창, 3·1운동) 탁명숙(건국포장, 3·1운동) 김분옥(망우역사문화공원) 등과 독립운동을 하였으나 미서훈한 상태이다.

● 이용만, 경북 안동군 풍산면 하리동

이용만 판결 대정 13년(1924) 형공공 제547호[경북 안동군 농민운동 판결문] 징역 10개월에 처한다.

― 이상 동경부 하고전정 잡사사곡429 형설회 기숙사 내

- 오영섭, 23 경기도 강화군 부내면 신문리

　보성고등보통학교 4학년 기독교도 3·1운동 징역 10개월 조봉암 선생 등과 함께 만세운동
- 최이하, 경북 김천군 관령면 광천동 최이하 고학생 형설회 간사
- 최승연, 19 평북 운산군 북진면 북진동 172(애국장, 중국방면)

　1905년 평북 운산에서 태어나 1965년에 순국한 최승연은 1925년 중국 상해로 망명, 3·1학교에 입학하고 1926년 7월 중국 광동 황포군관학교에 입학한 후 당시 당생지군으로 입대하였다가 무창으로 이동하여 동지 군관학교 포병과를 졸업, 한국혁명청년당에 가입하여 동지 규합과 동지에 지회를 설립하는데 주력하다가 중국 상해에 있는 독립운동 단체와 연락을 취하려다가 상해 일국 영사관 경찰에 피체되어 징역 1년을 받았으며 활동 4년여로 계 5년간에 걸쳐 활동한 사실이 확인되어 1992년 운동계열 중국방면 애국장을 서훈받은 독립운동가이다.

　– 이상 동경부 하호총정 650 장백료 내

- 고병희, 24 전남 제주군 제주면 삼덕리 장기촌(애국장, 국내항일)

　1900년 제주도 제주시 삼도동 206에서 태어나 1964년 순국한 고병희는 1927년 4월 항일을 목적으로 독서회를 조직하고 소비조합을 조직 일인 상품 불매운동과 1929년 9월 야학교를 설치하여 사상교육을 실시하다 체포되어 징역 3년형을 언도받은 사실이 확인되어 1990년 운동계열 국내항

일 애국장을 서훈받은 독립운동가이다.
- 김택엽, 26 함남 정평군 춘류리 복흥리 26

동경 국기관에서 개최한 조선인 초유의 대각력회 조선노동자 상애회 주최로 경비 수만 원을 내 일본 최초의 조선인 씨름회가 시작됨 각력 조직 그 내용과 성명 제2조 정평군 대표로 출전 명단에 있다.

— 《시대일보》, 1923. 2. 19

- 정진용, 26 전북 익산군 여산면 두여리(애족장, 국내항일)

1893년 전북 익산에서 태어나 1965년 순국한 정진용은 1932년 7월 황해도 서흥에서 계명학원 교사로 재직 중 김가진 이상용 등과 함께 비밀결사 「교육자동지회」를 조직하고 '조선독립'과 사회주의 실현을 목적으로 학생 및 주민을 계몽하다 피체되어 1934년 8월 해주지방법원에서 징역 3년을 받은 사실이 확인되어 1990년 운동계열 국내항일 애족장을 서훈받은 독립유공자이다

- 이인옥, 23 평남 안주군 안주면 용서리

왜적의 총칼에 맞고 치료하는 애국지사들, 무슨 교파에 속하지 않은 이로 오직 독립을 위하여 활동—세브란스병원에서 버시 목사가 조사한 바—리인옥 씨는 19세 된 청년인데 3월 2일에 안주(평안도)에서 4천여 명 학생과 기타 시민으로 더불어 안주성 안에서 독립 만세를 부를 때 왜병정 헌병이 마구 총칼을 쓰는데 독립당원 8인은 즉시 폐명하고 20명이 중상이 되는 때에 기 씨도 그의 왼편 다리가 도적의 총알에 맞아 중상하였으

므로 곧 병원에서 치료하다가 효험이 없음으로 인하여 서울 세브란스병원에 들어가 치료하며 총알을 뽑아내고 편사나 하였는데 그이는 교인이 아니고 다만 이국자더라. 1단 노정연 61세도 노인도 안주성 밖 농민으로 평안병원에서 세브란스병원에서 치료를 받고 있다.

－《신한민보》, 1919. 7. 19

● 주만성, 23 충북 괴산군 증평면 증평리

사법관 시험에 합격한 주 씨 동경서 고학으로 조대졸업 현재 재판소 서기 한편으로는 재판소에서 사무를 보며 일정한 직업을 가지고 나머지 시간을 이용하여 공부를 하여 사법관 시험을 통과한 사람이 매년 두세 사람씩은 있었다 이번에도 재판소 서기로 있던 충북 괴산군 증평면의 주만성 씨가 또한 사법관 시험에 통과하여 6일부터 면허장을 받았다는데 그는 대정 10년에 동경으로 가서 고학을 하여 조도전대학을 졸업한 후 재판소에 취직하였었다 한다. －《매일신보》, 1930. 12. 8

- 이상 장기촌 거유

● 변희용, 경남, 신간회 사회주의운동가 성균관대학 총장
● 최신복, 18 경기 수원군 성내 북수리

아동문학가 최순애 작사 동요 〈오빠 생각〉의 오빠, 최초 수필 월간 잡지 《박문》 편집 및 발행인, 소파 방정환 유택 망우리공동묘지 이장 주도하며 소파 유택 아래 최신복(영주)과 그의 부모님 등 가족묘지가 남아 있다.

- 조종운, 26 해남군 삼산면(건국포장, 3·1운동)

　1896년 전남 해남에서 태어나 1971년 순국한 조종운은 1919년 4월 11일 전남 해남군 해남읍내에서 김동훈의 발기로 거사된 독립만세 시위운동에 참가하여 목판으로 태극기 모형을 조각한 후 당목과 백지로 8백여 매의 태극기를 박아내고 대형 당목 태극기 6매를 제작하여 이날 시위 군중에게 나누어주며 '독립만세'를 고창하면서 1,000여 명의 시위 군중과 함께 장터를 누비며 활동하다 피체되어 징역 10월을 받은 사실이 확인되어 1992년 운동계열 3·1운동 건국포장을 서훈받은 독립유공자이다.

- 신영순, 31 개성군(애족장, 문화운동)

　1892년 경기도 개성에서 태어나 1983년에 순국한 신영순은 개성 한영서원 '애국창가집사건'의 주모자로서 불경죄 보안법 출판법 위반으로 징역 1년 6월형을 받고 복역한 사실이 확인되어 1990년 운동계열 문화운동 애족장을 서훈받은 독립유공자이다.

- 장정심, 29 개성군, 시인 윤치호 일기에도 기록
- 공진형, 25 개성군, 동경미술학교 졸업, 화가
- 공진항, 24 개성군, 와세다대학 영문학과 졸업

　주 프랑스 공사, 농림부장관, 농협중앙회 회장, 천도교 교령, 양주군 목축농장 등을 역임하고 운영하였다.

- 장복록, 21 부여군 건선면 줄포리 문천길 32 평양부 신양리 177-30, 은두기 경북 군위군 소보면 위성동 등은 1923년 3월 1일 매일신문 금의

환향하는 동경 유학생들 전문이상 졸업자 백여 명 명단에 들어 있다
● 탁명숙, 함남 함흥군 주지면 후동리(건국포장, 3·1운동)

　1900년 함남 함흥에서 태어나 1972년 순국한 탁명숙은 1919년 3월 5일 서울 남대문역 앞에서 조선독립만세를 외치고 붉은 깃발을 흔들며 시위에 참여하다 체포되어 징역 6월 집행유예 3년을 받고, 동년 9월 만세시위 참가로 인한 보석 상태에서 재등실 조선총독 처단을 시도했던 강우규를 서울 누하동 지인의 집에 피신시켰다가 체포된 사실이 확인되어 2013년 운동계열 3·1운동 건국포장을 서훈받은 독립유공자이다.
● 장선희, 황해도 재령읍(애족장, 국내항일)

　1893년 황해도 재령에서 태어나 1970년 순국한 장선희는 1919년 3월 1일 이후 김마리아(독립장, 국내항일), 황애시덕(애국장, 국내항일), 이정숙(애족장, 국내항일), 김영순(애족장, 국내항일), 이혜경(애족장, 국내항일) 등과 대한애국부인회를 조직하고,

　대한애국부인회 외교원(제2대 재무부장)으로 독립운동에 진력하며

　독립사상 고취와 독립운동 자금을 모집하여 임정에 보내려다 피체되어

　대한청년단 애국부인회사건으로 1920년 6월 29일 대지법서 2년 선고, 불복공소하여 제령7호 출판법 위반으로 징역 2년 언도받아 애국부인단 사건으로 대구감옥에서 3여 년 복역코 출옥하여 1990년 운동계열 국내항일 애족장을 서훈받은 독립유공자이다.

- 주영방, 24 개성불교청년회 재동경 불교청년회 순회강연단, 고려청년회, 일본대학 종교학과 '현대생활과 오인의 각오' 강연 제목으로 강연하였다.
- 김태흡, 27 경북 문경, 승려 일본대학 종교학과 졸업(친일, 불교)
- 장용하, 25 강원도(애족장, 3·1운동)

　1900년 강원도 원주에서 태어나 1978년 순국한 장용하는 1919년 2월 25일 이필주 택에서 학생간부들이 회집하여 3·1시위운동을 전개할 것을 협의할 때 배재학당 대표로 참석(배재사, 170쪽)하고 본인은 중국영사관에 선언서를 전달하는 책임을 맡고 3월 1일 정오에 이를 전달하고 종로에서 시위대열에 합세하며 3월 2일 김팔봉 등 급우 3, 4인과 같이 「목탁」이라는 비밀 팜프렛을 프린트하여 국내외 소식을 기재하여 독립사상을 고취하다(배재사 209쪽, 배재교지 24호) 4월 20일 「목탁」을 등사 배부하다가 발각 피체되어 9월 22일 고등법원에서 보안법 위반 및 출판법 위반으로 징역 3년형을 받고 복역했다.(수형인명부, 배재사 209쪽) 출옥 후 배재학교 교사, 교장을 역임하며 육영 사업에 헌신하는 동시에 학생에게 애국사상을 고취한 사실이 확인되어 1990년 운동계열 3·1운동 애족장을 서훈받은 독립유공자이다.

- 유기원, 26 경기도 파주(대통령표창, 3·1운동)

　1898년 경기도 파주에서 태어나 1986년에 순국한 유기원은 1919년 3월 서울 종로 탑골공원에서 독립만세운동에 참여하고, 동년 4월 계동의 민가에 자유민보를 배포하였으며 6월 초순경부터 자유농종보를 인쇄하다 체포되어 징역 6월을 받았고, 1928년 미국 뉴욕에서 조선의 독립을 주장하는 삼일신보의 발기인으로 활동하였으며, 1931년 ML당 비서 김세연을 숨겨주었다가 체포된 사실이 확인되어 2010년 운동계열 3·1운동 대통령 표창을 서훈받은 독립유공자이다.
- 현상면, 26 평북 정주군, 중앙학교 교장 현상윤 동생으로 경찰서 수용 중 정신에 이상에 생겨 병원에 입원하였다.
- 이양하, 20 평남 강서군 내차면 조양리 323, 수필가 연희전문 교수 시인 윤동주 사사 수필「신록예찬」·「무궁화」·「나무」등을 발표하였다.
- 이한복, 화가 동 가족 3인 경성부 본향구 구입임정 174 이찬영 방, 이한복은 일본 유학한 한국 최초의 동양화가로 동경미술학교 졸업 한국 근대 동양화단을 대표하는 10대가 중 한 명인 무호 이한복은 '진명여고보 이한복', '효자동 이한복'으로 불렀다
- 정태영, 37 충북 충주군 가금면 가흥리 금강동 (애족장, 국내항일)

1888년 충북 중원에서 태어나 1959년에 순국한 정태영은 청년외교단 특별단원으로 애국부인회와 유력한 관계를 가졌으며 외교활동 중 1919년 11월 피체 투옥(한국독립운동사 103쪽, 항일순국의열사전 64쪽)됐다. 기미 3·1운동에 참가하여 종로 보신각 종을 친 장본인이다. 피체되어 서대문감옥과 대구감옥에서 옥고를 겪고 1959년 음 5월 6일 중원 본가에서 별세하였다. "그"의 공적서에는 3·1운동 비사(842쪽) 및 한국독립운동사(335쪽, 이선근)와 경향신문(1958년 3월 14일)이 인용되어 있음이 확인되어 1990년 운동계열 국내항일 애족장을 서훈받은 독립운동가이다.

● 백남운, 28 전북 고창군 아산면 반암리 하호총정 추방 20 재등방 금청구 백관수 완 전북 고창군 읍내

백남운은 도쿄상과대학 졸업 일제강점기 사회주의 경제학자로 월북하여 북한의 정치인으로 월북 유명 인물 중 홍명희·이극로·박문규 등과 함께 끝까지 숙청당하지 않은 한 명으로 최고인민회의 의장 직함으로 〈애국열사릉〉에 안장되었다.

● 박동차, 21 전북 고창군 읍내 하호총정 유방정 20 재등방(우송 농주)
● 신용하, 23 전북 고창군 벽사면 사천리 하호총정 추방 20(조선비행학교장)
● 임창모, 황해도 은율군 일도면 루리 금감동(애족장, 미주방면)

1894년 황해도 은율에서 태어나 1967년에 순국한 임창모는 1919년 3월 평북 선천에서 신성학교 학생으로 같은 학교 학생들과 함께 독립만세운동에 참여하였다가 체포되어 징역 6월을 받았으며, 1925년 중국 남경에서 삼일절 기념식에 참석하여 '백년의 공'이란 연극 공연에 참여하고 1926년 4월 도미하여 1927년 남경 동명학교 학회 북미지회원, 1929년 흥사단에 입단, 1931년 동단 본부 시카고 지역 반장, 1933년 북미 대한인 유학생 총회 영업부장, 1934년 대한인국민회 시카고지방회 서기, 1935년 동 지방회 학무, 1937년 시국토론회 실행위원, 1940년 서기 및 국어학교 교육위원으로 활동하였고, 같은 해 10월 한국광복군 축하식에 흥사단 대표로 참석하며 1941년 지성지방회 서기, 1945년 로스앤젤레스에서 재미한족연합위원회 회원으로 삼일절 기념식에 참석하여 독립선언서를 낭독

하는 등의 활동을 하며 1928년부터 1945년까지 여러 차례 독립운동자금을 지원함이 확인되어 2019년 운동계열 미주방면 애족장을 서훈받은 독립유공자이다.
- 이기영, 29 충남 천안군 천안면 유량리 219 금강동, 소설가, 카프 주도, 장편 대하소설『두만강』노벨문학상 후보에 올랐다.
- 형 주만성(중복 제재) 23 제 주세경 20 충북 괴산군 증평면 증평리 574 하고전정고전 418 중신방, 중복 게재되었다.
- 이찬영 외 가족무사 경성부 한성은행원 본향구입임정 274
- 김종옥, 충북 괴산군 불정면(대통령표창, 3·1운동)

1866년 충복 괴산군 불정면 출생하여 1936년 순국한 김종옥 1919년 3월 27일 전국적으로 확산되고 있는 독립만세 시위운동에 찬동하여 여러 동지들과 분산하여 독립만세 시위를 결의하여 광화문통에서 많은 군중을 집합시키고 조선독립만세를 고창하며 시위하다 피체되어 징역 6월을 받은 사실이 확인되어 1992년 운동계열 3·1운동 대통령표창을 서훈받은 독립유공자이다.

- 진재 표방 강도 잡혀 취조 중

시내 중학동 77번지 박학래의 집에 와서 동경진재에 관한 동정금을 내라고 졸라서 현금 40원을 가져간 자는 그것이 사기 사건인 것이 판명되어 그가 소관 종로서에서는 범인을 잡기에 노력 중이더니 마침내 지난 8월

8일에 겨우 징역을 마치고 나와서 시내로 배회하던 양대현(39)이라는 자를 어제 21일 오전 중 체포하였는데 여죄도 많은 모양이다

— 《동아일보》, 1923. 9. 22

● 재후 동포 소식 경성부 출장원 조사 경성부 동경재류 조사 출장원으로부터 재작일로 작일 9시까지 보고된 보에 의하면 동경의 93인 중 행위불명 된 자가 32인이오 횡빈에 44인은 다 무사하다는 우리 동포는 아래와 같다더라

동경에 재류동포 민석현 권희장 이석재 이종옥 김영근 김성녀 임학수 이재간 한규직 신용우 김기숙 한영선 박순오 최동석 이상 14명은 무사 송연준 한규정 김순용 이상 3명은 행위불명

횡빈의 재류 안철자 김봉환 박상현 이상 삼인 무사

경성에 도착 동포 양월봉 박진종 유기원(대통령표창, 3·1운동) 고한용(최초의 다다이스트 시인) 김영태 김효수 김태수 이달세 박동령 김유일 김승렬 남병린 최문국 김승철 이상 14명 무사 귀향

● 이재피난자 무임수송

이재피난자 무임수송 일본 동경진재에서 부산역을 통과한 무임수송 인원은 9월 7일부터 17일에 지하는 약 10일간(15일은 연락선 결항)에 이재자가 658명에 달하고 상차 송환자 947명을 가하여 총 인원 1,605명에 달한 바

기 발향지의 주요한 다수는 경성 134인 마산 58인 대구 52인 서호진 21명 평양 19명 목포 15명 원산 13명 함흥 12명 군산 10명 대전 김천 각 9명 등이더라 　　　　　　　　　　　　　　　－《조선일보》, 1923. 9. 22

1923년 9월 23일 동경진재 지방 생존 동포 제일보

동경진재 지방 생존 동포 제일보

일본의 동경과 횡빈을 중심으로 한 대진재는 진실로 역사상 초유한 참극이라 할지로다 우리 동포가 혹은 생활이 곤란하야 이개월 기원의 임금을 도득할 목적으로 혹은 학문을 요구할 주의로 해지에 도거한 자가 무려 수만인데 우리는 지진의 참혹한 정형과 유언의 공포한 상태를 문한 후로 비록 귀환하는 자가 낙역하나 중심이 초조하야 폐망한 전진에 출정한 형제를 사념함과 무이하고 복몰한 선박을 좌승하였든 지구를 우려함보다도 회상이 절지하더니 금회 총독부 출장소로부터 제1회로 조사한 동포의 무사히 생존한 자가 여좌함으로 차를 급히 동포에게 소개코져 하야 이하에 열록하노라

국정구 중6번정 49 금강동 재재학사생 성명 연령 본적지(88명)

주만성, 23 괴산군 노평면 노평리 사법관 시험에 합격한 주 씨 동경서 고학으로 조대졸업 현재 재판소 서기

임창모, 30 은율군 일도면 루리(애족장, 미주방면)

신영순, 29 개성군 송도면 고려정(애족장, 문화운동)

이기영, 28 천안군 천안면 류량리(소설가, 장편소설『두만강』)

정태영, 30 충주군 가금면 가흥리(애족장, 국내항일)

조종운, 22 해남군 삼산면 신흥리(건국포장, 3·1운동)

남병린, 22 길주군 동해면 창촌리(건국포장, 만주방면)

1903년 함북 길주에서 태어나 순국년도 미상인 남병린은 1926년 6월 중국 길림성 훈춘, 연길현 등에서 동 지역의 신사상 운동 상황을 러시아 블라디보스토크에서 활동하는 고려공산당 당원에게 보고하려고 시도하는 등의 활동을 하다 체포되어 재류금지처분 2년, 동년 11월 비밀결사 '태양회' 사건으로 징역 6월 집행유예 2년을 받고

1927년 12월 함북 길주군에서 길주청년동맹 동해지부 교양부장, 1928년 2월 신간회 길주지회 정치문화부 간사 등으로 활동한 사실이 확인되어 2021년 운동계열 만주방면 건국포장을 서훈받은 독립유공자이다.

● 강홍식, 21 평양부 신창리, 강홍식은 1930년대 '조선의 스타' 가수이자 영화배우 및 감독이다. 예명 '진훈'으로 1902년 평양에서 출생하여 일본에서 무용을 배우고 돌아와 영화배우와 가수로 활약하다 영화배우이자 가수였던 전옥과 결혼하여 맏딸은 남한의 강효실 그 아우는 북한의 강효선이다. 둘은 배우로 활동했다 강홍식은 전옥과 헤어진 남매를 데리고 북으로 가서 활동했다. 강효실은 6·25 때 북진한 국군을 찾아가 문예대를 따라 내려왔다. 뒷날 최무룡과 결혼하여 최민수를 낳아 연예인 가족을 이루었다. 강홍식은 1971년에 요덕수용소에서 별세했다.

소석천수용소 보호 성명 연령 본적지(126명)
● 강재원, 26 구례군 광의면, 니혼[日本] 대학 사회과에서 수학 일제강점기의 승려 법명은 만호 화엄사 주지

● 주영방, 26 곡성군, 태안사 개성불교청년회 재동경 불교청년회 순회강연단 고려청년회 일본대학 종교학과 강연 제목 '현대생활과 오인의 각오'로 강연하였다.
● 신영순, 20 개성군 송도면 고려정(애족장, 문화운동)
● 김태흡, 23 경북 문경군 북산면 전두리, 동양대학 인도철학과 입학 일본대학 종교과 옮겼다 고등사범부 국한과를 졸업했다.
● 이기영, 29 불명(소설가)
● 이찬영, 경성 와룡동 29 불명(이한복의 아버지)
● 이한복, 부천군 계남면 소사리, 서촌에 사는 동양화 화가 최초 일본유학의 거목 화가
● 구용서, 경성부 영락동
● 송지혜자 동

구용서는 정미칠적 매국노 백작 송병준의 외손자로, 우장춘 박사의 아버지 우범선과 을미사변의 주역으로 일제하 경찰 간부 중추원 참의를 지낸 아버지 구연수(친일, 중추원), 도쿄상과대학(현 히토쓰바시대학) 졸업, 해방 후 한국은행 초대총재, 대한석탄공사총재, 상공부장관 등 역임했다.

목흑수용소 보호 성명 직업 본적지(492명)
직업란에 '노동'이 주이고 '직공' '학생' '재봉' 등도 있다.
● 최화수 학생 대구부 남산정, 허명 동경명치학원에 유학 화가로 소설도

쓰고 경북 달성 군수 등을 역임했다.   －《조선일보》, 1923. 9. 23
● 귀환 동포 씨명(21일 야 덕수환 도착) 출발지는 동경으로 55명
● 이재지 인사 소식 좌기 제씨의 무사하다는 소식이 모처에 도착되었더라 김림전 한장석(광복군) 임한수 길목석 임보균 장수학 최진순(독립운동가) 마형규 최병훈(애족장, 3·1운동) 채홍석(경시청 편입 요시찰인물) 안순태 신기환 윤승용
          －《동아일보》, 1923. 9. 23

  1872년 강원도 철원군 내문면 독검리 584에서 태어나 1947년에 순국한 최병훈은 1919년 3월 1일 철원군 천도교 교훈으로 있으면서 군내 교도를 통하여 독립선언서를 배부하며 독립만세시위를 사전 준비하는 데 주도적인 역할을 하다 체포되어 징역 1년형을 받은 사실이 확인되어 1990년 애족장을 서훈받은 독립운동가이다.
● 인천동포 무사

  동경에 자녀질과 친척을 보내고 의외 진재의 참보를 접한 그의 친척은 형언키 어려운 노심초사하던 바 그 후 안정에 따라 차차로 혹은 귀환 혹은 소식을 듣게 된다. 그중에 인천 재적자의 소식 일부는 기보하였거니와 지난 17일 일본을 떠나 말할 수 없는 고경을 겪고 수십명 지기 및 친족의 환영 속에 20일 밤 10시 25분 축현(현 동인천역)착 열차로 무사 귀착한 동포가 있다. 그는 동의전을 일찍이 마친 인천부 외리 206 고주철 군인데 군은 수년 전 도동하여 의학을 연구 중이었다. 군의 진재 후 동경 소식담을 듣건대 동포는 대개 무사하다 하며 재외 동포위문회를 대표한 동아일보

사 특파원이 재난 중에 여러 방면으로 분투하여 이재자에게 신생명을 주었으며 특파원은 더욱 각관 공청에 교섭키 어려운 활동을 맹렬히 하고 있음을 떠날 때까지 들었다고 한다. 그리고 그 후 무사한 줄 아는 이는 다음과 같다. 인천부 사정 5 하창순 최만달 그 외 동거 학생 48인 전부 오기선 목사 사전 25 유해룡   -《동아일보》, 1923. 9. 23.

인천이 낳은 위대한 미학자 우현 고유섭의 숙부이며 《대중일보》의 초대 사장을 지낸 고주철은 1893년 인천 외동에서 태어난 인천 토박이이다. 일제강점기 시절 애관극장 옆에서 한방을 겸한 병원인 〈고주철의원〉을 운영한 의사였다. 고유섭 일가가 인천지역 문화운동에 미친 영향은 크다. 그의 숙부인 고주철은 해방 후 인천에서 《대중일보》를 창간했다. 고유섭과 함께 인천이 낳은 큰 예술가로는 함세덕이 있다. 인천지역 연극 침체기인 1930년대 활동한 극작가 함세덕(친일, 연극)은 한국 연극계에 큰 족적을 남긴 인물이다. 인천상업학교(현 인천고) 출신으로, '만포진 사건'에 연루되기도 했다. 시로 등단해 연극 극작가로 활동하다 1940년대 들어서는 친일연극활동에 참여하기도 했다. 해방 후 '조선연극동맹'에 가입하는 등 사회주의 계열에서 활동하다, 월북하여 한국전쟁 당시 서른다섯의 나이로 폭사하고 만다. 망우역사문화공원 가족묘지에 인민군 선무반 신분으로 묻혀 있다.

1923년 9월 23일 공초 오상순(吳想殉)

1923년 9월 23일과 9월 30일 오상순(吳想殉)이라는 이름으로
두 번에 걸쳐《동아일보》에 게재한 공초 오상순(吳相淳) 시인은 이름에서
순박할 순'淳'자를 순국할 순'殉'자로 바꾸어
1913년 4월 20일에 쓴 시「허무혼의 선언」을 전재하고
다음 글을 덧붙였다

추언(追言) 나는 우주 세계 인생 — 그리고 그 속에 포장된 일체의 — 그 과거 현재 급 그 장래에 훤한 모든 현상 사건 활동과 그 운명과 귀추를 응시하고 골수에 사무치는 일종 말할 수 없는 눈물에 감기어 이 말을 허무행의 도반에게 드린다 — 그런데 이 글은 — 십년 이래의 상습인 세계와 인생과 자아 문제에 대한 나의 심적 고민 — 사상적 회의와 탐색과 우울이『클라이막쓰』에 오르고 또 그 해결에 대한 결정적 의지의 욕구가 백열하여 초점에 탐을 경험하던 지난봄 어느 날의 가장 신비롭고도 심각한 밤 — 물론 나에게 있어서 밤을 새우고 난 아침에 그 경험의 일단을 표현해 보고자 우연히 붓을 손에 들어 보았던 것이 이 일편의 글을 낳게 된 동기이다 그러나 극히 불안전한 표현이 되고 말았다 — 또한 불완전한 초고를 책궤 밑에서 꺼내서 먼지를 털고 독자의 눈앞에 내어 놓게 된 동기는 이번 일본의 미증유한 사변 그것이다
　거기에 우리는 무서운 자연의 폭력을 보았고 —『자연 자체에 있어서는 폭력도 아무것도 아니오 자기의 당연한 일종의 상례사일 것이지마는』—

적지 아니한 인간 노력의 참패를 보았다-(이후 인간의 노력은 반발적으로 더욱 치열해질 것도 상상할 수 있지마는) — 따라서 일종의 심각한 비통 — 은 사람의 가슴을 친다

  그리고 그곳에— 나는 역시 일종의 「허무감」을 새로이 한번 느끼지 아니할 수 없는 그것이다

                -《조선일보》, 1923. 9. 9·《동아일보》, 1923. 9. 23, 30

  공초 오상순은 민태원 변영로 염상섭 황석우 김억 남궁벽 김유방 김일엽 나혜석 등과 〈폐허〉 동인이며 망우역사문화공원 한류 1세대인 아사카와 다쿠미와 교류했다 특히, 임종국 선생이 1965년 발표한 친일의 글 한 편도 남기지 않은 오상순 황석우 변영로 시인 등과 절친했다

  공초 오상순 시인이 담배를 물고 《타임》지를 옆구리에 끼고 다니며 "고맙고 반갑고 기쁘다" 만나는 이마다 손을 잡고 격려하여도 탈이 없는 것은 동지사대학 종교학과 즉 정규대학을 졸업한 이가 그 당시 드물었기 때문이라고 알려졌다 시인 구상은 세 구절을 인용하여 시 「꽃자리」를 남겼다

  한국전쟁 후 환도 뒤에 호가 운성인 시인 구상과 호가 하성인 이용상은 약속했다 구상은 공초 오상순을 하성은 수주 변영로를 돌아가신 뒤 유택과 선양사업까지 책임을 다했다. 진주의 파성 설창수 시인이 지은 호로 문단 3성으로 부른다

1923년 9월 24일 동아일보 특파원 제이회 안부 조사, 총독부 제일회 조사 동시 도착

동아일보 동경 특파원의 제이회 안부 조사(227명) 도착
총독부 제일회 조사(706명)도 동시 도착
동아일보 조사는 흩어져 있는 학생의 소식 위주되고
총독부 조사는 수용 중의 노동자에 한하여 조사된 것
  독학부 기숙사에 있는 학생 제군과 목사 오기선 씨의 특별한 원조로 비교적 다수히 조사할 수 있었으며 《동경일일신문》 《보지(報知)신문》 신문에 광고를 내어 두 조사를 합하여 보도했다.

동아일보 동경특파원의 제이회 안부 조사(227명)

● 이동제 28 함흥군, 조선동포위문반 간부인 백무·변희용·한위건·이동제·박사직·이근무 등이다. 진재 후에 있어서는 3월 16일 일화·일선회관에서 일본 노동총동맹 및 조선노동동맹이 주최한 진재 때에 학살된 일본·중국·조선 노동자 합동 추도회를 열고 백무·한위건(독립장, 중국방면)·김학의·이동제·박사직·박명련 등이 출석하여 학생을 가해서 약 1백 50명 및 중국인 30명, 일본인 약 200명이 집결하였으나 끝을 마치지 못하고 해산 명령을 받았고 메이데이 당일, 동경노동동맹회의 깃발 밑에 20여 명이 참가하였을 뿐이었다. — 경시청 편입 요시찰인물
● 서원출 울산군, 유학생들은 자신들 뜻을 강화시키고 단합된 힘으로 일제에 대항하고자 유학생 모임체를 마련하였으니 3·1운동 직후 발족을

한 조선불교동경유학생회가 그것이다. 김상철·이동석·서원출·김태흡이 주요 회원이었는데 한용운을 지도자로 모셨다.
- 엄상수 고성군, 창립벽두 민족운동 후원을 결의 동아일보 고성기자단 조직하였다 위원은 천두상 엄상수 구종근 등이다.
- 정인영 하동군, 9월 28일 자살 동아일보 기사 게재
- 정열모 1 외 가족 3명 보은군, 국어학자
- 손우성 20 동 보은군, 불문학자 평론가
- 인태식 당진군, 일본 야마구치 고등학교 문과 졸업 도호쿠제국대학 법문학부 졸업 제3대 관재청장 제7대 재무부장관 제3, 4, 6대 국회의원
- 김성숙 28 제주도 대정면 가파리 (건국포장, 국내항일)

　　1896년 제주도 대정에서 태어나 1979년에 순국한 김성숙은 1919년 3월 경성고등보통학교 4학년 재학 중 독립만세 시위에 참여하였다가 체포되어 면소처분을 받았으며 1926년 7월 도일 유학 중 협동조합운동의 발기인으로 참여한 이후 중앙집행위원장등을 역임하였고 신간회 선전부원으로 활동하였으며 1930년 1월 학생만세사건으로 체포되었다가 석방된 후 다시 1931년 7월에 만보산 격문사건으로 체포되었다가 48일 만에 석방된 사실이 확인되어 2005년 운동계열 국내항일 건국포장을 서훈받은 독립유공자이다.
- 고병희 24 제주도 성내 (애국장, 국내항일)
- 김준규 21 홍성군 고도면 상촌리 이이진사 21 동

8만 평 상원 수입을 광과금으로 대납 빈농가에는 종자를 대부하고 홍성 김준규 씨 미거. 충남 홍성군 고도면 상촌리 김준규(29) 씨는 작춘 동경 일본 대학에서 학업을 마치고 고향에 돌아와 볼 때에 농촌생활 상태가 각 일각으로 비참하여짐을 보고 빈농가에는 종자를 무상으로 대부하여 주며 소농가로서 금비사용하는이만치 불경제되는 취지를 일반에 주지시키어 이를 사용 방지시키며 자급적의 비료 증산을 적극적으로 장려하기 권하여 사재로써 농가의 필요품인 제반 농구를 구입하여 농사개량함에 따라 성적 우량자에 대하야는 부상을 수여하며 토지 8만 평을 상원으로 하여 동리 백여 호의 농가 이 협력하여 공동작을 하여 그 수입으로 동리 빈농가들에 공납금 납부에 충보케 함으로 칭송이 자자하다.

  -《매일신보》, 1930. 10. 7

 빈민에게 시미 - 김준규 씨 미거 홍성군 고도면 상촌우편소장 김준규 씨는 맥령빈궁을 동정하야 극빈호 일백 호에 백미 일백 두를 희사하였다 한다. ㈜흥아신춘 김준규 광고　　　　　-《매일신보》, 1937. 7. 9
- 오기선 가족 인천 오현명 하득애 오인명 오진명 오천범 오순명
- 오영섭 강화 13일 귀국 조봉암과 강화읍 3·1운동 주도함
- 현좌건 경성 간도기자단 발기대회 간도일보 현좌건

  -《매일신보》, 1926. 3. 18.

- 장용하 원주(애족장, 3·1운동)
- 이필현 야방촌 신정 260(애국장, 중국방면)　　-《동아일보》, 1923. 9. 24

1902년 평남 중화군에서 태어나 1930년에 순국한 이필현은 1922년 일본에서 흑우회 간부로 활동하였고 1926년 서울에서 나석주가 실행한 동양척식회사 폭탄의거의 관계자로 일경이 지목하였고 1928년 4월 중국 북경에서 무정부주의자들의 비밀결사인 동방연맹을 조직하여 활동하다 일경에 체포되어 사형을 선고받은 사실이 확인되어 2010년 운동계열 중 국방면 애국장을 서훈받은 독립유공자이다.

총독부 제일회 조사(706명)

국정구중 6번정 49 금감동 수용
소석천수용소 보호
- 고학후 18 강화 송해면 솔정리, 동아일보 9월 19일 신문광고에 신고해 줄 것을 실음
- 이찬영 경성부 와룡동 72, 이한복의 아버지
- 이한복 부천시 계남동 소사리, 동양화가 일본 최초 유학생
- 구용서 경성부 영락정 2의 70 송지혜자 동
- 함석헌 용천 용천면 중흥리(건국포장, 국내항일)

　1901년 평북 용천군에서 태어나 1989년 서울에서 순국한 함석헌은 1919년 3월 평양에서 형을 도와 연락과 전단배포, 시위 등을 통하여 독립만세운동에 참여하고, 1927년 김교신 등과 『성서조선』을 발간하고 지상에

「성서적 입장에서 본 조선역사」 등을 기고하여 민족의식을 고취하였고, 1942년 민족의식을 고취하는 「조와」라는 글을 『성서조선』에 실었다가 근 1년의 옥고를 치른 사실이 확인되어 2002년 운동계열 국내항일 건국포장을 서훈받은 독립유공자이다.
● 정태성, 단천 북두구면 신덕리 흑우회 흑우호 김중한(애족장, 일본방면) 박열(대통령장, 일본방면) 등과 활동하였다.

목흑수용소 보호
● 최화수 대구부 남산정

—《동아일보》, 1923. 9. 24 ·《조선일보》, 1923. 9. 23

● 학생 3명 구류 일본 진재 말하고 류언비어 죄로 평안남도 안주군 안주면 청교리 149번지 동경 일진영어학교 생도 변산조(24)와 평남 순천군 자산면 청룡리 조도전 공수학교 생도 차정빈(24) 함경남도 함흥군 함흥면 하서리 226번지 동경 일진영어학교 생도 김충의 3학생은 동경으로부터 고향에 돌아가는 도중 부산 대구 사이에서 동경진재에 대한 말을 하다가 류언비어라 하여 대구경찰서의 손에 걸려 가 구류 20일씩에 처하였다는데 구류 집행은 대구형무소에 행한다더라.

—《동아일보》, 1923. 9. 24

● 진재 보고의 진상 인천공회당에서 개최 조선신문사 특파원의 관동진재

보고회는 지난 21일 오후 7시 반부터 열렸다. 갖은 재해와 구사일생 살아온 동포들의 이야기를 하면서도 대학살 참상을 표현하지 못하는 현실을 탓할 수밖에 없다.

● 함평의 3인 소식

전남 함평 사람으로서 동경에 유학 중의 고학생 강이영 군은 지난 21일 천신만고를 하야 고향에 돌아와 말하되 서한주와 최항진은 무사하다는 소식을 전하였다더라(함평).

● 송도면에 도착 전신

개성군 송도면 이원을 동경에 파견하였다 함은 본보에 기히 보도한 바이어니와 거 21일 오후 1시에 해 면소에 도한 전보에 운하되 개성에 원적인 동경 유학생

박상우 최영진 황성현 마찬규 안승만 공진형(도쿄미술대학, 화가) 공진항(고려인삼흥업사장, 농림부장관, 농협중앙회 회장 등을 역임한 실업가 행정가). 공진오 진봉숙 박광진 이영자 장정심(시인) 신영순(애족장, 문화운동) 김재환 임한조 임진철 조인식 신영원 이흥신(기자) 임창빈 이병렬 주원회 주이회(상공부 차관) 진교순 진귀복 손용득 제군은 무사(?)하다 하였다더라(개성)

— 《조선일보》, 1923. 9. 24

1923년 9월 25일 상애회 박춘금

- 상애회원 3백 명 복구공사에 종사
  이기동(친일, 일본 상애회 도쿄총본부회장)
  박춘금(친일, 제국의회) 등이 경영하는
  상애회에서는 약 삼백 명의 노동자가
  매일 타고 남은 동경 시가의 정리에 종사중인데
  나(특파원)는 십칠일 일본교구인형정으로
  그들을 방문하고 일하는 상황을 보았고
  화가 허백련 씨는 지진이 일어나기 전에
  천엽현[千葉縣] 지방으로 여행하였는데
  아직 소식이 불명하며
  중앙학교장 현상윤(친일, 교육학술) 씨 영제 현상명 군은
  경찰서에서 수용 중 정신에 이상이 생기어
  방금 병원에 입원하기를 교섭중이다(동경발 대판 경유 특파원 전)

  — 《동아일보》, 1923. 9. 25

귀환 동포 소개(23일 창경환 21명, 23일 야 덕수환 9명)

— 《동아일보》, 1923. 9. 25

1923년 9월 26일 시인 신석정 집안
− 소설가 정우홍 이익상 신석상 가수 신형원

지난 3월 중순 관동대지진 조선인 대학살 100년 자료를 찾아 신문을 뒤지다 부안 출신 도쿄 유학생 소식을 찾았다. 부안 시인 신석정 영월 신씨 부원군파 집안과 관동대지진 관련된 기사를 소개하면 다음과 같다.

동경 유학생 소식. 전북 부안군 읍내 거주자로서 동경에 유학하는 학생들은 진재 후 소식이 적연하야 부형들은 우려가 극심하던 차 5, 6일 전부터 전보 혹은 서찰로써 각자 부형에게 통지가 내도하였다는데 5명 중 4명만 통지가 유하고 신영연이란 학생만이 아직 통지가 무함으로 그 부형은 초조불기하며 소식이 내도한 씨명은 여좌하더라. 신기형, 이익상(친일, 언론), 신석갑, 정우홍　　　　　　　　　　− 《조선일보》, 1923. 9. 26

다음날 어렵게 통화가 이뤄졌으나 자료가 없다는 '신석정문학관'의 담당자가 소개하여 연락한 '부안문화원' 김경현 국장과 연결되어, 자료를 찾아 다음날 보내주었다.

신석갑[1904(광무 8)~1975] 한의사. 호는 호민이며 본관은 영월이다. 간재 전우 선생의 제자인 유산 신기온의 아들로 부안읍 동중리에서 태어났다. 어려서 유학자인 조부 소암 신제하와 부친으로부터 한학을 배워 학문이 깊었으며 동생인 시인 신석정, 석우와 더불어 신학문도 익혀 높은 학식과 고매한 인품을 갖추었으며 문필 또한 훌륭하였다. …(중략)…

일제강점기에는 철저한 배일사상으로 불복종하며 살면서 창씨를 거부하고 자녀질도 모두 공직에 나아가지 않았다. 1929년에 조선 민족의 단결과 배일사상을 목적으로 조직된 이상재(대통령장, 계몽운동) · 안재홍(대통령장, 계몽운동) · 홍명희 · 조병옥(독립장, 국내항일) 등이 조직한 신간회 부안지회 조직에 적극 참여하여 총무를 맡아 활동하였다. 일제에 의해 체포되어 고초를 겪었다. 광복 후 혼란한 해방공간에도 조용히 살았다. 언제나 힘없는 사람들 편에 서 있다 하여 좌경적인 인물로 지목되어 한때 핍박을 받기도 하였지만 끝내 독재정권에 굽힘 없이 일생을 살았다.

향토사학 연구가 빛의 속도로 닿았다. 신석정 시인의 형님과 사촌 매부 두 분도 관동대지진 당시 일본 유학생이었다. 일제강점기와 독재정권에도 올곧은 신석정 시인의 삶과 문학, 그 뿌리를 추정하면 은밀하게 얘기하는 참상의 내용을 듣고서 영향을 받지 않았을까?

신석정 시인의 사촌 매형인 정우홍은 간도에서 독립운동 연락 활동을 하다가 1917년 7월에 일시 귀국하여 부안 갑부 신기량의 장녀인 신세정과 결혼했다. 정우홍 소설가는 사회주의 공산주의 활동가로 식민지 시대 거의 유일하게 자신이 겪은 참상을 소설 「진재전후」로 고발했다.

신세정의 쌍둥이 동생인 신계정은 서울에서 언론인 전주 출생 이익상과 결혼했다. 이익상 소설가는 신석정 시인의 은사이며 사촌 매부로서 도쿄조선유학생학우회 편집부장으로 활동했고(《학지광》, 1921. 6) 파스큘라·카프 등 프롤레타리아문학 단체활동을 하였다. 1935년 40살에 운명하며 내 일찍 죽은 이유는 소설가 서해 최학송한테 헌혈을 많이 한 이유라 하였다.

뒤이어 신석상 소설가의 아버지가 관동대지진 참상을 목격한 신기형 선생임을 확인하는 청첩장과 관련된 《부안인터넷신문》 기사인 「49년 전, 부안을 찾아온 청첩장」을 저녁 10시쯤에 찾았다.

곧바로 신석정 시인의 당질인 신이영 유라시아문화연대 이사장께 전화를 드렸다. 신기형은 신석정 선생과 같은 항렬로서 같은 집안의 친척이라며 본인이 편저한 『영월 신씨 일옹공파 33년사』 책을 4월 15일 무명산악회 회원들의 망우역사문화공원을 답사할 때 선물하겠다며 필자의 노고와 열정을 칭찬하였다.

소식 없던 신영연 유학생도 족보를 보고 확인하겠다고 자다 일어나 전화받았지만 100년 전 일을 이렇게 주변에서 확인하는 일이 뭔가 인연의 끈이 있다는 걸 믿게 되었다.

'관동대지진 조선인 학살 100주년 위령의 종 보화종루 보수 및 추모문화제를 돕는 사람들'이 주도하는 기금마련 주최 단체가 유라시아문화연대로, 그 단체 이사장이 신이영 선생이다.

1971년 12월 18일 토요일 오후 1시 서울 시민회관 소강당에서 신기형의 둘째 아들인 소설가 신석상의 결혼식 주례를 선 ㈜동리 영감님 주례사가 궁금하다. 청첩인은 신석정·김용진·유기수·이동주·강인섭·정을병 등이었다.

 6월 3일 삼경에 신이영 이사장이 카톡으로,《조선일보》1923년 9월 26일 자 기사에 관동대지진 당시 부안 출신 유학생 5명 중, 아직 통지가 무했던 신영연 씨에 대한 신상을 족보를 찍은 사진과 함께 보내왔다.
 1903년에 태어나 1971년 5월 21일 사망하여 부안읍 망기산 선영에 잠들어 있는 신영연의 맏손녀가 〈불씨〉·〈유리벽〉 등으로 데뷔하여 〈터〉·〈개똥벌레〉·〈서울에서 평양까지〉 노래를 부른 가수 신형원이다.
 신형원 가객이 주도하여 위령의 종 보수 및 추도문화제 기금마련 콘서트와 일본 현지 추모문화제가 열리길 빌어본다.

1923년 9월 26일 총독부 제이회 안부 조사 도착

　총독부 안부조사 도착 당국에서 지난 16일까지 조사한 동경지역 방재류 동포 제이회 안부 조사를 이제 새로 도착되었다 **동경진재 지방 생존동포 제이보**《동아일보》,《조선일보》1923. 9. 26

　현재 장백료 기숙생 생존자(61명, 9월 16일)
- 정진용 익산 여산면 두여리(애족장, 국내항일)
- 고병희 전남 제주 제주면 삼신리(애국장, 국내항일)
- 이인옥 평남 안주 안주면 용사리
- 김택엽 함남 정평 춘유면 부흥리

　동경 시내 각소산재자(21명)
- 정진용(중복 게재)
- 이필현 중화 해압면 용산리(애국장, 중국방면)

　판본서관내현주자(3명) **상야서 동**(3명) **사도서 동**(15명) **향도서 동**(27명) **부판서 동**(53명) **청매서 동**(27명) **동경시내 각소산재자**(4명)

　상애회 수용자(211명)
- 이기동 37 경동 원동 264 상애회 도쿄총본부 회장
- 박춘금 32 밀양군 밀양면내 2동 상애회 부회장

- 한종석 29 전주 전주면 고사정 상애회 총무
- 허방 25 영일군 송라면 조사리 상애회 외무부장

계 남 206명 여 5명 합계 211명

— 《동아일보》·《조선일보》, 1923. 9. 26

　박춘금 이기동 등 민족반역자를 이용하여 상애회를 조직하여 조선인을 강제노역에 동원했다
　간과할 수 없는 일은 사체 처리 작업에 보호 조선인을 동원하였다
　김학문 씨는 고토·스나쵸[砂町] 방면에 사체 처리를 하였다며 작은 어린 애들까지 살해되었다고 증언했다

1923년 9월 27일·28일 안창남 고한용 홍사익 정인영 자살

● 휴지통. 세상일이란 것은 어떠한 원인에 어떠한 결과를 맺을지를 알 수 없는 것이다. 일본 속담에 바람이 불면 사기장수가 좋아한다는데 그 까닭은 바람이 불면 먼지가 일고 먼지가 심하면 고양이 눈병이 나고 고양이가 눈병 나면 쥐를 못 잡고 쥐가 성하면 사기를 깨트리고 사기가 깨지면 수날 것은 사기장수이란 말이다. 그와 마찬가지로 이번 동경 지진에는 장님이 수가 낫다고 한다. 그것은 무슨 까닭이냐 하면 역시 두어 계제를 밟아야 설명을 할 수 있다. 지진이 일어나서 사람이 상하고 통신이 막혔다. 그래서 자질과 젊은 남편을 그 지방에 보내고 고대고대하던 아낙네는 점밖에 칠 것이 없었다. 그래서 이번 동경 지진은 경성 장님에게 좋은 일을 하였다나. 참 세상일은 새옹득실이다.

— 《동아일보》, 1923. 9. 27

동경진재 지방 생존 동포 조선총독부 출장소 조사 제3보 《동아일보》
《조선일보》1923. 09. 27

일비곡서 관내(현주자)
● 송병준(불명) 경성부

청산서 관내현주자(14명) 국정서 동(10명) 삼전서 동(18명) 일모리경찰분서 동(11명) 남천주서 동(190명) 곡중서 동(183명) 사곡서 동(38명) 일비곡서 동(87명) 일모리소학교 수용소 현주자(19명)

- 안창남 씨 무사 판명 진재 중 군마현 전교로 피난하였다가
  본사 동경 특파원 이상협 특전
  일시 사거설을 전하여 일반의 가슴을 놀라게 하던 비행가 안창남 씨는 진재가 일어나 즉시 군마현 전교로에 무사히 피난하였다가 25일에 동경에 돌아왔더라 　　　　　　　　　　　　　－《동아일보》, 1923. 9. 28

동경진재 지방 생존 동포 조선총독부 출장소 조사 제4보《동아일보》《조선일보》, 1923. 9. 28

고륜서 관내 현주자(42명) **판본서 동**(9명) **애석서 동**(17명) **남천주서 동**(46명) **팔왕자서 동**(38명) **동경시각서 동**(280명) **천주서 동**(119명) **본부사서 동**(84명) **목흑경마장수용소**(210명)

- **사곡구 재주자조**
  고한용 21 경성부 공평동(최초 다다이스트 시인)
- **신협교서관내재주**
  고한용 21 경성부 공평동(중복 게재)
  조선 최초 1920년대 경성의 다다이스트 일본대학 미학과 고한용 마해송 고한승 김영팔 임화 김기림 박용구 김춘수 등은 최승일과 동시대에 입학하였다. 동기생은 아니더라도 한설야 김장현 송덕만 장기석 김희명 이재유

김천해 이육사 등도 비슷한 시기에 니혼대학에 수학하였다.

우리나라에 모더니즘이 들어오기 시작한 것은 1924년 무렵이다. 고한용이 「다다이즘」(《개벽》, 51호), 「서울 왔던 다다이스트의 이야기」(《개벽》, 52호) 「다다? 다다!」(《동아일보》, 1924. 11. 24) 「잘못 안 다다」(《동아일보》, 1924. 12. 1) 등의 글을 발표하였다.

1903년 개성에서 태어나 한국 최초의 다다이스트이자 최초의 다다 소개자인 고한용(高漢容, 고한승(高漢承), 1902~?, 적어도 1974년까지 생존)은 한때 동지적인 의식을 가지고 일본의 다다이스트나 아나키스트들과 사귀었다. 다다시인 다카하시 신키치[高橋新吉]는 고한용에게 초대받고 1924년에 방한했다. 당시 다다에 관심을 가진 작가 및 시인으로 젊은 날의 방원룡, 박팔양, 정지용, 임화 등이 있었다. 다카하시가 1937년 방한했을 때는 서정주, 오상순과 불교 이야기로 의기투합했다. 다다이스트이자 니힐리스트 사상가 쓰지 준[辻潤]도 고한용의 초대를 받아 1924년에 방한, 염상섭을 비롯한 주요문인들에게서 환대를 받았다. 또 고한용은 아나키스트시인 아키야마 기요시[秋山淸] 집에 드나들면서 친하게 지냈다. 중국 사상이나 불교의 영향을 강하게 받은 일본 다다는 한국의 문학청년들이 공감하기 쉬웠다. 그것이 반근대적, 반서양적 정서를 띠고 있었다는 사실을 잊어서는 안 될 것이다. 다다가 1920년대 청년들에게 가져다 준 것은 자유를 속박하는 권위를 거부하게 하는 세계관의 전환이었다. 볼 만한 작품은 많지 않고 단명으로 끝났지만 이러한 점에서 다다는 문학사 속에서 적지 않은 의의를 가지고 있다. - 고한용과 일본시인들 - 교우관계를 통해서 본 한국의 다다 한국시 연구 사나다 히로코(메이지가쿠인대학교)

육본목서관내 현주자(17명)
- 고희경, 52 경성부 재동 23(이왕직 사무관)(친일, 매국수작)
- 홍사익, 35 안성군 대덕면 대덕리 소현아리(친일, 군. 일본 육군 중장, 전범으로 처형당함)
- 김영수, 37 경성부 권농동 12(왕세자부, 군수, 친일, 관료)

- 1923년 9월 28일 고학생 정인영 자살
  경남 하동군 출신 유학생 정인영은 1923년 9월 28일 하숙집에서 친구들과 함께 자다가 새벽에 홀로 일어나 면도칼로 머리와 흉부를 마구 찔러 자살했다. 정확한 이유는 알 수 없으나 진재 당시 "갖은 위험을 당하고" 신경에 이상이 생긴 것으로 추정된다고 한다

  참혹한 정인영의 최후 원인은 무슨 의분이 있던 모양
  칼로 배를 십자로 가르고 목을 다시 좌우로 갈라서 자진

  일본 동경에서 여러 해 동안 고학하던 정인영 군이 지난 9월 28일에 무참히 자살하였다 함은 본보에 이미 소개한 바 있어 그 자세한 내용을 들

은 즉 전 그 정인영 군은 동경부 호총정(戶塚町) 촌송(村松)의 집에 조익제 군과 기타의 다른 학우와 3사람이 동거하였었는데 지난달 28일 새벽 한 시경에 돌연히 정 군이 거처가 없음으로 수상히 생각하던 중 어디서 마치 맹수의 하품 소리 같은 것이 연해 들림으로 같이 자던 사람은 놀라기를 말지 않고 그 소리 나는 곳을 찾아 본 즉 변소 안에서 뜻도 안이한 정 군의 고민하는 소리였었다. 정 군은 벌써 자기의 배 복부를 십자로 갈라서 창자가 노출되었고 더욱 참혹한 것은 목을 왼쪽에서부터 오른편으로 베여 목 뒤까지 넘어갔고 또 오른편으로 다시 베히기를 시작하였다가 그 기운이 쇠진되어 그대로 업드러져서 다시 어찌할 수 없는 끔찍한 최후를 이루었는데 그 죽은 원인에 대하여서는 유서도 없음으로 그 진상을 알기 어려우나 그가 최후에 학우들과 말한 것들을 들으면 확실히 어떠한 의분으로 이러한 결심이 있었던 것 같다 하며 그 시종을 친히 겪은 리병화 씨는 말하되 "동경에 진재가 있은 뒤로부터 그는 깊이 무엇을 감도안 일이 있는 듯이 한 번도 웃는 것을 본 적이 없어 같이 있는 친구들은 그를 위로키 위하여 여러 가지 유희도 하고 권고도 하였으나 그는 조금도 재미로 보는 일이 없었던 날을 그가 한숨을 길게 쉬고 말하기를 '당신은 이 뒤에도 계속하여 학교에를 다닐 것이오' 함으로 나는 대답하기를 '공부하러 온 사람이 공부를 아니하겠소' 하였더니 그는 더욱 슬픈 안색으로 '우리가 공부는 하여서 무엇을 한단 말이오' 함으로 그때 나는 이것이 일시의 흥분된 말로만 알았더니 어찌 이것이 그의 최후를 통지하는 것이라고야

뜻이나 하였으리오 또 같이 있던 사람의 말을 들으며 그가 죽던 전날 밤에는 심히 억울하고 슬픈 듯이 창가를 부르다가 끝에 가서는 '인생은 허무로구나' 하고 긴 탄식을 하였다는데 그의 전후 행동을 보면 자기 일신에 관한 것이 아님이오 무슨 원한이 있어서 그와 같이 참혹한 길을 향한 모양이오 그는 평소에도 성질이 온량하고 특히 의협심이 많아서 자기의 학비도 곤란한 중에 다른 학생들에게 금전상 원조를 한 일이 많았다"고 하며 그의 시체는 보기에 끔찍하지만은 그의 장중하고 순진한 최후를 기억하려고 모여든 학우들이 눈물을 뿌리며 사진에 옮기려 하였으나 경찰의 검재한 배 되었고 그의 장식은 락합화장장[落合火葬場]에서 화장을 거행하였는데 장래의 큰 희망을 가지고 형설의 고통을 무릅쓰면서 분투하던 그가 어떠한 참지 못할 원한을 품어서 그와 같이 못 한 사람의 창자를 에이는 듯한 끔찍한 최후를 취하였으며 또 무슨 거리낌이 있어 한 장의 유서도 머무르지 아니하였든지? 인생의 가장 귀중한 천문데는 생명을 희생하면서 한마디의 말도 없이 황천길을 재촉한 정인영 군은 과연 눈을 감지 못 하였을 듯하더라 (동경)　　　　　　－《조선일보》, 1923. 10. 7

1923년 9월 29일
무정부주의자 독립운동가 김중한

- 모사건 혐의로 유학생을 검거

　동경 경시청 촉탁으로 용강경찰서에서 체포

　평남 용강군 지운면 두륵리 김중한(애족장, 일본방면) 23은 일본 동경에 가서 유학하던바 금번 진재에 무사히 고향으로 돌아왔는데 지난 23일에 용강경찰서 손에 체포되어 25일에 동경 경시청으로 압송되었는 바 그 내용을 물은 즉 사실은 극비밀임으로 알 수가 없고 동경 경시청에서 전보로 체포 압송하라는 촉탁으로 압송할 뿐이라는데 아마도 금번 동경에서 무슨 일을 일으켰다는 혐의인 듯하다더라(룡강)　-《동아일보》, 1923. 9. 29

　1902년 평남 용강군에서 태어나 1934년에 순국한 김중한은 1922년 12월 박열, 홍진유 등과 함께 무정부주의를 표방하는 흑우회를 창립하였으며 1923년 4월 일본 동경에서 "불령사"라는 비밀결사를 조직하였고 동년 9월 소위 일왕의 아들 결혼식에 참석하는 일본의 귀족을 비롯하여 내각총리대신 등을 폭살하려는 계획에 동참하였다가 평남 용강에서 일경에 체포되어 징역 1년 6월을 언도받았고 1927년 석방되었으며 1928년 평남 진남포에서 신간회 정치문화부 총무간사를 역임하다가 1929년 8월 일경에 체포되자 동년 9월 탈출한 사실이 확인되어 2010년 운동계열 일본방면 애족장을 서훈받은 독립유공자이다

- 휴지통. 일본 진재가 조선에까지 여러 가지로 영향을 미치게 함은 날이 갈수록 점점 많아가는 모양인데 인쇄국이 불에 탄 까닭에 엽서까지 부족

한 모양이라 한다 현재 경성 우편국에는 엽서가 82만 장밖에 없는데 매월에 35만 장씩 팔고 나면 두 달만 지나면 엽서라고는 얻어볼 수가 없겠다고 경성우편 당국은 여러 가지로 걱정 더욱이 불과 몇 달이 아니면 연하장을 보내게 될 터인데 해마다 전례를 보면 경성우편국 관내에만 백만장은 쓰이는 엽서를 장차 무슨 방법으로 수응할까 필경에는 무슨 방법으로든지 반절이라도 수응은 하게 되겠지만 "제발 금년 연말에는 연하장을 반절씩만 해주었으면-"하고 경성우편국장은 애원을 한다든가

— 《동아일보》, 1923. 9. 29

● 진재지 조선 학생 안부 조사

동경 방면 지금 진재지 학교에 재학하는 조선 학생 생도의 안부는 극력 조사하여 그 판명한 자에 대하여는 곧바로 통보하여 오는 바이나 지금까지 소식이 불명하여 특히 조사 희망하는 자는 주소 학교명 씨명 연령을 동경시 국정구중 6번정 49번지 동양협회 조선학생 감독부에 신고 제출함을 요함

— 조선총독부

● 재난 사망자 추조법회 조선불교 각 단체의 연합으로 전번 서선 지방의 수재로 세상을 떠난 사람들과 최근 일본에서 생긴 진재 사망자들의 추조법회는 예정과 같이 27일 오후 3시부터 시내 각황사에서 집행하였는데 유길[有吉] 정무총감을 비롯하여 관민 유지 기타 유족 천여 명이 참석하였

다더라

- 신도(信島) 구제 활동 이재 동포를 위해

　인천항 외 절해고도인 신도에 있는 사립 신흥학교 생도로 조직한 소년회에서는 늦게애 서선수해와 동경진재의 참보를 듣고 갈 바를 알지 못하여 유리방황하는 이재동포를 구제키 위하여 더욱이 동경진재로 인하여 타향에 가서 품 팔던 노동자와 "동냥글" 배우는 고학동포를 위하여 이재동포구제회단을 조직하고 황도문 씨를 위원장으로 지난 17일 오후 8시 동도 구로지구장 집 마당에서 부회장 정정옥 고문 황도문 간사 라동한 3씨가 열변을 토하 그 섬사람으로는 전부 모인 남녀 300명에게 많은 느낌을 주었으며 계속하여 다음날에는 고문의 인솔 아래 "서선 및 동경 진재 이재동포구제금모집"이라고 큰 글씨로 쓴 기를 들고 선전지를 배부 선전하여 보리쌀 좁쌀 백미 혹은 금전으로 가난한 섬의 열정을 다하였으며 그 날 밤에는 솟도란 섬에서 일반 대중에게 강연하였고 20일에는 모도(茅島)에서 연설하여 방금 모집 중이라는 지금 동 단체에 모집된 금품은 29원 45전 보리쌀 66되 5합 좁쌀 10되 5합 백미 2되 5합 중 현금 32원 60전을 본사 인천지국에 위탁하여 이재 동포 구제에 쓸 일을 청하였는데 동정인사의 방명록에는 다음과 같다 하더라　　－《동아일보》, 1923. 9. 29

동경진재 지방 생존 동포 조선총독부 출장소 조사 제오보

육본목서 관내현주자(9명) 소송천서 동(17명) 품천서 동(139명) 주기서 동(10명) 심천서평야서 동(24명)

지애탕서 관내 현주자(13명)
● 신현철 21 함평군 함평면 내교리, 월백중학 1920년 4월 11일 조선불교 유학생학우회 도쿄에서 결성된 최초의 불교 유학생 단체 발기인

대총서관내 현주자(69명)
● 민석현 32 경성부
● 이근무 28 경성부

동경시내각소산재자(9명)에도 이근무 학생 경성부 종로 당주동,이라 실림
— 《조선일보》, 1923. 9. 29

1923년 9월 30일 동아일보 특파원 이상협 나라시노수용소 방문기

● **수용 중의 3천 동포를 찾아 1일을 눈물의 습지야[習志野]에**
  설은 눈물, 반가운 눈물, 감격의 눈물, 기막히는 눈물, 형용조차 못할 눈물
본사 동경 특파원 이상협 통신
인원 3천 24명 학생이 약 170명 여자도 약 60명 있다

  동경 부근에 있는 조선인을 가장 다수 수용한 곳은 천엽현 하습지야[千葉縣 下習志野]이다. 나(특파원)는 동경에 도착한 이튿날부터 이곳을 방문하고자 관계 관청에 교섭하여 보았으나 뜻대로 성취를 못하고 심중에만 답답히 지냈던 차 19일에야 계엄사령부의 장교와 동반하여 한편으로는 수심도 많고 한편으로는 반가웁기도 한 길을 떠나서 자동차로 두 시간 반을 허비하여 신지에 도착하였다. 습지야는 동경에서 약 80리 되는 곳으로 기병여단의 소재지이며 군대의 연습장이 있는데 조선 사람을 수용한 곳은 이전 구주대전 때 청도에서 잡아온 독일 포병을 두었던 처소와 동경에서 군대가 연습하러 와서 묵던 집으로 지금은 낡아서 비워 두웠던 함석 가의 두 처소인데 이곳에 수용되어 있는 조선 사람이 3,024명 중에 학생 약 170명 있고 그 외는 거의 전부가 노동자이오 여자도 약 60명 있고 어린아이들도 적지 않다며 그 곁에는 중국인 노동자가 1,691명이 있다 한다.

일일 식량은 쌀보리 각 두 홉

수용소 당이라는 내부소좌[內富少佐]에게 대강 상황에 대하여 설명을 들었다. 처음에는 일시 다수한 사람이 와서 양식과 기타에 비상이 곤란하였으나 여러 가지로 주선하여 양식도 하루 한 사람에 쌀 두 홉 보리 두 홉(일본 되)씩 주게 되고 간신히 밥을 담아줄 그릇도 변통하고 오늘부터는 처음으로 더운물을 통에 담아주어 국으로 퍼먹게 되었다 하며 밥을 짓고 분배하고 청결과 소제 등은 자기들로 하여금 하게 하고 약간은 영문이 열도식히며 18일부터는 약간 실외에 나와서 운동하는 것도 허락하였다 군대에 있는 날 양탄자도 있는 대로 나누어 주어서 "아무쪼록 편의를 도모하여 준다"는 말을 하였다.

중병인과 같이 피골상접한 형용 진재 이후 혼잡 중에 못 먹고 못 자면서 간장을 태운 까닭
아모(兒母)의 유액이 고갈되어

그 뒤에 수용소장의 선도로 수용실을 대강 보았다. 수용실의 출입구에 창을 꽂은 총을 멘 병정이 파수를 보고 그 안에는 멍석 한 겹을 깔고 행렬을 지어 꿇어앉은 광경이 전신의 적군 포로를 수용하는 모양이 이러한가도 싶으며 나의 본 경험으로 말하면 새끼 꼬는 감옥공장의 광경과도 흡사하다 첫 번에 그들을 대면하고 반가웁기 전에 먼저 놀란 것은 남녀노소를 물론하고 피골이 상접하도록 수척하였을 뿐 아니라 얼굴이 중병인과 같이 혈색을 볼 수가 없을 뿐 아니라 기력이 전혀 없어 보이는 일이다 이것은 이곳에 와서 고생을 한 까닭이라고 하는 것보다는 지진에 놀라고 불에 혼이 난대다가 며칠 동안 먹지도 못하고 자지도 못하고 동경에서 이곳까지 팔구십리씩 끌려오며 목숨 도모를 하느라고 애가 마르고 간장이 탄 까닭이라고 한다. 그리하여 어린아이를 가진 부인은 이때까지 젖이 나지 아니한다는 말을 들어도 얼마나 그들이 풍상이 혹독하였던 것을 가히 알 것이다

혈관까지 떨리는 감격의 악수로 감사한 인사를 하는 한편에 하염없는 눈물만 그렁그렁

어떻게 알았는지 "동아일보사에서 위문을 온다"는 말이 먼저 귀에 들어간 듯하여 나를 보면 제일 먼저 혈색이 없는 얼굴에 반가운 웃음을 띤다 어린아이들은 고국의 부모나 만난 듯이 맑은 동자에 눈물이 고이며 나의 내어미는 손을 잡은 학생의 손가락은 혈관까지 떨리는 듯하다 이와같은 광경 중에 그들은 나에게 향하여 "고맙습니다" "반갑습니다" "얼마나 고생을 하셨습니까" 하고 감사한 인사를 받을 때에 나는 무엇이라고 그들을 위로하여 좋은지를 "안에 있는 우리의 잘못이라"는 부끄럼에 솟는 눈물조차 억제가 되었다

객지 비상 중에 붕성지통을 당하고 눈물과 한숨에 싸인 참혹

　다만 한 사람 태산같이 믿고 바라는 남편과 단둘이 붙들고 이끌고 언어 풍속이 전혀 다르고 산천풍토가 모두 서투른 만리타향에 와서 온갖 고생을 다하다가 남편은 비참히 죽는 것을 목전에 보고 붕성지통의 망창한 혈혈단신이 남편의 뒤를 따를 자유도 없이 경관에게 군대에게 이곳까지 끌려서 눈물과 한숨으로 비참한 세월을 보내는 가련한 젊은 여자도 이곳에 있고 형제노동을 하러 왔다가 한 형제는 죽었는지 살았는지 소란 중에서 길을 잃어버리고 근심 걱정으로 어린 가슴을 태우는 20미만의 아이들도 적지 아니하고 "심천원강정[深川猿江町]에 있는 유리공장에 우리 열둘이 와서 일을 하다가 열 사람은 이렇게 살아 있고 둘은 어디로 갔는지 알 수가 없어요" 하며 비쭉비쭉하는 아이도 잔인하기 짝이 없다.

4백 명은 치료 중 2백 명은 외상 환자이요 많은 것은 위장병의 환자

　병으로 치료를 받는 사람이 4백 명 가량이나 되는데 그중에 2백 명은 외상환자라 한다 그 외에 보통수용실에 기거하는 사람도 얼굴에 반창고 붙인 사람 머리에 붕대를 맨 사람이 드물지 아니한데 이러한 사람은 불문가지 죽은 목숨을 간신히 구한 사람이요 기타에도 이곳에 수용한 사람의 삼분지 일은 거의 사경의 비참한 곤경을 겪은 사람이라 한다 부상한 사람의 다음에는 각기병자와 불에 데인 사람이 매우 신고를 하는 모양이며 제일 많은 것은 위장병자인데 기갈에 견디지 못하여 못 먹을 음식이라도 있

으면 먹고 현미 보리 등 졸지에 음식이 변한 까닭이라 한다

실모 일본아 소란 중 천신만고로 보호 하야습지야까지 굴러온 부인
상투를 아직도 앗겨둔 중늙은이도 있고 13세에 지나지 못하는 아이들도 적지 아니한데 아이들은 거의 전부가 유리공장에서 노동을 하였다 한다 "너의 고향이 어디냐" 물어본즉 "대구 부산 밀양" 등을 이르는 아이가 거의 전부인 것을 보아도 경상도 사람이 많이 건너온 것을 가히 짐작하겠다 여자도 6, 70명이나 되는데 대개는 남편을 따라온 사람이며 그중에는 일본 여자로서 남편이 조선 사람인 까닭에 부부가 함께 수용되어 포로와 같은 생활을 하는 사람도 5, 6인이나 있는 것을 보았다. 소란 통에 어머니를 잃은 일본 사람의 어린아이를 이곳까지 데리고 자기 자식같이 애지중지하는 북청 출신의 부인도 수용소 안의 한 이야기 재료가 되었다

전부가 적수공권 간절한 소원은 고국 구경 그다음은 자유스런 행동이다
그들의 간절히 소원하는 것은 하루라도 바삐 고국에 돌아오는 일인데 "이곳에 있어서는 오늘날까지 이렇게 살아있어도 마음에 도무지 산 것같이 않다"하는 것이 그들의 감상이다 그다음에는 마음대로 바깥에를 좀 나가 다니고 담배를 좀 먹었으면 좋겠다는 것이다 그들의 거의 전부는 군대의 손에 매여 있는 몸뚱이밖에 아무것도 가지지 못하였음은 3백여 명씩 수용한 처소에 조그만 버들상자나 봇짐을 가진 사람이 2, 3인에 지내지

못하는 것을 보아도 가히 알겠다 그뿐 아니라 신발은 거의 전부가 없고 의복 두 겹 입은 사람에게 간신히 한 겹을 얻어 입은 사람이 적지 아니하여 동경에서 학업이나 노동을 계속하려 해도 당장 걱정이요 고국으로 돌아가게 한다 하여도 여비는 둘째 문제이요 몸갈망부터 할 수가 없다 한다

무심한 석양만 비극의 장면을 비추인다

동경의 지진도 본래 추측할 수 없는 일이요 우리의 운명도 본래 알 수가 없지마는 오늘날 이곳에서 이 광경을 볼 줄이야 더욱이 누구나 꿈이나 꾸었으랴 삼천여 명의 불쌍한 형제를 일일이 돌아보지 못하고 동경에 돌아갈 시각이 덜미를 칠 때 무심한 석양만큼 비극의 마당에 빗기었다

- 《동아일보》, 1923. 9. 30

본사 동경특파원 제3회 안부 조사 도착

각처에 산재한 학생과 습지야 수용 중 일부

본사 동경특파원의 제3회 안부 조사가 도착되었습니다 역시 각처에 흩어져 있는 학생이 대부분이며 또 습지야[習志野]에 수용 중인 동포도 일부를 조사하였으나 역시 조사된 대부분이 학생인 것은 별항 특파원의 통신을 보아도 알려니와 여러 가지로 불여의한 주위의 사정으로 그리된 것임을 양해하여 주기를 바라는 바이며 간혹 이왕 보도된 것과 중복된 이도 있을는지 알 수 없으나 무사한 소식이면 중복됨도 무방하겠기로 우선 도착

되는대로 보도하기로 하였으며 전례에 의하여 아무 기록도 없는 것은 무사한 것이외다

습지야 수용 학생(127명)
- 김동환(시인, 「승천하는 청춘」) 일진영어 경성 오촌면
- 이상태 비행사

동제2사 수용 학생(7명)
- 김동환 경성군 읍내,

동제3사 수용(31명)

각처산재 학생(87명)

동경시 본향구입동편정 93 고림방
- 함석헌(건국포장, 국내항일) 용천, 함덕일 장춘, 함순일 동 귀국

동경부 하롱야천서개원 973
- 김문보(음악인) 김문집(친일, 문학) 대구

동경부 하오총정 취방 153 영목방
- 최순화 함흥 함흥면, 엄상수 고성, 이동제 함흥 동경부

－《동아일보》, 1923. 9. 30

- 정읍구재 소인극 정읍청년회에서는 서선동포수재와 일본 관동일대 진재 구제를 목적으로 음 8월 17일부터 소인극을 흥행하였더라(정읍)

- 선산에서도 청년회 중심으로 구제극을 펼쳤다(선산)
- 장성 정주 함안 등에서도 진재모금 활동이 있었다
- 오기선 목사 가족들도 안전하고 신문에 실림, 인천과 강화 양처 동포 안부 속보 　　　　　　　　　　　　　－《동아일보》, 1923. 9. 30

- 매일에 백 명씩 동경에서 귀환 학생 30여 명과 노동자 70여 명 광제환은 29일에 동경 해안 지포를 출발하였는데 그 배에 조선 학생 97명은 부산으로 돌아왔으며 그 외 노동자도 100명이 있었다 하며 이후에는 매일 학생 30명과 노동자 70명을 차차로 보내리라더라
－《조선일보》, 1923. 9. 30

1923년 10월 1일
본사 특파원의 제4회 안부 조사 도착

본사 특파원의 제4회 안부 조사(80명)가 도착되었습니다. 동시에 **총독부의 학생조사**(119명)도 도착이 된 바 본사의 조사와 중복되는 것이 없지 아니하나 그대로 발표하며 아모 긔록이 업는 것은 역시 무사한 것이외다

● 김동환 경성
● 강석천 동경 상대생, 1982년 증언 중 사망
● 방동칠 성진, 본적 학상면 송흥동 64번지 30세

―《동아일보》, 1923. 10. 1

방동칠 판결문 소화 5년 형공 제351호 급지 제359호 청진지방법원 조선청년총동맹 성진군동맹 조선민중의 정치적 경제적 이익의 획득과 조선청년대중의 의식적 교양 및 단결적 교양을 도모하고 전민족적 협동전선의 결성에 노력하기 위해 창립된 신간회를 지지하여 지부를 조직하고 민족해방운동에서 노동자계급이 전민족의 진실한 이익을 도모하고 전민족의 완전한 해방을 전취할 역사적 사명을 가진다는 마르크스주의적 인식을 가지고 정치에 관한 불온한 연술을 함 함북도련연맹사건 1930년 전향자 적성의 추 반도대표 량원신궁에 전조사상보국연맹

―《매일신보》, 1939. 9. 30

● 신용인 고창, 조선비행학교장
● 백남운 고창, 사회주의 경제학자 월북

● 박동차, 전원 황무를 개탄 농대 졸업 후 원예 경영 우송농주 박동차 씨

실업은 국가나 사회에 근본이 되는 것이니 일가에 실업가가 많다면 그 가가 부하는 것이오 일국에 실업가가 많다면 그 국이 부하는 것이다 그럼으로 실업은 국가적으로 권장할 것이며 사회적으로 장려할 것이다 더욱이 우리 조선의 현상으로는 무엇보다도 실업이 급선무인 것은 사실이다 그럼에도 불구하고 아직까지도 관존민비의 폐습이 남아 있어 학교를 졸업하면 의례히 구사에 급급하여 실업에 종사하기를 싫어하는 것이 일대 결함이다 이상과 같이 일반의 두뇌가 폐습에 벗어나지 못하는 이때에 홀로 실업의 필요를 자각하고 학교에서 배운 바를 실지에 궁행하여 일반에게 범을 시하는 선각자가 있으니 그는 이리읍 마동정 우송원주 박동차(35) 씨는 전북 고창군 읍내리 거주하는 현재 부가의 자제로 소화 4년에 동경 농업대학을 졸업하였던 바 좌우 친지나 우는 학업 당국자들은 관로에 등정하기를 권하였으나 씨는 이를 전부 사절하고 현재 주소인 이리읍 마동정에 경지 6,500평을 매입하여 원예를 경영하는 바 척박한 땅을 신개간한 관계로 그동안 특별한 수업은 없었으나 금년부터는 차차로 주지가 맞겠다는 바 수입의 다과는 별개 문제로 하고 씨의 입지는 실로 일반의 모범이 될 바이므로 일반은 씨를 위하여 경애하기를 마지 아니한다

　　　　　　　　　　－《매일신보》, 1935. 9. 24 이리 각계 인물 소개

● 장현익, 누가 울흔고 부양료 내라 제소한 안해와 동거 요구하야 반소한 남편

고창 부호 장씨 사건 30만 원의 거재를 가진 고창 부호 부내 숭3동 장현익을 걸러 그 아내인 김루복 이가 신녀성을 얻어 가지고 학대한다는 이유로 1만 2천 원의 부양료를 내라고 경성지방병원에 소송을 제기한 사실은 이미 보도하였거니와 그 반소(反訴)로 장현익은 4일에 부부 동거 청구 소송을 또한 경성지방법원에 제기하였다 여자는 남편의 부당한 학대를 부르짖고 남편은 무단히 출가한 여자의 잘못을 지적하였다 남편이 제소한 이유는 즉 무단히 집을 나아가 돌아오기를 요구하였으나 돌아오지를 않고 가문을 더럽히고 남편의 명예를 손상시키니 동거하도록 하여 달라는 것이다 　　　　　　　　　　　　　　　　　－《매일신보》, 1932. 11. 6

－ 신 이하 5인 호총정투방20제등방

● 현상면 정주 **동경부 하고전정 잡사곡 687 효봉방**(중앙학교장 현상윤 동생)
이하 총독부 조사
● 박승표 명치대학(대통령표창, 3·1운동)
● 정열모 조대 사범부 국어학자 월북
● 손우성 법정대학 불문학자　● 강재원 조동종중학
● 주영방 일본대학
　재일본조선불교청년회 도쿄에서 조선불교유학생학우회의 후신으로 조직된 불교 청년 단체 1921. 4~1931. 5, 1923년 지육부 간사, 1923년 평의원

● 김태흡 제대(帝大) 대은 스님 김정원 천태종중학, 이재부 간사 강재원 조동종중학 1923년 평의원 강재원 김태흡 1924년 평의원
● 김정원 천태종 중학 ● 김태흡 제대 ● 고학후 동양대학 ● 장복록 정칙영어 ● 민석현 중앙대학 ● 신현철 월백중학 1920년 4월 11일 조선불교유학생학우회 도쿄에서 결성된 최초의 불교 유학생 단체 발기인
● 김교신(건국포장, 국내항일) 일진영어 함남

1901년 함남 함흥에서 태어나 1945년 순국한 김교신은 1927년 7월 함석헌·정상훈 등과『성서조선』을 창간하고 1930년 5월 주필로서 활동하면서 민족주의를 고취시키고 일제의 식민통치를 비판하였으며 1942년 3월 동 잡지의 권두언 '조와'로 민족주의를 고취하였다가 체포되어 옥고를 치른 사실이 확인되어 2010년 운동계열 국내항일 건국포장을 서훈받은 독립유공자이다

● 한소제 일진영어 조선일보 10월 1일에도 등재,『관동진재의 수난』을 남겼다
● 강필상 일본대학

강필상은 서화연구회 김규진에게 미술을 배운다. 동경미술대학 졸업한 화가. 해방 후 1946년 우리나라 최초 생명보험회사인 대한생명보험를 창립함 망우역사문화공원에 묘지, 당시 도쿄미술대학 재학 중인 유형목 김홍식 박광진 도상봉(대통령표창, 3·1운동) 공진형 김창섭 이한복 등은 동경에서 참상을 목격했고 김복진(애국장, 국내항일) 이병규 이제창 김정채 손창환

김귀룡 임숙재 등은 확인할 필요가 있다.
당시 여자미술대학 백남순과 이숙종도 지진을 계기로 조선으로 돌아온 것으로 추정할 수 있다.

• 신영균 경성 일본중학, 경북 교통사고 사망 신문에 남
－《동아일보》, 1923. 10. 1

조선일보 1923. 10. 1 동경진재 지방 생존 동포 조선총독부 출장소 조사 제6보

재동경각처 학생(206명)
• 강필상 동경미술대학 졸업, 망우역사문화공원에 묘지
• 박승표 명치대학(대통령 표창, 3·1운동)

1899년 전남 구례군에서 태어나 1978년 순국한 박승표는 1919년 3월 1일 서울 파고다공원에서 독립만세를 외치며 시위에 참여하다 체포되어 징역 6월 집행유예 3년을 받은 사실이 확인되어 2023년 운동계열 3·1운동 대통령표창을 서훈받은 독립유공장이다

• 신영균 연수학관 최초의 불교 유학생 단체 발기인
• 최태용 동경영어학교

1920년 일본에 건너가 동경영어학교에 입학하였다. 그곳에서 무교회주의자인 우치무라에게 사사하면서 김교신 함석헌 등과 성서연구에 몰두

하였다. 명치대학 재학 중 관동대지진 조선인 대학살이 일어나자 『일본에게 보낸다』라는 소책자를 펴내 일본의 야만 정책에 대한 경고를 하고 이듬해인 1924년 귀국하였다. 목사 복음교회 창시자
• 정열모 와세다대학사범부 조선어학회 3년간 옥고 대종교인 월북 김일성대학 국문과 교수 조국평화통일 상임위원 등을 역임했다
• 김성숙 정치인(건국포장, 국내항일)
• 손우성 법제대학 불문학자 • 강재원 조동종중학
• 최승연(애국장, 중국방면) • 김태흡 제대(친일, 불교)
• 고학 후 동아일보 9월 19일 자에 찾는다는 광고를 실음
• 한현상 일진영어 • 장복록 정칙영어
• 주영방 일본대학 종교과 조선불교청년회 평양지회는 서울의 조선불교청년회와 연계하여 순회강연단 포교가 개최되었다. 1921년 7월에는 일본대학 사학과 강성인, 일본대학 종교과 주영방, 동양대학 철학과 신태호 등이 강연했다.
• 김태흡 김대은 석대은 제대

　인도철학 종교학 공부하는 중 1923년 관동대지진 조선인 대학살 속에서 간신히 살아나는 체험을 하고《불교》제35호(1927. 5. 1.)에 '임진병란과 조선승병이 활약'을 발표하여 일부가 삭제되는 등 반일 성향을 드러내기도 하였다. 1928년 귀국 후조선불교중앙교무원 초대 중앙포교사로 활동하다가 '조선 제일의 친일 포교사'였다는 평도 있다.

- 김교신 무교회운동 교육자
- 민석현 일본대학
- 신현천 월백중학
- 한소제

― 《조선일보》, 1923. 10. 1

1923년 10월 2·3일 유언비어와 시인 이상화

  2명 구류 역시 동경 이야기로 류언비어라 하여 경북 김천군 아포면 인동 노동자 최성하(29)와 동군 영개면 남전리 김억문(26)이란 두 청년은 지난 27일 동경으로부터 귀향하는 도중 대구 청도 간의 열차 중에서 동경진재에 대한 말을 하다가 류언비어라하야 대구경찰서의 손에 잡히어 구류 20식에 처하였다더라(대구)　　　　　　　　　　－《동아일보》, 1923. 10. 2

- 동경진재 지방 생존 동포 계 164명
- 조선총독부 출장소 조사 제7보 재동경각처 학생(164명)
　　　　　　　　　　　　　　　　　－《조선일보》, 1923. 10. 3
- 총독부 제7회 안부 조사 재동경조선인유학생 조사(164명)
　　　　　　　　　　　　　　　　　－《동아일보》, 1923. 10. 3

- 주이회 상공학교(상공부 차관)
- 탁명숙 일진영어(건국포장, 3·1운동)
- 하윤실 대구고보에서도 이미 서울운동의 소식을 전해 듣고 학생 허범·백기만 양인이 상의하여 독자적으로 거사를 서둘러 동교의 학생 하윤실·김수천·김재소·신현욱·박노일 등을 규합한 후 이상화로 하여금 계성학교와의 연락을 취하도록 하였다.
  대구고등보통학교 2년생 하윤실 20세 거창군 거창면 중동 재적 대구부 덕산정 390번지 서명환 방 거주

● 이상화(애족장, 문화운동) 경북 대구 서문로

　1901년 경북 대구에서 태어나 1943년 순국한 이상화는 3·1운동을 대구에서 참여하여 학생으로서 주동적으로 독립만세 운동을 하였으며 중국에서 2년간 항일운동을 하였을 뿐 아니라 민족 우국 시인으로서 평생을 독립정신 고취에 주력하였으며 전국민에게 영향을 준 사실이 확인되어 1990년 운동계열 문화운동 애족장을 서훈받은 독립유공자이다

● 이상쾌(대통령표창, 국내항일) 경북 대구 남산 36

　1902년 경북 대구 남산 36번지에서 태어나 1971년 순국한 이상쾌는 1928년 7월 경북 대구에서 조선독립을 목적으로 하는 "ㄱ당" 관련으로 체포됨. 1930년 1월 경북 대구에서 "광주학생운동" 관련으로 검속된 것이 확인되어 2021년 운동계열 국내항일 대통령표창을 서훈받은 독립유공자이다

● 이영수 대성중학(형설회원) 경북　● 이송석 정칙영어(동) 동　● 김원익 동양상업(동) 동　● 김용구 조도전공수(동) 동　● 조문환 일진영어(동) 동
● 박인규 조도전공수(동) 경남　● 윤영석 서소천정 심상소학교(동) 경북
● 박성식 실업학교(동) 경북　● 최이하 일본대학

- 박사직 천도교도사 경기
  박사직은 천도교 도쿄종교리원 주임 종리사 및 원장으로 동경기독교청년회 총무 최승만과 민석현 이근무 등과 구조 및 후원 활동을 함

- 민석현 중앙대학 경기
- 이근무 일본대학 경기
- 신영연 임원중학, 가수 신형원 할아버지
- 한소만(여의생)   • 김순자(여의생)
- 유영준(여의생)은 1920년 1월 조선여자학흥회 설립 당시 회장(한소제는 서기) 및 1920년 6월 도쿄조선학생동우회 부장 등은 여의생
- 이영수 대성중학, 형설회 회원 경북 계 164명

1923년 10월 4일 김동환 안창남

동경진재 지방 생존 동포 조선총독부 출장소 조사 제8보
습지야 수용(560명)
- 김동환 23 경성군 오촌면 수성리, 시인「승천하는 청춘」
- 오해모 37 창원군 진북면 추○리   －《조선일보》, 1923. 10. 4

- 오해모는 징역 1년 반
  진재 중에 폭발물을 가지고 황천 부근을 배회하였다고, 폭발물 취체 규칙 위반으로
  동경에 지진이 있던 9월 2일의 혼란한 중에 다이나마이트 11개와 뇌관 5개를 가지고 황천[荒天] 부근을 배회하던 경남 출생 오해모(27)에게 대하여 지난 3일 폭발물 취체법 위반으로 징역 일 년 반의 판결이 있었다더라
  (동경전보)   －《조선일보》, 1923. 11. 5

- 안창남 씨 작고 부산발 고생은 했으나 원기는 왕성해
  일시 사거설을 전하던 비행가 안창남 씨는 10월 3일 부산에 입항하는 창경호로 상륙하여 오전 9시에 부산을 떠나는 특별 급행열차로 경성을 향하였는데 씨는 지진 중에 여러 가지로 고생을 많이 하였으나 원기는 매우 왕성하여 보이더라(부산 전화)

- 휴지통. 동경에서 지난 1일부터 화류계의 영업을 개시하였는데 동경의

진재 중 각 유곽의 주인들이 예기를 가두어 두었기 때문에 다수의 사상자를 내었을 뿐 아니라 유곽 그 자체도 도저히 인도상 허락지 못할 것이라고 하여 각 부인단체들이 맹렬히 운동하던 것도 수포로 돌아갔다. 품천[品川] 신숙[新宿] 판고[板橋] 등 각처 유곽에는 저녁때부터 사람들이 산과 같이 몰려들어 오후 7시 30분에는 벌써 만원이 되었는데 손님의 대부분은 노동자이었다고 한다

● 춘풍춘우 오백년을 궁문 앞에 마주 앉아 경복궁 옛 대궐을 굳게 지켜오던 한 쌍의 해태도 10월 2일 총독부를 새로 지은 일본 사람들이 그곳에 있으면 걸리적거린다고 치워버려 이제는 이리저리 옮기어 천대받는 가엾은 몸이 됐다. 너의 몸통이 결박지은 대로 거적을 쓴 채 참혹히 드러누워 있어 흰옷 입은 사람의 가슴도 어찌 편안할 수 있겠는가

－《동아일보》, 1923. 10. 4

1923년 10월 5일 안창남 오누이 만남

동경진재 지방 생존 동포 조선총독부 출장소 조사 제9보(130명) **조선일보**
- 전호암 23 식민무역어학교 동 장흥면 – 신창범 조인승 등과 진재 참상 증언자

본사 특파원 5회 안부 조사(248명) 도착, 총독부 학생 조사(99명)도 도착 동아일보
- 유동복 안동 임동면 동경부 하호충정 원병위 241 (중대, 대통령표창, 3·1운동)
  1899년 경북 안동에서 태어나 1960년에 순국한 유동복은 1919년 3월 21일 경북 안동군 임동면 편항시장에서 유연성 등이 주도한 독립만세운동에 참여하여 군중과 함께 독립만세를 외치고 헌병주재소를 습격하는 등의 활동을 하다 체포되어 징역 1년, 집행유예 3년을 받은 사실이 확인되어 2019년 운동계열 3·1운동 대통령표창을 서훈받은 독립유공자이다
- 전호암 장흥군 장흥면 조선총독부 조사
- 이상협 본사(동아일보) 편집국장 기간 본사 급 재외 동포 위문회의 용무를 대하고 일본 동경에 출장 중이던 바 어제 5일 오후 6시 50분 도착 열차로 귀경함
- 이재지 도항 3일 해제 복교하는 학생에게
  진재지로 가는 조선 사람의 여행은 절대로 금지하였으나 그후 질서가 대개 정돈하였으므로 지나간 3일부터 학생으로서 이재지 학교에 복교하는 이는 소관 경찰서의 증명서를 가지고 마음대로 가도록 해금이 되었다

더라 　　　　　　　　　　　　　　　　　－《동아일보》, 1923. 10. 5

● 환희의 누(漏) 감격의 누
　어젯밤 무사 입경한 안창남 씨 차 중까지 마중 간 매씨의 기쁨
　혼란 중의 동경에서 일시 불행한 소식을 전하던 비행가 안창남 씨는 3일 오후 6시 50분 경성에 도착하는 특급열차로 무사히 경성에 돌아왔다. 반가운 소식을 듣고 영등포까지 마중을 나갔던 그의 매씨는 사랑하는 아우의 손목을 잡으려 꿈이 아닌가 하여 아무 말도 없이 다만 눈물만 흘리는 모습을 보는 사람으로 하여금 남매간 애정이 얼마나 깊은 것을 짐작하게 하였다 차가 정거장에 닿으매 다수한 지구의 환영 중에 안 씨가 차에 내리어 곧 서대문 미근동 21 자기의 친구 집으로 들어갔다더라

일본인으로 변장하고 일본 여자의 도움을 받아 군마현으로 피하기까지 안창남 씨 경험담
　구사일생으로 위경을 벗어나서 꿈속같이 고향에 돌아온 안창남 씨는 기쁨이 넘치는 얼굴로 이번 고생한 경험담을 다음과 같이 하며 다시 한번 감개가 무량한 듯하더라.
　4인이 좌이대사(坐而待死) 지진 중에 병실에서
　나는 몸에 병이 있어서 지진이 나기 전 약 3주일 전부터 경교구[京橋區]에 있는 지전병원[池田病院]이라는 곳에 입원하였습니다. 지진이 일어나던

1일에는 나의 친구 한 사람과 이웃방에 있는 환자 한 사람과 간호부 한 사람 도합 4사람이 내 방에 모여서 점심밥을 먹으려는데 돌연히 집이 흔들리기 시작하더니 차차로 지진이 커져서 방바닥이 들썩들썩하고 방 네 귀가 어긋나기 시작하기로 창밖을 내다본즉 앞에 있는 건축청부 영업하는 3층 벽돌집이 와글와글하며 전찻길로 무너집니다. 이 광경을 본 우리 4사람은 밖으로 나아가도 살길은 없을 것을 짐작하고 방 한가운데에 네 사람이 머리를 맞대이고 죽더라도 같이 죽기로 하였습니다. 그러나 다행히 얼마 아니하여 지진은 그치었습니다. 우리 병원에서는 아무 연고도 없이 의사와 환자가 모두 거리로 뛰어나갔습니다.

선편으로 지포[芝浦]에 바다에서 하룻밤

거리로 나가본즉 벌써 전찻길에는 사람으로 진을 쳤고 앞뒷집 모두 무너졌는데 "돌아가는 지진은 정녕 또 있을 것이오 이만큼 지진이 있었으니 의례이 불이 날 것이라"는 공론이 분분하여 사람들은 모두 어찌할 줄을 몰라 할 때 벌써 여기저기서 불이 일어나니 순식간에 우리가 서 있는 곳까지 왔습니다. 이때에 나는 부근 내 속에 빈 배가 있는 것을 보고 두말할 것 없이 그리로 뛰어들어갔습니다. 이때에 나와 같이 뛰어들어온 환자와 간호부 몇 명이 나의 탄 배로 뛰어들었습니다. 물에서 위험을 피하려 하였으나 화제의 기세가 점점 맹렬하여 도저히 조그마한 하천 속에서는 아니될 줄을 아는 우리는 배를 떼 가지고 달아나기를 시작하였으나 얼마 아니

가서 곧 불보다도 더 무서운 해일을 만났습니다. 그러나 다행히 하천이 좁으므로 별일이 없었으며 그 길로 바로 품천[品川]으로 도망을 하여 그날 밤은 지포 해안에서 불안 중에 지냈습니다.

호구[虎口]에서 호구에 품천에서 겪은 위경

그 이튿날 2일 정오쯤에 우리는 모두 배가 고픔으로 무엇을 조금 먹으려고 품천에 배를 대고 상륙하였으나 위험은 갈수록 더 심하여졌습니다. 오후 2시가 되었는가 소방대 종소리가 사방에 요란하게 들리니 남녀노소 할 것 없이 사람이란 사람은 모두 바닷가로 밀려나옴을 보고 우리는 웬일인가 또 불이 났나 하였으나 나중에 알고 본즉 어떠한 일이 생겼다 하여 그와 같이 소동을 한 것입니다. 우리는 할 수 없이 다시 배를 탔더니 청년단인지 누구인지 알 수 없는 사람들이 와서 조사를 너무 심하게 함으로 나는 이제는 그만이다! 하였으나 요행히 위경을 면하고 그 밤은 역시 바다에서 새인 후 그 이튿날 3일에는 다른 환자들과 함께 품천에 있는 품해병원에 입원하게 되었습니다. 그러나 나는 어찌할 수 없이 그 자리에서 안등창남[安藤昌男]이라고 일본 이름으로 행세를 하게 되었습니다.

상인으로 변장하고 일본 여자의 구제로

그 병원에도 삼사일 있으니까 있지 못할 형편이 있어서 이제는 어디로 갈지를 모르게 되었습니다. 그러나 죽는 데에도 살 약이 있다는 셈으로 나의 목숨을 구원해 준 사람은 어느 젊은 일본 여자올시다. 그는 나와 같은 병원에 입원하였다가 이곳까지 같이 온 죽전[竹田]이라는 일본 청년의 아내인데 내가 조선 사람인 것도 알고 살아날 도리가 없는 것을 동정하여

　자! 안등 씨! 별 수 없으니 나와 같이 갑시다. 저이(자기 남편)는 일본 사람이니까 상관없이 나와 같이 부부처럼 차리고 갑시다.

　하는 소리를 들은 나는 고맙다 할 것도 없이 "그럽시다" 하고 일본 상인처럼 변장을 한 후 가방을 같이 들고 정거장까지 무사히 걸어가서 품천에서 차를 타고 군마현 천교시에 있는 죽전의 형님 집으로 갔습니다. 그날이 6일 줄로 생각합니다.

통신도 부자유하여 죽었다고 소문까지

　천교시에 가서는 거의 3주간 동안이나 있으면서도 그 주인에게까지 자기가 조선 사람인 것을 알리지 않고 지냈습니다. 이러한 사정이 있기 때문에 아무 데도 통신을 할 자유가 없어서 필경 동경에서는 내가 죽었다는 소문을 내게 된 것이다. 생각하면 이번 일은 살았어도 산 듯 싶지도 않고 죽었다고 소문도 무리는 아니외다. 그리하여 나는 지난 24일에야 처음으로 동경으로 돌아가게 되었는데 급한 마음에는 그날로라도 귀국하고 싶었으나 사정이 허락지 아니하여 이제야 돌아오게 된 것이오. 그동안에 이만 사람을 위하여 많이 근념해 주신 여러분에게는 무엇이라구 감사한 말씀을 여쭐 길이 없습니다.　　　－《동아일보》, 1923. 10. 5

1923년 10월 6일 동요 반달 윤극영

동경진재 지방 생존 동포 조선총독부 출장소 조사 제10보

대삼서 관내 현주자(201명)　● 김달준 33 광주군 송죽면 송죽리, 동아통합조합 간부 1931. 1. 17 대판조일신문 조간 · 대판매일신문 조간
　각소재주자(79명)　● 이근무 경성부 당주동　● 김문집 대구 남산정
● 이규경 울산군 상남면 길천리　● 주영방 전주군 완전면 대정리
　대총서 관내 현주자(66명)　● 민석현 32 경성부　● 이근무 28 경성부
● 신현철 21 함평군 함평면 내교리
　계림장장원(66명)　● 윤극영 경성부 매동(소격동) 학생　● 윤경순 함평 학교면(여학)　● 윤병선 함평 학교면 학생　● 이이주 함안 산인면　● 민석현 32 경성부　● 이근무 28 경성부 당주동
　정전문서 관내 현주자(28명)　　－《동아일보》·《조선일보》, 1923. 10. 6

● 외인 사망 정미 4 인도 38 영국 91 미국 48 로국 62 독일 11 중국인 658이라더라
● 재등 총독에게 진리의 발표를 망함
● 사회적 내면적 생활고찰(7) 재동경 김상규(기) 1. 사회의 개관(속) (3) 사교(속)
● 동경진재 학생 위안
　이재 유학생 구제회에서는 근간 동경으로부터 귀국한 이재 유학생의 위안회를 9월 23일 경신구락부 내에 개최하고 정수영 씨의 "우리는 눈물

에 잠긴 미소로 반기자"는 개회사와 유학생 박동기 군의 감상담이 있었고 고륜[高輪]중학교 김종량 군의 동경 진재의 참상에 대한 목격담이 있은 후 다과로써 주객이 환영하는 자리를 끝내 무사폐회하였다더라(군산)

− 《동아일보》, 1923. 10. 6

  군산우체국 골목에 사옥을 둔《군산신문》은 김종량이 창설해 초대사장이었다. 김종량은 서울《한성일보》사장도 겸한 거물이었으며 동산학원 이사장도 역임했다. 김종량은 도쿄고등공업학교 건축과 특별예과 학생으로 관동대지진 조선인 대학살을 겪었다.

  노창성도 도쿄고등공업학교 전기화학과 4학년에 재학 중으로, 노창성은 경성방송국 방송인 1호로서 부인은 이옥경으로 경성방송국 아나운서 1호이다. 두 분의 유택은 망우역사문화공원에 있다. 둘째 딸이 패션디자이너 1호인 노라노(본명 노명자)이다

1923년 10월 7일 정신병 환자와 젊은 아내 자살

동경진재 지방 생존 동포 조선총독부 출장소 조사 제11보
직업에 학생 토공 인삼행상 노동 철공 직공 이상(엿장수) 인력부 운송업 고학생 유공(방직공장) 단치공(철근공) 다양한 직종이 적혀 있다
— 《조선일보》, 1923. 10. 7

기옥현불이전재주자(98명)
● 김영달 20 용인군 원산면 학생(대통령 표창, 3·1운동)
1901년 경기도 용인군에서 태어나 1967년 순국한 김영달은 1919. 3. 21 경기도 용인군 원산면에서 황경준 등과 같이 주동이 되어 200여 군중에게 태극기를 배부하며 원산면사무소 앞에 모여 독립만세를 고창하며 시위 후 피체되어 징역 6월을 받은 사실이 확인되어 운동계열 3·1운동 1992년 대통령표창을 서훈받은 독립운동가이다

장야현하이전재주자(8명)
● 동경에 일어난 비극 진재 정신병자 130여 명이다
관동대지진이 휩쓴 뒤 정신병 환자가 동경 각처에 130여 명이나 되는데 그중에 여자가 50명이요 남자가 80명인데 차차로 정신이 안정됨에 따라 쾌유한 사람도 있으나 40세 전후의 사람은 회복되기가 쉽고 20세 전후로 된 사람은 낫기가 어려운 모양인데 원인은 이번 지진으로 혼란 중에 정신에 이상이 생긴 것이다(동경전)
— 《동아일보》, 1923. 10. 7

석남 송석하 선생은 경제학을 공부하러 갔다가
제노사이드 참상을 목격하고 2년 정도 정신적 충격으로 헤매다가 민족의 뿌리가 무엇인가 찾기 위해 민속학을 공부하여 선구자로 활약했다

● 남편 생사 몰라 젊은 여자 자살 동경진재로 생긴 비극. 금번 동경 진재가 간접 원인이 되야 꽃다운 목숨을 헛되이 버린 젊은 여자가 있다 경북 달성군 현풍면 하동 리정용의 처 19세 박성녀가 금번 진재가 일어난 후 동경에 유학 중인 자기 남편 리정용과 오라버니 되는 박무덕의 소식을 몰라 애타는 정을 이기지 못하는 중 다른 사람들은 모다 생사의 소식이 있것만은 기다리고 기다리든 자기 남편은 아직까지 아무 소식이 없음은 분명히 죽은 일이라고 비관한 결과
지난 1일에 두 살 먹은 어린 아들과 60여 세의 늙은 시모를 두고 무참히 자살하였다

● 창녕에도 유언죄로 벌금 10원. 경남 창녕군 교하리 리대곤(47)은 생활이 곤란하여 자기 딸을 일본에 보내두고 역시 소식을 몰라 이곳저곳 헤매던 중 마침 어떤 노동자가 동경에서 공차를 타고 나와서 동경 이야기를 하는 것을 듣고 어떤 일본인에게 이야기를 하였다 이것이 창녕 경찰서의 귀에 들리어 유언비어죄에 걸리어 지난 일일에 벌금 10원에 처하였다

― 《동아일보》, 1923. 10. 7

1923년 10월 8일 소설가 이익상과 임영신

- 동경이재동포구제회 지난 9월 13일부터 삼랑진 분국 주최로 동경이재동포구제회를 조직하고 활동한 바 25일까지 의연한 씨명은 좌와 여하다더라(삼랑진).
- 이원 동포는 무사(이원).
- 동경진재구제의금 경남 거창에서 동경진재구제의연금을 모집한 바 금액이 좌와 여하더라(거창). －《동아일보》, 1923. 10. 8

본사 특파원 제6회 안부 조사(84명) 아무 기록이 없으면 무사한 것
－《동아일보》, 1923. 10. 8

- 김창섭 경성부 종로 3 18, 동경미술학교(미구개교)
- 이익상 부안군 동중리

  소설가이며 매일신보 편집국장 대리로 일본대학 사회과를 졸업하고 파스큘라와 카프 결성에 발기인이며 동아 조선일보 학예부장을 역임하고 정우홍 동서이며 신석정 시인의 은사이고 사촌매부이다.
- 신기형(동) 신석상 소설가의 아버지이다.
- 서진문 울산 동면(애족장, 일본방면, 중복 게재)

  1900년 울산 동면에서 태어나 1928년 순국한 서진문은 1926년 일본에서 신나천현 조선협동조합 횡빈지부에 가입하여 조선인의 권익을 위한 노동운동을 전개하고, 1927년 고려공산청년회 일본부에 가입하여 활동하던 중 1928년 10월 일왕의 즉위식인 「어대전」을 앞두고 사전 검속으로

김천해(사촌 형), 이성백(건국포장, 3·1운동) 등과 함께 검거되었다가 고문으로 순국한 사실이 확인되어 2006년 운동계열 일본방면 애족장을 서훈받은 독립유공장이다.
- 이필현 중화군 해압면 부하 신야신정 260(애국장, 중국방면)
- 유기원 파주(대통령 표창, 3·1운동)

총독부 제12회 조사 작(어제) 칠일에 도착된 것

— 《동아일보》, 1923. 10. 8

동경진재 지방 생존 동포 조선총독부 출장소 조사 제12보

— 《조선일보》, 1923. 10. 8

부산현 현주자(2명) **병고현 동**(80명) **애지현 동**(21명) **청산수용소 동**(153명)

'병고[兵庫]현 현주자'의 대부분은 토공 행상 직공 고인 인부 학생 인삼 행상 중매인 노동 요리 작부 요리인 등이 수용되었다.
- 국상현 담양군 담서면 학생 • 국영현 학생
  제주 관음사에 1만원 희사 국상현 씨의 특지
- 전라남도 담양읍내 국상현 씨는 금번 전선 8경 중 제1위인 한라산 탐승 중 제주 관음사에 금 1만 원을 희사하여 대웅전을 독립 건립키로 하고 그날 마침 7월 15일(백중) 수백 명 신도 회집한 석상에 성명한 바 제주 불

교계의 일대 행운이라고 일반의 칭송이 자자하다

　　　　　　　　　　　　　　　　　　ㅡ《매일신보》, 1936. 9. 15
● 나예방협회기부금 백2십만 원 돌파 만 원 이상 기부한 사람들 24명은 표창준비 국상현 민영휘 최창학 등과 등재　　ㅡ《매일신보》, 1933. 10. 6
● 인천에서도 순사 5명 동경에 파견, 인천서에서 일본인 순사부장 2인 급 순사 3명 합 5인을 동경경시청순사 증원으로 인하여 급히 파견한다더라(인천)　　　　　　　　　　　　　　ㅡ《조선일보》, 1923. 10. 8

● 〈조선인박해사실조사회〉 1923. 9~1923. 12 간토대지진 이후 자행된 조선인 학살 진상 조사를 위해 도쿄에 조직된 단체에 이어, 동경에서 위문반 조직·무의의 고독을 서로 구호코자 이재동포의 소식을 물으면 회답은 신문지에 발표할 터, 이번 지진에 이재한 동포를 구호할 목적으로 동경에 재류하는 유지들이 동경이재조선동포위문반을 조직하고 각지에 있는 이재동포의 수효와 그 부상한 정도를 조사하여 힘자라는 대로 구호할 터이오 누구든지 이재동포에 대한 소식을 알고자 하는 이가 있으면 그 회답을 조선 내에 있는 각 신문에 발표할 터이라는데 위문반의 사무소와 임원의 씨명은 다음과 같다더라

　　서무부, 재무부원 오기선(조선연합야소교회 목사) 박사직(조선천도교청년회 포덕부장), 사교부원 이동제(조선유학생학우회 위원, 서무부장 1921. 6) 김봉성(건국포장, 3·1운동), 통신부원 유기태(고학생 형설회 회장) 이찬희(애족장, 3·1운동), 위문부원

이철 최승만(동경조선기독교청년회 이사) 이창근 김재문 이근무 민석현(동경천도교 청년회 간의원). 위치는 동경소석천구 판하정 천도교회 내

  같은 지면 하단에 '동경에 재유하는 자녀와 친지의 안부를 알고자 하시는 제위에게' 제목과 '위문반 통신부 백' 이름으로 광고도 게재했다

-《조선일보》, 1923. 10. 8

  관동대지진이 발생하자 재일한국인은 소실을 면한 '천도교청년회'의 사무실에 집합했다. 회합에 참석한 한위건(독립장, 중국방면)·최승만·박사직·왕시진·김은송·김낙영(애족장, 3·1운동) 등은 각종 문제에 대해 협의를 한 이후 10월에 가서 '동경지방이재조선인구제회'를 결성하여 조사활동을 시작하였다.

  임영신에게 유태영이 찾아왔다.
  "일본 한인학생회 YMCA 총무 김낙영이 죽음을 무릅쓰고 모은 관동대지진 한인학살사건 자료를 가지고 왔습니다. 이승만에게 꼭 전달해 주시오."
  임영신은 이 자료를 과일상자 아래에 깔아 숨기고 무사히 이승만에게 전달했다. 이승만은 이 자료로 기자회견을 열어 일본의 만행과 잔혹성을 가열차게 비난했다.

1923년 10월 10일 조선총독부 출장소 조사 제13보

동경진재 지방 생존 동포 조선총독부 출장소 조사 제13보 –《조선일보》
10월 10일 계 105명은 점원, 노동, 관리, 학생, 비행가, 명치대, 명치대 법대, 명치대 상대, 일본대 등이다

각소산재재주자(105명)

• 이규경 울산군 상남면 길천리 학생, 울산군 상남면 길천리 농업 18세

위 자에 대한 보안법 위반 피고 사건에 대하여 대정 8년 4월 10일 부산지방법원 울산지청에서 피고 이무종·최윤봉을 각 징역 1년 6월, 피고 이규경을 징역 1년, 기타의 피고를 각 징역 6월에 처한 판결에 대하여 각 피고 등으로부터 공소를 신립하였으므로 당원은 조선총독부 검사 야전병웅[野田鞆雄] 입회하에 다음과 같이 심리 판결을 한다.

피고 이규경이 조선독립운동을 기도하고 피고 이무종 외 4명과 구 한국국기를 만들어 대정 8년 4월 2일 언양면 남부리 시장에서 국기를 휴대하고 불온한 언동을 하여 대중을 선동하였다는 공소 사실은 그 증빙이 불충분하므로 형사소송법 제258조 제1항·제36조·제224조에 따라 동 피고를 무죄로 한다. 그런데 원판결 당시에 있어서는 제령 제7호는 아직 시행이 되지 않았으므로 원심이 피고 이규경을 제외한 다른 피고인에 대하여 다만 보안법 제7조를 적용하여 처단한 것은 상당하나 동령 시행 후에 오늘에 있어서 신·구 양법을 대조하여 그 가벼운 데에 따르도록 하여 다만 보안법 제7조에 의하여 처단한 것은 부당성을 면할 수 없을 뿐 아니라 피고 이규경에 대하여는 그 범죄 증빙이 불충분한데, 이를 유죄로

판정한 것은 실책이므로 피고 등의 공소는 이유 있다고 인정하여 형사소송법 제261조 제2항에 의하여 주문과 같이 판결한다.

● 안창남 목하부하 산삽곡 299 환산방에 재주 비행가(애국장, 중국방면)
● 엄상수 고성 봉발 동동대. 경남 고성《조선일보》지국장 구종근 씨는 방금 통영검사국에서 취조를 받고 있는 중인데 그 내용은 전기 구종근 씨는 동군 하이면 덕호리 김진호 장녀 달막(18)이가 처녀의 몸으로 아이를 배었다는 말을 듣고 그것을 알아 보았더니 김진호 측에서 명예훼손죄로 고소를 하였다 하며 또 동군 회화면 배둔리 청년이 발관을 동면 주재소에서 강제로 폐업을 시킨다는 것을 보도하였더니 그 주재소에서 또 고소를 한 것이라는데 이를 들은 고성기자단에서는 지난 9월 25일 오후 8시에 본보 고성지국 안에서 긴급회의를 열고 여러 가지 대책을 결의한 후 그 내용 진상을 엄밀히 조사하기 위하여 천두상 엄상수 양씨를 통영으로 판견하였다더라.(고성)　　　　　　　　　　　－《동아일보》, 1925. 9. 30

엄상수는 고성군 창립벽두 민족운동 후원을 결의하며 동아일보 고성 기자단 조직하였다. 위원은 천두상, 엄상수, 구종근 등이다.
● 신태호, 일본식 이름 중광상원 또는 중광상호, 1923년 동경조선불교청년회 평의원으로 참여, 1924년 도요대학 인도철학윤리학과 졸업, 1941년 통도사 주지.
● 권희국 제천 한수동 학생. 1924년에 경시청에 편입된 요시찰 충북 갑호

대상학생 및 졸업생의 명단에 들어 있다.

2·8운동을 일으킨 유학생들의 일부인 김준연(애국장, 문화운동)·변희용·최승만·백남훈(애국장, 일본방면) 외 수명은 1919년 4월에 길야작조[吉野作造]·복전옥이[福田鈺二]가 주도하던 사상 단체인 여명회에 가입함으로써 일본인 사상 단체에 투신하는 첫 사례를 보여 주었다. 1920년대에는 원종린·권희국·이증림·김홍기·박세희·정태성 등과 더불어 계이언[堺利彦]의 코스모구락부, 고진정도[高津正道]의 효민회, 가등일부[加藤一夫]의 자유연맹 등에 각각 가입하여 활동하였다.

● 정안립(지나귀화인) 길림성 학생

길림성 산 동문내 평안호동 80호 거주[원적: 충북 진천] 정안립[본명: 영택] 57세

이는 만주에 조선인 자치지대를 설치하려고 계획하고 여기 소요되는 자금 조달 운동을 위해 지난 8월 동경으로 와서 우연히 진재를 당하여 10월 초순 하등의 얻은 것이 없고 우선 귀국하였는데 이번 재만 조선인 구제를 위하여 주식회사 화풍 개간공사 설립자금 1천만 원을 정부로부터 대부를 받는다고 칭하고 4월 11일 동지 민병한·오세영·홍우철 및 사위 권희국과 함께 다시 동경에 도착하여 정교정 각괄[淀橋町角笘] 신숙호텔에 투숙하고 이래 회사 설립취지서 및 정관을 인쇄하여 당국 및 관계 명사

에게 배포하고 오로지 분주 중 본건과 같은 것은 먼저 조선총독의 양해를 얻지 않으면 불가하다고 깨닫고 이 방면에도 운동하였는데도 도저히 성공할 가망이 없는 것으로 보인다.
• 김홍식 여수군 서정 동 일대. 김홍식 일본대학 서양화과 입학(특별학생) 도쿄 지진지역 생존 동포 일제강점기 전라남도 여수 출신의 화가이자 독립운동가.
• 윤길현 함안 금천리 동양대. 포시진치 변호사와 긴밀히 연락하는 임무만을 박열 동지인 장상중과 당시 유학생 학우회 회장이며 간부이던 조헌영(조지훈 시인 부친) · 윤길현 등이 맡고 있었다.
• 김태열 광주 수기옥정 동양대(애족장, 3·1운동)

1895년 전남 광주에서 태어나 순국한 날이 미상인 김태열은 1919. 3. 10~3. 13 광주에서 김복현(애족장, 3·1운동) · 김강 등과 같이 시민 수천 명을 규합 독립만세시위를 주도하다 피체되어 소위 보안법 위반으로 징역 3년형의 옥고를 치른 사실이 확인되어 1990년 운동계열 3·1운동 애족장을 서훈받은 독립유공자이다.

1923년 10월 11일 유학생 전학 배분

● 유학생 전학 배분 총계 129명

조선인 유학생 중에는 금번 동경진재로 인하야 조선지방 각 학교로 전학코자 하는 희망자가 많다 함은 기보와 같거니와 학무당국에서는 본인의 희망과 출신지 등을 참작하야 조선내 각 관공사립학교의 상당한 학년에 전학케 하야 속히 취학의 도를 열 필요상 각 관립학교장과 도지사에 대하여 학무국장이 각각 통첩을 발표하였다는 대로 각 학교에 배당한 학생의 총수 129명 중에 여학생이 2명이며 기 학교별은 좌와 같다 하더라

중학교 경성중학 13 부산중학 17 평양중학 13 용산중학 9 대전중학 7 대구중학 8 원산중학 1 광주중학 3 군산중학 1 중학교 계 72
고등보통학교. 경성제1고보 2 평양고보 3 함흥고보 4 전주고보 3 경성제2 1 신의주고보 3 광주고보 4 동래고보 4 사립양정 1 배재고보 3 휘문고보 4 중앙고보 1 고보계 33
실업학교. 상업학교 4 부산제2상교 1 강경공상 1 선린상업 6 경성철도학교 4 실업학교 계 16
경성제2고녀 1 부산고녀 1 이상 총합계 129명

● 유학생의 조선 내 학교 전학과 편입 문제가 대두되었다. 일본 문부성이 피재지 학생의 무조건 편입 방침을 발표했고 학생들의 주요 거주 지역이었던 도쿄의 간다[神田] 등지의 피해가 컸으며 무엇보다 다시 도쿄로 돌아

가기 꺼려 하는 유학생이 많았기 때문이다. 결국 조선총독부 학무국도 각 학교의 수용 인원 제한을 일시 철폐하여 유학생의 전학을 받아들이기로 결정했다.

경성법률전문학교 64명, 경성의학전문학교 16명, 연희전문학교 14명, 경성고등상업학교 10명, 보성전문학교 6명, 세브란스의학전문학교 3명, 수원고등잠업학교 경성고등공업학교 2명 등 중학교 90명, 고등보통학교 76명, 실업학교 33명, 여학교 4명 등 총 321명 유학생이 유학을 중단하고 조선의 학교로 전학했다.

－《동아일보》, 1923. 10. 11

1923년 10월 13일 진재 중에 참사한 동포

● 동경진재 지방 생존 동포 조선총독부 출장소 조사 제14보
  정강현하[靜岡懸下] 피난재주가(103명)
● 요코하마 진재와 미삼판로(尾蔘販路) 조세감면 문제를 상해실업가 옥관빈 씨와 이야기를 나눴다.
● 이중 난을 겪으면서 살아나던 기억(1) 제1대 난이 지진 인재 동도문화가 일장춘몽 기상철(기)

  김상철은 재일본조선노동총동맹(1925년에서 1929년까지) 설립자 준비회 구성을 하였다.   -《조선일보》, 1923. 10. 13

● 진재 후에 귀래와 도항
  돌아온 자가 19,685인, 건너간 자가 2,544인
  일본에 진재가 일어난 후 10월 8일까지 조선 동포들의 돌아온 자와 또 일본으로 건너간 수효가 아래와 같다더라
  9월 중에 귀래한 자 진재지로부터 학생 675명 노동자 877명 기타 72명
  진재지 이외로부터 학생 71명 노동자 12,329명 기타 589명
  10월 1일부터 8일까지 귀래한 자 진재지로부터 학생 553명 노동자 1,142명 기타 48명
  진재지 이외로부터 학생 10명 노동자 3,248명 기타 165명 합계 19,685명
  9월 중에 도항한 자 진재지에 학생 88명 노동자 131명 기타 39명
  진재지 이외 학생 131명 노동자 1,862명 기타 159명

10월 1일부터 8일까지 도항한 자 진재지에 학생 13명 기타 2명 진재지 이외에 학생 7명 노동자 79명 기타 33명 합계 2,544명
-《조선일보》1923. 10. 13

● 진재 중에 참사한 동포, 일본 제빙회사에서 노동하던 8명의 청년은 사망하였다. 진재 중 동경부 하정교[下淀橋]에 있는 일본 제빙회사에서 노동하는 동포로 일사행위불명에 있다가 사망한 것으로 판명된 사람이 8명이라는데 그 씨명은 다음과 같다더라.
　원적 황해도 황주군 황주면 안계용, 제주도 조천리 김한주, 제주도 함덕리 김도현, 김덕현, 김원준, 김석봉, 김재익, 한민훈
-《조선일보》, 1923. 10. 13

1923년 10월 14일·15일 군마현 자경단과 기특한 일본 부인

● 유치 중의 공부를 자경단이 학살, 유치 중의 공부를 2백 명의 자경단이 학살, 이백 명의 자경단이 경찰을 습격하야 공부 십오 명을 무고 학살

일본 군마현 다야군의 자경단 2백 명은 지난 9월 5일 등강경찰서를 습격하고 유치장에 있는 공부 십오 명을 학살한 사실이 판명되야 주모자 수명이 검거되었는데 원인은 진재 발생될 때에 전기 경찰서의 태도가 온당치 못한 일을 하였다고 분개하여 습격하는 동시에 아무 이유 없이 전기공부 15명을 살해한 것이라더라(동경전)

—《동아일보》, 1923. 10. 14

조선인 대학살의 내용을 완전하게 쓰지 못하고 드러내지 못한 신문 기사이다.

동경진재 지방 생존 동포 조선총독부 출장소 조사 제15보(79명)

—《조선일보》, 1923. 10. 14.

일본과 지리적 거리가 가까운 경남북 출신이 많이 게재되었다

● 이동섭 함성군 모곡리 노동

1935년 1월 15일 한신소비조합 아오키출장소 야학부 설립 교사 이동섭

—《민중시보》, 1935. 11. 15

● 기특한 일본 부인. 진재 중에 학생을 구하고 지금은 표박하여 경성에 까지

　동경부 하호총정[下戶塚町] 314번지에 하숙 영업을 하던 북촌[北村] 마쓰(50)라는 여자는 이번 진재 중에 청년단과 재향군인단들이 조선인에게 대하여 엄중한 경계와 준열한 수색을 행하여 자기 집에 있는 모 조선인 학생들은 신상에 위험이 있을까 두려워할 때에 전기 마쓰는 평일과 다름이 없이 친절이 할 뿐 아니라 더욱 힘써 애호하였으므로 그 집에 있는 학생들은 전부 무사하였는데 진재 후 그 집에 있던 학생들이 모두 조선으로 귀국하게 됨에 전기 마쓰는 이로부터 생계가 의지할 곳이 없게 되므로 여러 학생들은 그의 친절하던 정을 생각하고 그 집에 있는 학생 8명이 7백 원을 기증하고 그의 딸 쓰네(20)와 같이 두 사람을 데리고 조선으로 돌아왔는데 그 노파와 딸은 지금 경성 본정 762번지에 월세 매월 5원 되는 가옥을 빌어서 있는 중이더라

－《조선일보》, 1923. 10. 15

　시사만화 박재동 화백의 할아버지 박울봉은 부두 하역 노동자로 하숙집 주인의 보호로 살아 돌아왔다. 손자인 박재동 화백도 일본인 주소만이라도 알면 찾아가 인사를 드리겠다고 고대하고 있다.

1923년 10월 17일 유언비어의 출처가 판명

- 진재 후의 대소란을 궐기한 유언의 출처가 판명
  신내천현 고진서장의 입으로 나왔다
  서원을 모아놓고 훈시를 한 후 방어 준비까지 시켜
  － 《동아일보》, 1923. 10. 17
- 이중 난을 겪으면서 살아나는 기억⑶ ＝제1대 난이 지진화재＝ ＝동도 문화가 일장춘몽 김상철(壽)

- 폭행자 20명을 검거 진재 당시에 자경단원들이
  단장도 모르게 십여 명을 학살한 자 경시청에 검거하여 검사국으로
  　동경 경시청에서는 폭행한 자경단을 검거함에 노력하던 바 부하 사도촌에 출장하야 취조한 결과 20명의 폭행자를 검거하여 검사국으로 보내였는데 그 검거된 자는 기옥현 출신의 신곡복평 씨의 지휘 아래에서 활동하던 자경단으로 지난달 3일에 능뢰촌에서 신곡 씨는 수병이 동행인에게 자세히 조사를 하는 중 단원 수명은 신곡 씨도 알지 못하는 사이에 14명을 살해한 사실이 발각된 것이라는데 신곡 씨는 다만 그 단원을 령솔하고 있을 뿐이오 살인 사건에는 아무 관계가 없는 듯한 바 방금 증인을 불러 볼 터이라더라(동경 전보)
  － 《조선일보》, 1923. 10. 17

자경단의 살해인 수 450명 이상 검거 기소된 자경단원은 40명에 불과했다

동경진재 지방 생존 동포 조선총독부 출장소 조사 제16보(87명) 조선일보 비고, 본 조사 중 현주지의 기인이 무하야 게재함을 부득함

직업이 토공(土工) 주로 경남북 출신들이다

－《조선일보》, 1923. 10. 17.

1923년 10월 18일 군마의 학살범 34명 검거

• 음모사건에 얽힌 정화, 박열과 그 애인 사랑과 주의의 공명으로 감옥에까지도 같이 갔다
　군마의 학살범 34명을 검거하였다　　　　－《동아일보》, 1923. 10. 18

• 유언의 출처 산구정헌 일파의 소위, 일본에 진재가 발생한 당시에 전국에 유언이 돌아다닌 결과에 여러 가지 참극이 생기었다 하여 경시청과 신내천[神奈川] 경찰서에서는 그 유언 출처를 극력 조사하였는데 방금 횡빈에 수감한 입헌 로동당 총리 산구정헌[山口正憲] 일파 14명의 소위로 판명하였다더라　　　　－《조선일보》, 1923. 10. 18

• 58명을 학살 기옥현에서 자경단이 노동자를 지나간 9월 4일 기옥현 웅곡정[熊谷町]서도 58명 참살 그곳 자경단이 노동자들 일이 발각되어 방금 범인을 염탐 중이라더라　　　　－《조선일보》, 1923. 10. 18

• 이중고를 겪으면서 살아나던 기억⑷＝제1대 난이 지진화재＝ ＝동경 문화가 일장춘몽＝ 김상철(崙) 10. 24⑹ 10. 25⑺까지 이어짐
　　　　　　　　　　　　　　　　　　－《조선일보》, 1923. 10. 18

1923년 10월 19일
임장 순사가 동정금 기부를 중지

• 구제연주석상의 풍파 임장순사가 동정금 기부를 중지,

설명이 너무나 「일선차별」적 언사이오,

동정금을 받는 것은 기부 모집 행위라고,

충남 강경의 요리점 금강관 주인 리상호 이상호 씨 이하 그 요리점 안에는 예기 일동이 각처에서 참극을 이루는 서관수재와 동경진재에 피해한 우리 동포들을 구제할 목적으로 지나간 12일부터 그곳 대정좌라는 연극장에서 본보 강경지국과 각 단체의 후원 아래에 수해 구제 연주회를 열고 신파연극을 시작하였는데 첫날밤에는 입장자가 희소하여 실비를 제하면 남은 돈이 없어서 주최측과 후원 단체에서 큰 유감으로 생각하고 그 이튿날은 대활동을 개시하여 모모 유력가 제씨에게 우대권까지 많이 발행하고 연극을 시작한 뒤에 예기 중산월이라는 기생이 무대 위에 올라서 여러 관람객에 대하여 설명하기를

「여러 형제자매이시여 열정으로써 서관수해와 동경 진재에 피해한 불쌍한 동포들을 구제하여 주오」하는 말로 애원을 하다 싶이 하였으나 역시 관람자 측에서는 냉정할 뿐임으로 후원 측에서 비상히 유감하는 동시에 본보 강경지국장 박석규 씨가 등단하여 열려한 언사로 말하기를

「일본인은 진재 구제에 대하여 불과 십여 일에 삼천사백여 원의 금액과 의복 수천 건이 모집되었는데 우리 조선인 측에서는 한달 동안에 재해구제회에 모인 돈이 겨우 백여 원에 지나지 못하니 이것은 전현 자선심이

박약한 까닭이며 더구나 한모라는 사람은 일본인측 진재구제에는 자발적으로 돈 오 원을 면사무소에 의뢰하여 기부하였으나 재해구제회에는 겨우 일 원을 기부하였고 또 김모라는 사람은 30원의 금전을 일본인측 구제회에 기부하였으나 우리 구제회에는 5원을 주었으니 그들의 심리는 알 수 없으며 이번 연주회의 성적도 역시 좋지 못함은 우리 동포의 장래를 위하여 큰 유감이리」라고 말한 후 예기 윤숙자와 매일신보 강경지국장 최봉우 씨가 간곡한 말로 일반 관람객의 동정을 구하매 관객 중에서 누가 돈 1원을 기부할 때에 돌연히 임장하였던 경관이 동정금 기부를 검지하며 즉시 박석규 최봉우 양씨와 예기 윤숙자를 불러서 이것은 기부 모집 행위이기 검기한다 하며 더욱 구경왔던 사복 순사 리갑수는 박석규 씨의 설명이 너무나「일선차별」이라고 하면서 경찰서로 가자고 하는 중 그때 마침 임장하였던 경부가 일일이 설유하여 그럭저럭 그만두었는데 14일 11시경에 박석규 최봉우 양씨와 금강관 주인 리상호 기타 기생 윤숙자 등 여러 사람을 경찰서로 불러다가 일본인 순수부장이 주최자 리상호 씨에게 허가도 없이 기부금을 모집한다고 한참 야단을 치고 다시 박석규 최봉우 양씨에게 말하기를「그대들을 경찰서까지 불러온 것은 대단히 미안하며 지금 그대들에게 취체를 하는 것이 아니라 참고적으로 말하는 것이니 이 다음에는 그런 말을 하지 말라」고 하는데 그 옆에 있던 순사 리갑수가 박석규를 하여 '일선차별'이니 '언사과격' 아니하여 서로 사이에 일장 장론전이 일어났으나 별일없이 박석규 최봉우 양씨는 집으로 돌아간 뒤에 그 리 순사는 윤숙자를 대하여 「너희들이 박씨와 공모한 일 아니냐고」 쓸데없는 말로 무한히 힐난하다가 돌려보냈으므로 강경의 일반 인사들도 리 순사의 너무 전횡함을 비난한다더라(강경)

-《조선일보》, 1923. 10. 19

4부
관동대지진 조선인 대학살 참상 뒤

1923년 10월 20일 조선인 학살사건 신문 보도 통제 '일부 해금'

10월 20일 일본 정부는
자경단의 조선인 학살사건에 관한
신문 보도 통제를 '일부 해금'했다
10월 말에는 중국인 살해 및 피해 사실도 보도되기 시작했고
11월 3일에는 상하이의 독립운동단체, 한중호 조사가
조선인과 중국인 학살에 대한 항의의 뜻을 담은 '선언서'를 발표했다

신문에서는 서관수해동정금 모집과 공진회 기사를 줄기차게 게재하며
관동대지진 조선인 대학살에 대한 기사는 내보지 못하게 통제하였다

1923년 10월 25일·26일 이상화의 시 「독백」

조선인 사망자를 위하여 동경에서 26일 추도회를 개최
- 《조선일보》, 1923. 10. 25

 1923년 10월 26일 《동아일보》 지방 소개 '대구호'에 발표한 신시 「독백」은
 동경 유학생이었던 이상화가 관동대지진 대학살을 겪고 쓴 시이다
 이 시는 당시 조선인들의 시신이 길가에 내동댕이쳐지고, 매장되고, 강물에 내버려졌던 학살의 참상을 직접 목격하고 쓴 처절한 시이다
 이 「독백」이란 시는 이상화가 관동대지진 이전에 발표했던
「나의 침실로」(《백조》 3월호, 1923. 9)와는 다르다
 유미와 퇴폐주의적 경향으로 막다른 골목에 다다른 절망을 노래했던
 시인이 관동대학살 경험 후에 확연히 달라졌다
 일제강점기 국권 회복의 의지를 강하게 표현했던 항일 저항시가
 본격적으로 시작되는 계기가 관동대지진 제노사이드라 말할 수 있다

 나는 살련다, 나는 살련다 / 바른 맘으로 살지 못하면 미쳐서도 살고 말련다 / 남의 입에서 세상의 입에서 / 사람 영혼의 목숨까지 끊으려는 비웃음의 살이 / 내 송장의 불쌍스런 그 꼴 위로 / 소낙비같이 내리쏟을지라도−찢퍼부울지라도 / 나는 살련다 내 뜻대로 살련다 / 그래도 살 수 없다면− / 나는 제 목숨이 아까운 줄 모르는 / 벙어리의 붉은 울음 속에

서라도 살고는 말련다 / 원한이란 이름도 얼굴도 모르는 / 장마진 냇물의 여울 속에 빠져서 나는 살련다 / 게서 팔과 다리를 허둥거리고 / 부끄럼 없이 몸살을 쳐보다 / 죽으면－죽으면－죽어서라도 살고는 말련다
 – 이상화, 「독백」, 《동아일보》, 1923. 10. 26

  이상화는 1923년 9월 《백조》에 시 「나의 침실로」를 발표하였다. 관동대지진의 참상을 겪고 1924년 봄에 귀국하여 시 세계가 극적으로 변화하여 1925년 1월 《개벽》에 「가장 비통한 기욕」, 「조소」, 「어머니의 웃음」 등을 발표하여 이전과 전혀 다른 시를 발표하였다
  수필 「방백」을 발표하고 1926년 시 「빼앗긴 들에도 봄은 오는가」도 반체제적 저항시로 유명하지만
  대부분의 독자는 그 시인이 '관동대지진 제노사이드'의 목격자인 것을 모른다
  이상화는 '조선인 대학살' 때 절감한 민족적 울분을 그 시에 드러낸 것이다.
  이후에도 「통곡」(1926), 「도쿄에서」(《문예운동》 창간호, 1926. 1), 「선구자의 노래」, 「오늘의 노래」, 「폭풍우를 기다리는 마음」 등을 발표했다.

시인 설정식 시「진혼곡」

'관동대지진'을 직접 체험하지 않았지만, 그 사건과 관련하여 저항적인 작품을 쓴 작가는 염상섭과 이상과 설정식 등이다
염상섭은 단편소설「숙박기」(《신민》, 1928)에서 '간토대진재 조선인 대학살' 이후 일본에서 더 심해진 조선인에 대한 차별을 언급했다
주인공인 젊은 조선인 유학생이 일본 동경에서 하숙집을 구하기가 매우 어려워진 이유가 그 민족차별에 있었다는 것이다
무고한 조선인을 대량 학살하고서도 설상가상으로 잔인하게 민족차별을 하는 일본 민족은 과연 문명국가의 국민이라고 할 수 있을까?
관동대지진은 일본인들에게는 자연재해였지만
조선인들에게는 그 자연재해에 더해 이어진 학살로 인해 더 큰 고통을 겪어야 했다
일본인들의 조선인에 대한 차별과 멸시가 더 심해진 것은 이때를 기점이라 봐도 무방할 것이다
1928년에 발표된 염상섭의「숙박기」와 1930년에 발표된 유진오의「귀향」(별곤건, 1930. 5~7)은 지진이 일어나던 상황이나 그 이후의 삶에 관해 다루고 있어 관심이 집중된다
두 작가 모두 관동대지진을 직접 경험한 것은 아니지만 객관적인 시각으로 작품에 접근한다

"아버지의 시비(詩碑)를 망우역사문화공원 가족묘지 안에다 세우고 싶어

요. 1923년 9월 1일 동경대지진이 일어났지요. 당시 '조선인이 폭동을 일으킨다' '조선인이 방화했다'는 유언비어로 조선인이 공식적으로 6,600여 명, 비공식으로 2만 명이 학살당했죠. 원혼을 위로한 시가 딱 한 편 있는데 바로 아버지의 시입니다. 시 「진혼곡」을 많은 사람이 알았으면 합니다."(설정식 시인의 둘째 아들 설희순)

조국 땅이 좁아서 / 간석지를 파야 될 까닭이 없었다 / 조국 땅이 좁아서 / 멀미 나는 현해탄을 건널 까닭이 없었다 / 조국 땅이 좁아서 / *우전천[隅田川] 시궁창에서 널쪼각을 주울 까닭이 없었다 / 조국은 어디로 갔기에 / *천기[川崎] 심천구[深川區] 제육공장 제함(製函) 공장 / 화장터 굴뚝 연기는 그래도 향기로울까 / 초연(硝煙) 십 리 사방 줄행랑에 / 두 눈깔 흰자위마저 / 시커멓게 썩을 까닭이 / 없었다 다만 조국 주권이 / 조국 주권을 팔아먹은 자가 있어 / 조국이 간석지로 밀려나간 것이었다 / 조국 주권을 팔아먹은 자가 있어 / 그 족속이 유랑을 업으로 삼았었다 / 그러므로 자식을 낳아 기르는 것도/ 업으로 삼을 수밖에 없어 / 순(順)이의 봄을 오십 원에 팔았은들 / 애비를 나무랄 자 없이 되리만큼 / 조국은 어디로 가버려(이하 생략)

* 우전천 : 스미다가와, 일본 도쿄에 있는 강.   * 천기 심천구 : 가와사키 후카가와 구

―『제신의 분노』(설정식, 신학사, 1948. 11. 18)

1923년 10월 27일~11월 3일 진재 조난 환영회

- 민족애, 인류애는 민족애에 시(始)한다
- 진재 후 경제계에 대한 고찰 선우전 -《동아일보》, 1923. 10. 28, 1면
- 정안리 읍고 조국동포서 - 같은 날《동아일보》, 6면
- 일본진재당시의 사망한 동포를 추도함 - 같은 날《조선일보》, 1면

- 생환 유학생의 위로회 장연구락부 발기 유학생 임병주 씨의 감개무량한 답사　　　　　　　　　　　　　　　　　-《조선일보》, 1923. 10. 29
- 진재 조난자 환영회. 제주도 신좌면 함덕리 거주자로서 동경에 고학급 출가한 자 18인이 유한대 금전 진재에 제하야 생사를 부지하던 중 거 1월 13일에 거개 무사 귀향하였으므로 이내 유지 제씨의 발기로 18일 당지 보습과 운동장에서 환영회를 개최하였는 바 조난자의 구사일생된 경력담과 본리 학교 학생의 환영 창가 등으로 2천여 회중은 희비교집리에 산회하였더라(제주)
  - 정안립 읍고 조국동포서　　　　　　-《동아일보》, 1923. 11. 1

1923년 11월 1일 강화 유학생 소식과 3일 전남 순천 보성벌교 귀국 동포 위로회
- 강화 유학생 소식, 강화인으로 동경에 유학하는 자가 30여 인에 달하는데 과반 대진재로 인하여 구사일생의 곤란을 상비하면서 겨우 사역을 탈하여 무사 귀환자는 좌기와 같으며 기여도 무사한 듯 하더라

오영섭(23), 고학후(18), 오정식(22), 윤은구(24), 정연창(22), 유인성(21, 강화)
― 《동아일보》, 1923. 11. 1

1923년 11월 3일 귀환 동포 위로회
• 귀환 동포 위로회. 전남 순천군 4면 농민대회의 주최로 거 10월 28일에 해당 동산리에서 진재지로부터 귀환한 동포 23인을 환근(歡近)하여 위로회를 개최하였는데 임시석장 김기수 씨가 개회를 선언한 후 회의 취지를 설명하매 순천농민연합회 위원 박병두 임태유 양씨의 감상담이 있었으며 순천경찰서 사양경부의 축사와 귀환 동포 중 황지훈 씨의 답사가 있은 후에 폐회하였는데 당일 석상 전곡간에 기부한 인원이 58명에 달하였더라 (순천)　　　　　　　　　　　― 《동아일보》, 1923. 11. 3

• 귀국 동포 위안회. 과반 일본진재지로부터 무한한 신고와 몇 번이나 죽을뻔한 곤경을 지내고 근근이 귀국한 우리 형제가 하 지방은 물론하고 많이 있음은 사실. 그런데 보성벌교지방청년회에서는 동포를 위안하기 위하여 부근에 주소를 유한 14인을 동회관에 초대하여 거월 25일 오후 6시에 만찬회를 개최하는대 유지 40여인이 열석되어 해외 총무 신이균 씨의 개회사와 재지로부터 돌아온 김영돈 씨의 감사장과 급 경과설이 유하였는데 경과설을 들을 때에 누구나 무한의 감상이 유하였는데 차에 동 주재 소전원경부보의 감상담이 유한 후 낭자한 배반으로 재생함을 위로하고 오후 8시 30분에 폐회하였더라 (벌교)　　― 《조선일보》, 1923. 11. 3

1923년 11월 4일 신시 「명월야」 박팔양

저 달이 어젯밤보다 더 고운 저 달이 / 송림 우거진 뒷산 위에 저렇게 높았으니 / 일상 모이는 우리의 놀이터에는 / 사랑하는 친구들이 모였겠고나 // 동무야 이곳에 모인 울음동무야 / 울어 무엇하리(울어도 설움은 설움) / 초로 같은 인생 덧없는 인생의 꿈을 / 창백한 저 달 아래 울어 무엇하리 // 울지 말어라 / 서러운 나라 나그네야 울지를 말어라 /『달아달아』찾던 옛날의 우리가 아니거든 / 저 달을 보고 춤추라고 이곳에 모였더냐 / 은쟁반 같은 저 달은 설움 덩어리 / 한 많고 정 많은 사람의 무리의 / 흐르는 눈물이 모여드는 곳 / 아아 동무야 울음을 그치고 저 달을 보아라(이하 생략)
― 김여수(본명 박팔양),《동아일보》, 1923. 11. 4

모진 바람 때 없이 불어와서 / 허공에 높이 꽂은 반월성 펄럭대일 때 / 오! 동방의 풍운은 급하고나 / 토이기의 존망지추 이르렀구나 // 사람이 없는냐 반월성 아래 / 조국을 위하는 사람이 없느냐 / 누가 반월성 아래 사람이 없느냐 // 일대의 열혈아 케말파사가 / 용감하게 칼자루 손에 들고서 / 조국을 위하여 분기하지 아니하였느냐 // 오! 케말 파사여 구국의 신이여 / 그대의 조국을 사랑함이 / 어찌 그리도 절실하던고! // 세상 사람아 여기를 보라 / 이 애국의 용사 열혈아를 보라 / 동방제국의 모―든 남아를 위하여 / 만장의 기를 토하고 있구나 // 오! 케말 파샤여 / 애국자의 수호신이여 / 나는 그대를 노래하노라 / 천추 만세 다―지나도록 / 그대의 이름은 빛나리로다(尾)　　― 김여수,「케말파샤의 찬가」,《동아일보》, 1923. 2. 11

1923년 11월 5일 경부보를 불공대천지수

● 휴지통. 진도 경찰서에 견야라던가 하는 경부보가 있는데 금번 동경 진재 후에 동경을 갔다오는 길에 차속에서 여러 사람을 보고 조선 사람의 죄악을 있는 말 없는 말 선전하였다. 명색이 관리라는 자기는 그러하면서 진재 후에 동경서 피난하여 나온 동군의 유학생들에게는 무수한 압박을 하면서 칭원이 자자하다고 한다 여간 시골구석의 경부보는 고사하고 총독부 안에 양수 탁자를 앞에 놓고 천하국가 정치가로 자처하는 사람들도 이와 똑같은 모순된 일을 하는가 견야모를 나무라할 것은 없기도 하다만은 꼭 한가지만 물어보겠다 대관절 경찰서에 있는 영감 나으리는 아무런 말을 하던지 류언비어 취체령에도 안 걸리는지 진도의 백성들은 그 경부보를 불공대천지수 같이 안다나

— 《동아일보》, 1923. 11. 5

● 오해모는 징역 1년 반

진재 중에 폭발물을 가지고 황천 부근을 배회하였다고, 폭발물 취체 규칙 위반으로 동경에 지진이 있던 9월 2일의 혼란한 중에 다이나마이트 11개와 뇌관 5개를 가지고 황천[荒天] 부근을 배회하던 경남 출생 오해모(27)에게 대하여 지난 3일 폭발물 취체법 위반으로 징역 일 년 반의 판결이 있었다더라(동경전보)

— 《조선일보》, 1923. 11. 5

1923년 11월 8일 7,061명 동포 부산 상륙

● 일본 진재 후, 7,061명 동포 부산 상륙

 9월 7일부터 11월 3일까지 일본 진재지에서 부산 상륙 귀환인은 총수 8,153명인데 내역은 여좌와 같더라 조선동포 7,061명 중 학생 1,356명 일본인이 1,010명 외국인이 47명이라더라(부산)

－《동아일보》1923. 11. 8

● 진재 여파가 습해호 객월 인정공박소 설정

 인천부 율목리 공동숙박소 객월 성적을 조사하건대 숙박실 인원수는 조선인이 64일 일본인이 13인 바 차를 연인수로 보면 조선인 603인 일본인 64인에 달하며 동소에 직업소개를 원한 자는 조선인 80인 일본인 5인인 바 취직케한 수는 진재 후 재계 부진의 영향이 다하여 적당한 처가 희소하여 종래보다 극히 곤란한 상태이었으나 백방으로 교섭하여 조선인 취직자는 7인 일본인은 1인이었으며 동경진재 후 일본인의 숙박과 구직이 점차 증률되는 현상이라더라(인천)

－《조선일보》1923. 11. 8

1923년 11월 10일 진재 후 귀환수 2만 8천여 인

● 진재 후 귀환수 2만 8천여 인

　관동진재 이후로 일본에 재유하던 조선인은 연일 계속하여 2백 내지 4, 5백 명의 귀래자가 유하다 함은 기보와 여하거니와 총독부 경무국에서 조사한 바에 의하면 9월 1일부터 10월 말일까지의 귀래 총계는 28,443명이요 기 직업별을 시하면 학생 1,779인 노동자 25,458인 기타 1,206인 바 재유지는 동경에서 학생 1,574인 노동자 3,869인을 위시하여 산구[山口]에서 노동자 4,189인과 대판[大阪]에서 3,105인 등이라더라

-《동아일보》, 1923. 11. 10

● 유학생 강연회의 상황

　황해도 재령 출신으로 동경에 유학생 학우회에서는 과반 동경진재로 인하야 귀환한 학생 간에 돈의친목하자는 목적으로 거 6일 하오 8시부터 동부예배당에서 김근호 군의 사회로 강연회를 개최하였는데 연사 송순일 군은 '가정의 불안'이라는 연제로 이영환 군을 '어찌라랴는가'라는 연제로 김치행 군은 '창조인가 향락인가'라는 연제로 이수연 군은 '대알 환원하라'라는 연제로 황세문 군은 '하로방랑 3천리'라는 연제로 각기 열변을 토하고 금강산 탐승담으로 끝을 맺고 무사히 산회하였더라 (재령)

-《조선일보》, 1923. 11. 10

1923년 11월 12일 류종열과 류겸자 음악회

● 진재동포 구제음악 가하(可賀)할 류종열 씨 부처의 호의 금월 하순경에 부부가 건너와서 대개는 이틀 동안 개최할 예정

조선민족미술관을 경영하는 일본 동양대학 교수 류종열 씨는 금월 25~26일 경에 조선에 건너온다는데 씨의 부인으로 성악계에 유명한 류겸자 여사로 동행하여 경성에 체재할 동안에는 음악회를 열어서 그의 수입되는 입장료는 금번 일본 관동지방의 지진으로 인하여 비참한 중에 있는 조선인 이재민을 구제할 계획이라는데 시일과 장소는 아직 알 수 없으나 대개 경성에서는 이틀 동안을 개최할 예정이라 하며 원래 씨의 부부로 말하면 조선인에게 많은 동정의 마음을 가져서 미래부터 우리가 매우 감사히 생각하던 바인데 이번에 또 이와 같은 계획이 있는 것은 실로 반가운 일이라 하겠다더라 　　　　　　　　　　－《조선일보》, 1923. 11. 12

망우역사문화공원에 잠들어 있는 아사카와 다쿠미 선생은 야나기 무네요시[류종열]와 조선민족미술관(당시 경복궁 집경당, 현 국립중앙박물관)을 개관(1924)하기 위한 기금 모금으로 프랑스 유학파인 야나기 가네코(류겸자, 류종열의 부인) 소프라노를 초청하여 1920년 5월 4일 한국 최초의 서양음악회를 개최하였다.

동경대학 후문에 가까운 일본민예관 서관의 손님을 접대했던 방에는 지금도 류겸자 소프라노 노래가 담긴 테이프가 라디오에서 돌아가며 손님을 맞고 있다.

1923년 11월 17일 중국 상해 〈추도가〉

● 대환영리에 무사귀경 신비행사 이기연 군 비행기를 타고 오지 못한 것이 유감 비행기만 빌려주면 한번 비행할 터
  — 《조선일보》, 1923. 11. 16

1923년 관동대지진 조선인 대학살 참상을
10월 20일 이후에야 비로소 이야기할 수 있어
조선인들은 국내외 곳곳에서 추도회를 열었다
국내에서도 추도회가 열리긴 했었지만
일제 경찰의 검열과 감시로
지진이라는 자연재해로 인한 사망자들을 위한 것처럼 보도되었고
일본과 중국 상해에서 열린 추도회에서만
학살로 인한 피살자들에 대한 추도임을 밝혔다

1923년 11월 17일 오후 7시 중국 상해대한교민단이 주최한 추도회는 삼일당(三一堂)이라는 곳에서 '추도피학살교왜동포지령'이라는 글씨를 내걸고, 김명준의 식사, 조덕진의 피해 상황 보고, 인성학교 학생들의 추도가, 조완구(대통령장, 임시정부)의 추도사로 진행되었는데, 그때 상해임시정부가 운영하던 초등과정 학교 인성학교 학생들이 부른 추도가의 가사는 아래와 같고, 작사, 작곡가는 알려지지 않았다.

1. 독사여호 겸한 원수 / 제 죄로서 닙은 천벌 / 지다위*를 밧은 우리 / 참혹할 사 이 웬일가

   * 지다위 : '자기 허물을 남에게 덮어씌우는 짓'을 말하는 순우리말

   후렴, 아프고도 분하도다 / 원수에게 죽은 동포 / 하느님이 무심하랴 / 갚풀 날이 멀지 않소

2. 산도 셜고 물도 션대 / 누로 해서 건너갓나 / 땀 흘리는 구진 목숨 / 요것까지 쌔앗는가

3. 나그네 집 찬 자리에 / 물 쥐어 먹고 맘 다하여 / 애끌히던 청년 학도 / 될성부른 싹을 썩어

4. 온갖 소리 들씌우어 / 니를 갈고 막 죽었네 / 저 피방울 쏘친 곳에 / 바람 맵고 서리 차아

   － 《독립신문》, 1923. 12. 5

● 11월 17일 같은 날 같은 시각 일본 고베[神戶] 시에 살던 동포들도 관서학원[關西學院]에서 "요코하마[橫浜] 지방에 지진이 났을 때 무참히 '살해'를 당한 조선동포를 위하야" 추도회를 열고, 김이곤의 개회사, 김영찬의 보고, 최형렬 등의 추도문에 이어, 박화숙 김은혜 양의 추도가가 불렸다

상해의 인성학원 학생들이 목놓아 부른 추도가와 똑같은 노래인지 알 수 없다

－ 《동아일보》, 1923. 12. 1

1923년 11월 28일 순창 동포 15인 추도식

● 진재 중에 참사한 동포의 추도식을 순창에서 거행, 순창 동포로만 참사한 이가 15인.

　전북 순창군에서는 동경 진재 중에 무참히 사망한 동포 15인의 원혼을 위로하기 위하여 동군 유지 신승휴 최규홍 외 6인의 발기로 지난 11일 오후 1시경에 읍내 소작인 상조회관에서 추도회를 열고 성대한 추도식을 거행하였다는데 장내에는 말할 수 없는 슬픔 속에서 엄숙히 거행하는 중

　당일 추도식에 참례한 참사자의 가족들은 그 얼굴에 형언키 어려운 슬픔을 띤 속에서 조한균 씨의 엄숙한 개회사로 시작되어 곽명규 조학윤 양씨의 슬픔에서 우러나는 비장한 추도사가 있은 후 계속해서 동경진재 중에 참경과 고통을 겪고 구사일생으로 목숨을 부지하여 돌아온 우치홍 씨의 추도회가 끝나자 죽은 동포 부모형제 처자들이 고인을 생각하고 호곡하는 형용은 보는 자로 하여금 두 줄 눈물을 금치 못하게 하여 현장은 참담한 광경을 이루었는데 추도식은 비애 속에 무사히 끝을 마치었는데 동경진재 중의 죽은 동포 씨 명은 아래와 같더라

　김재근, 김홍삼, 김정근, 김순갑, 김삼쇠, 김한권, 최병준, 김규복, 리기표, 김창석, 서막동, 배우홍, 리철우, 로봉문, 류석 등이다.

　－《조선일보》, 1923. 11. 28

● 진재피해동포를 추도, 상해 대한교민단의 주최로 17일에 삼일당에서 개최

지나간 17일 오후 7시 반에 상해에 있는 대한교민단의 주최로 진재 피해 동포 추도회를 불국 조계 삼일당에서 개최하였는데 민단종무 김붕준(대통령장, 임시정부) 씨의 사회 아래 애국가로써 개회하고 모든 명사들이 단에 올라가서 비분강개한 추도 연설이 있었고 당일은 비가 쏟아짐에도 불구하고 거류동포가 많이 모였는데 그중에 통곡하는 이도 있었다더라(상해)
― 《조선일보》, 1923. 11. 28

1923년 12월 5일 독립신문 김승학 추도문 추도가

● 일만의 희생자!!! 본사 피학살 교일동포특파 조사원 일신

독립신문사 희산 선생 앞에
슬프다 7천의 가련한 동포가 적지에서 피바다를 이루었다.
희산 선생! 바람은 소소하고 하늘은 높으며 구름은 맑고 해는 따뜻하든 가을날에 선생과 분몌한 살아 있는 우리들은 천신만고 중에서 구사일생으로 10일 만에야 겨우 초토로 화한 동경에 이르러서 즉시 책임을 맡은 지방으로 각각 헤어졌나이다. 그러나 선생이 상상하실 수 있는 것과 같이 상세히 소임을 다하기는 극히 곤란하였나이다. 그러므로 가을을 다 지나고 백설이 분분하는 이때에야 겨우 각지의 보고를 종합하여 제1차로 대강을 적어 올리오니 더 자세한 것은 다음 편을 기다리시고 우선 갑갑한 것만 푸시기를 비나이다. 과연 살아있는 우리들의 생활을 심히 부자유하여 정처가 없사오며 통신은 더욱 불편하여 길게 보고할 겨를과 편의가 없사오니 이것을 깊이 혜량하여 주시기를 비나이다.
선생! 적지 동경의 참혹한 꼴은 가련다는 것보다는 축하를 하겠더이다. 그놈들이 우리를 학살한 것을 생각하면 더욱 분하고 이가 갈리며 적토가 전멸되지 않은 것만 한하나이다. …(이하 생략)…
대한민국 5년 11월 28일, 피눈물속에서 ○○○상, 독립신문사 희산 선생 앞에

1923년 12월 5일자 《독립신문》 희생자 6,661명

상해 독립신문사 희산 김승학 사장 및 주필 앞으로 보낸 동경으로 특파된 특파원의 보고서 서신 중 인사말이라 생각된다

기록에는 나고야의 한 잡지사에 근무하던 한세복으로 보는 견해도 있으나 확실한 것은 아니다

피학살 조선인 수 6,661명은 11월 28일까지 조사한 것이다

동경을 적지 적토로 기록할 정도로 임시정부 조사요원의 의식을 엿볼 수 있다

《독립신문》 12월 5일자 추도문과 추도가를 게재하며

상해의 한인교민단에서 개최한 1923년 11월 17일 재일조선인 학살에 대해 추도회를 자세하게 보도하였다.

추도문

나라가 망함은 뉘 서러하지 않으리오마는 날이 갈수록 아픔이 더욱 새롭도다. 사람이 죽음에 뉘 불쌍히 여기지 않으리오마는 살아남은 우리의 아픔이 더욱 끝이 없도다. 하늘이 미워하심인가 허물이 아직도 남음인가. 저 무도하고 사람의 창자가 없는 악독하고도 포학한 원수 왜놈이여, 어찌하면 이때도록 참혹하고, 다시 말하고자 할 때에 가슴이 메이고 살이 떨린다. 지난 구월 원수의 나라 지동될 때에 저들의 독살 받아 무참한 여러

동포의 죽음이여. 그 얼과 넋이 얽히어 있으리라 하마한들 삭을 거나, 하늘이 무너지고 땅이 터지어 눈깜짝일 새에 바다가 뭇이 그 자리를 바꾸었으니 궁둥이를 들이밀 데가 있나, 목구멍을 넘길 것이 있나, 빨간 고깃덩이 딩구를 뿐이니, 사람의 창자로는 서로 붙들고 서로 가엾겠거늘 내 것을 다 빼앗고 나 목숨을 가져가면서도 무엇이 차지 못하여 아주 싹까지 없애려는가. 그 창자가 지다위를 내여 가지고 모조리 돌살풀이로 삼으니 쇠뭉치는 머리를 따리고 참대창은 가슴을 찌른다. 묶어 놓고 짓밟으며 몰아 놓고 총을 쏘니 피는 솟구쳐 내가 되고 살은 모여 뫼 되었네. 하늘이 높아 보지 못하는가. 귀신이 어두워 들임이 있는가. 희미한 안개같이 가벼운 먼지처럼 없어지고 날아가는 이 목숨은 파리보다 구더기보다 다름이 조금도 없구나. 어머니를 부르나 들림이 있는가. 아들을 외치나 앎이 있는가. 보이는 산에 나무들은 이슬로써 대신 울며 돌아가는 까마귀는 떼를 지어 조상할 뿐 뫼는 푸르고 물은 맑아 따뜻한 옷과 기름진 밥에 아비어미 봉양하고 아들딸을 길으면서 잘 살고 즐겁든 험고 원동안 내버리고 만리바다 한데를 무엇 하러 가셨던가. 아니 갈 수 없었구나. 등을 밀어 내쫓으며 집을 헐어 몰아내니 목숨부터 있는 동안 아니 가고 어찌하나, 불면 날까 쥐면 꺼질까 만지고 어른들 아가 자라 젊은이들 애쓰면서 배 주리고 속 태우고 참으면서 무엇 하러 가셨든가, 아니 갈 수 없었구나. 아니 가면 어찌하나 두 어깨에 지운 짐이 나를 몰라 보내나니 아니 가고 어찌하나. 밤은 깊어 고요하고 별은 홀로 반짝이는데 담아 싸인 이 원통이 넋이 아니 없고 있고 눈물지어 피가 된다. 언제나 이 원수를 갚아 볼꼬. 멀지 않으리로다. 물이 되어 솟치리다. 불이 되어 타일세라. 슬프다. 아프다. 목숨 남아 붙어 있는 우리들은 설움 위에 부끄럼 약하나마 힘쓸지니 얼이 얽힌 모든 분네 도움 있고 가르치리. 앞만 보고 나서리니 불 켜주오. 앞길 일랑 없으나마 모이리니 긁어주어 뒤 터진걸. 그친 비는 구슬구슬 우리 정성 그려내고 빛난 국기 펄렁펄렁 무슨 언약 긋던 듯이 후유! 섧은 지고 아픔이여 오직 눈물뿐이로다

재일조선인 학살만 보도한 것이 아니라 이를 통해 민족적 감정과 독립운동의 투쟁심을 고취시키고자 하였다. 관동진재로 위기에 처한 일본을 인도적으로 인식하기보다는 '적지', '적국'이라고 하면서 투쟁의 대상으로 삼았다.

1923년 12월 9일·10일 참사동포 추도식 전민철

● 참사 동포의 추도식

  북청청년회에서 거 9월분 동경진재 중에 참사한 좌기 동포 제씨의 추도식을 본월 15일 하오 1시에 본 회관 내에서 거행하기로 예정하였다더라
  참사 동포 전민철 이전국 이금호 고대철 이열성 정승현 정현빈(북청)

-《조선일보》, 1923. 12. 9

1923년 12월 10일 전민철 북청 청년 추도

● 북청 청년 추도

  북청 청년회에서는 종래 회원으로 동경에서 유학하던 중 금번 진재로 인하여 불행 사망한 좌기 제 씨에 대하여 래 15일 하오 1시 북청 청년회관 내에서 추도회를 개최한다고
  전민철 거산면 평리 이금호 평산면 서도리 이열성 속후면 하천리 정승현 동 강상리 정현빈 신창면 신창리 이전국 후창면 당우리 고대철 평산면 동중리(북청)

-《동아일보》, 1923. 12. 10

  전민철은 니혼[日本]대학 유학생으로 학우회와 천도교 청년회 도쿄지회의 중심인물이었다. 1921년 7월 하기고국순회강연 중 평안북도 박천에서의 연설 내용이 불온하다는 이유로 검거, 기소되었으나 평양복심법원에서

최종 무죄판결을 받고 도쿄로 돌아갔다. 이후 유학생들이 1921년 11월 5일 워싱턴회의를 향한 독립청원을 위해 '제2의 독립선언'을 했을 때 선언 주체인 5명의 '조선청년독립단'에 이름을 올렸고, 이 일로 출판법 위반으로 9개월의 금고형을 선고받고 복역하다가 1922년 11월 1일 만기 출옥하였다. 출옥 후 불과 10개월 만의 사망이었다.

　독립운동가 전민철 나라에서 어떠한 기림을 받았는지 국가는 무엇을 하였는지
　지금이라도 국가에서 독립유공자 서훈을 추서해야 하지 않는가?
　영원히 멈춘 청춘 언제 어디든 꽃봉오리 아니리

1924년 9월 3일 인천노동총동맹 추도회 조봉암

● 인천에서는 인천노동총동맹 주최로 인천공회당에서 '도쿄진재동포' 추도회가 열렸다. 8월 말부터 인천경찰서에서는 참여단체 대표자들이 분주히 준비하는 것을 파악하고 미리 주최자인 박창한을 불러 만일 '불온한 언동'이 있을 시에는 바로 조치하겠다는 경고를 해두었다. 당일 추도회는 정복 순사들이 추도회장 내부에 임석하고 사복 순사 10명이 참여자 속에 섞여 있고 경찰서에 예비경찰력이 대기하는 가운데 진행되었다.

천여 명이 참석한 가운데 노동총동맹 위원장 박창한의 개회사·추도사, 김봉학·정칠성의 추도가, 인천노동총동맹 대표 유순근과 인천소년회 대표 김장권, 시대일보 인천지국 장동식, 소년척후군 인천지부 김흥래, 제물포청년회 김규원, 조선일보 인천지국 최진하, 인천 신우친목회(신문배달부 단체) 정학조, 인천객주조합 정공환, 여성동우회 정칠성, 인천불교진흥회 박해련 등이 차례로 추도문을 낭독한 후 경성건설사 정수일, 북성회 기관지 척후대사의 송봉우, 조선노동총동맹 조봉암, 통학생 중으로 학생 엄영섭 등의 '추억담' 등을 진술하여 애도하는 뜻을 표하고 애도가로써 식을 마쳤을 때는 열시 반경이었더라(인천)

조봉암은 이때 단상에 올라 약 2, 3분 동안 묵도를 하고 나서 "관헌의 단속이 엄중하여 내가 생각하는 바를 말할 수 없다. 여러분과 동감하며 애도의 뜻을 표한다"라고 말했다.

● 도쿄 북성회·척후대사에서 보낸 추도문은 경찰이 사전에 검열, 압수하여 낭독하지 못했지만, 추도회는 중도 해산 없이 끝까지 진행되었다.

압수당한 척후대사의 추도문의 일부를 발췌, 인용하면 다음과 같다.

"한 많은 산천을 등 뒤에 두고 북으로 압록강에 눈물을 버리고 시베리아에 유리하며 바다 현해에 한숨을 남기고 일본에 표류하다가 죽음을 구확에 던진 것은 그 수를 헤아릴 수 없다 …(중략)…

까닭 모를 유언비어 때문에 그들이 생을 저주하는 함성 예리한 죽창 모진 대곤봉 검광 총성에 살벌장 속에 그들은 아무 저항 없이 종용히 양과 같이 살벌장의 제물이 되고 말았다. 쓰러진 시체 위에 선혈이 세례하고 그리고 충혈된 안광의 감시 아아 그때에 참담하고 비절한 정경과 공포야 상상에 맡길 수 없다"

조선에 옥토가 남북에 가득하나 빵에 주려 쫓겨나간 그들 조선 3천리나 있을 곳이 없어 천애지각에 전시하는 그들의 역사적 사명이 중대한 그 귀여운 생명을 반만리 운외이역에서 마귀에 독수에 제물로 공하였으니 이것이 약자인 까닭이라고 하면 생존한 아등도 도리어 우리의 신분을 조상하려니와 그렇다 한다면 인류의 역사에 이만한 참담비절한 죄악의 기록 또 어디 있었을까 우리는 참살을 당한 동포 중에도 더욱 많은 노동자의 많은 죽음을 서러워한다. 동일한 운명을 가졌습니다.

우리는 이역 창공에 떠도는 그들의 원한 많은 혼을 위하여 울자, 그리고 풍전잔등 같은 우리의 생존을 위하여 울자, 울음을 지나면 환희가 있다.

비록 경찰의 단속으로 읽히지는 못 했지만, 조선인 학살의 배경, 이유, 참상 등이 고스란히 담겨 있다. 그렇지만 식민지 조선은 학살당한 동포를 위해, 가까스로 살아남았지만 언제 다시 죽음이 닥칠지 모르는 풍전등화와 같은 스스로를 위해 충분히 슬퍼하고 분노하고 울 수 있는 상황이 아니었다. 그래도 작은 눈물은 이어졌다"

― 《동아일보 · 조선일보》, 1924. 9. 3

 죽산 조봉암 가난하여 급사로 사회의 문을 열고 3·1운동에 참여하여 감옥 생활 후 사람이 달라졌다
 일본에 박열 등과 민중을 위하여 고민하다 노동운동에 힘을 쏟아 신문에 일본군 관련 두 번 노동자단체장으로 이름이 올랐다고 서훈의 기준에 맞지 않아 미서훈독립운동가이다
 이화여고 교복 입고 박마리아 앞에서 아버지 사형집행 막아보려 피눈물을 흘린 딸 조호정 이제는 눈물샘도 말라버려
 술 한 잔과 담배 한 개 피고 싶다는 사형집행 날짜와 시각인 매년 7월 31일 오전 11시 망우리엔 사법살인 깃발이 펄럭인다
 지금도 묘지 앞 사색의 길을 지나가며 빨갱이 공산주의자라 눈을 흘긴 이가 많다

시인 영랑 김윤식

1903년 1월 16일 부친 김종호와 모친 김경무 사이에 2남 3녀 중 장남으로 태어났다
1915년 3월 강진보통학교를 졸업하고 이듬해 상경하여 기독청년회관에서 영어를 수학한 후 휘문의숙에 입학했다
어릴 때는 채준으로 불렀으나 윤식으로 개명하였으며
영랑은 아호인데 문단 활동 시에는 주로 이 아호를 사용했다
휘문의숙 재학 시절이던 1919년 3월 1일 기미독립운동이 일어나자
자신의 구두 안창에 독립선언문을 숨겨 넣고
강진에 내려와 강진 4·4만세운동을 주도하다가
일본 경찰에 체포되어 대구형무소에서 6개월간의 옥고를 치렀다
1920년 일본으로 건너가 청산학원에서 수학한 시인은
박열과 하숙을 같이 하며 용아 박용철 시인 등과 친교를 맺었다
1923년 관동대지진으로 학업을 중단하고 귀국한 후에
휘문고보 동기인 최승일의 여동생 숙명여중 최승희와 사랑하다
양가에서 결혼을 반대하자
강진읍 안채 뒤안 동백나무 가지에다 목을 맸으나
머슴이 발견하여 실패한 뒤 시 창작활동에 몰두하였다
1930년 3월 창간한 《시문학》지를 중심으로 박용철, 정지용, 이하윤, 정인보, 변영로, 김현구, 신석정, 허보 등과 함께
순수정서 시어의 조탁 음악성 등 시문학파 새 장을 열었다

영랑은 시집을 발간하며 제목 없이 펴냈다
제목에 얽매어 시를 바로 보지 못한다는 뜻이었다고
선친의 말씀을 셋째 아들 김현철 기자는 얘기한다

영랑이 여순항쟁 '반란실정 문인조사반'으로 다녀와
《동아일보》1948년 11월 16일에 발표한 시 두 편 중 「절망」을
1949년 한국문화단체 총연맹에서
『반란과 민족의 각오』을 펴내면서
'군병'이란 시어를 '반도'라고 고쳐 발표한 뒤
유가족과 관계자들의 원망을 들어 왔고
후손들에게 사과를 요구하였으나
올 6월에 영랑의 셋째 아들 김현철 기자와 필자의 노력으로
정부의 보이지 않는 손에 의해
왜곡 전해지게 되었다는 것을 밝혀냈다.

시인 용아 박용철

　박용철은 배재고보를 거쳐 16세 때 동경으로 건너가 청산학원에 편입한 용아는 졸업 뒤
　동경외국어학교 독문과에 진학했다가
　관동대지진으로 자퇴했다
　연희전문 문과에 편입했으나
　이마저도 서너 달 만에 중퇴했으나
　스승인 정인보(독립장, 문화운동)와 변영로를 따르게 됐다
　용아가 문학에 깊은 관심을 쏟기 시작한 것은 동경 유학 시절이었다
　그때까지 문학을 알지 못했던 그는 새로운 분야에 큰 호기심을 갖게 됐다
　그의 내면에 감춰졌던 문학적 재질이 서서히 껍질을 벗기 시작했다
　문학에 대한 그의 개안은 같은 전남 출신인 영랑에 의해서였다
　뒷날에도 그는 말버릇처럼 "윤식이가 나를 외도하게 했다."고 되뇔 정도였다
　영랑도 용아 사후에 나온 박용철 전집 후기에 "실상 벗은 그때 아직 문학이니 시(詩)니 생각도 않던 때였는데 내 공연히 벗을 끌어들여서 맛을 붙이게 하고 글재주를 찾아내려 했으니-"하고 술회했다.

영문학자 이하윤

언론인 시인 번역가 연포(蓮圃) 이하윤은
1906년 4월 9일 강원도 이천군에서 아버지 이종석과 어머니 이정순 사이에서 태어났다
1918년 이천공립보통학교 1923년 경성제일고등보통학교(현 경기고등학교)를 졸업하고
일본으로 유학해 1926년 호세이대학 예과를 수료했고
1929년 호세이대학 법문학부 문학과를 졸업했다
호세이대학 재학 중 문학 활동을 시작하였고
주 전공은 영문학이었지만 따로 프랑스어와 이탈리아어, 독일어 등을 배웠다 조선 문단에 외국문학을 번역 소개하는 것을 목표로 활동하였다
주로 영국과 프랑스의 시 작품을 번역했다

일본에 건너가 대학 예과(고등학교)에 들어가던 해
9월 1일엔 관동의 대지진으로 동경이 불바다가 되었다
"수많은 동포가 무참하게 학살당한
그 고장에서 우리들은 외로운 줄도 모르고 공부를 지속하였다
아마 외로움을 모르는 것이 가장 행복할지도 모르는 일이다."(서사 여화 「외롭지 않다」, 이하윤(서울대 사대 교수, 비교문학),《동아일보》, 1966. 5. 31.)

그의 수필 중 「메모광」이 제6차 교육 과정상의 중학교 2학년 국어 교과

서에 수록되었다

특히 목욕탕에 있을 때 메모를 하지 못하는 아쉬움을 나타낸 것이 압권이다

이하윤이 작사한 작품은 목록에서 확인되는 것만 176곡이며, 이 중에서 가사를 찾을 수 있는 곡은 162곡이다. 162곡을 주제별로 살펴보면, 이성, 인생, 자연, 시국 관련 작품의 순으로 나타나는 것을 알 수 있다. 이 중에서 이성 관련 작품은 임이 부재한 상황에서 임에 대한 그리움을 표현한 노래가 가장 많았다.

이하윤 작품의 특성은 '비극적 낭만성(melancholy)'이라고 규정할 수 있다. 이하윤의 작품에서 청각이미지를 환기하는 시어와 자연 상관물로 등장하는 갈매기와 같은 바닷새도 주로 작품의 비극적 낭만성을 강화시키는 기제로 활용되었다.

극작가 유치진

극작가 유치진은 1920년 16세의 동랑은 치환 치상 두 아우와 함께 연락선을 타고 일본에 유학 동경 풍산[豐山]중학교에 입학하였다. 진리의 길을 밝히는 학문으로 철학을 공부하려 하였다. 문학책을 찾아 쇼펜하우에르 니체 체홉 등을 탐독했다.

문학청년들을 모아 〈토성〉이란 문학 그룹을 만들었다.

박명국 김성주 최두춘 장노제 등으로 동인지 〈土星〉을 냈다.

3, 4년 유지하다 폐간되었다.

무정부사상에 휩쓸렸다. 호도 난각(亂角)이라 지었다.

상급하게 되던 1923년 9월 동경을 중심으로 관동대지진이 일어났다. 이때를 틈타 일인들의 참혹한 조선인 대학살이 시작되어 일인들은 죽창이며 일본도를 들고 떼지어 다니며 닥치는 대로 조선인을 학살했던 것이다.

"조선인 대학살은 나치의 유태인 학살보다 더욱 악랄한 것이었습니다. 기록조차 남아 있지 않을 뿐더러 이제까지 정식으로 문제시된 일도 없잖습니까. 이것은 언제고 반드시 커다란 이슈가 되어 죽은 이들의 원한을 풀어주어야 하는 게 우리 민족의 영원한 과제일 것입니다."

라고 동랑은 힘주어 말한다.

관동대지진을 계기로 낭만에 젖어 있던 동랑의 사상은 1백 80도 변하여 학대받는 민족을 위해 일인에게 원수를 갚아야겠다는 생각이 들었다.

그리하여 가장 대중들에게 직접적인 감동을 줄 수 있고 선동적이며 계몽적인 문학형태로서 연극을 하기로 마음먹었다. 백발의 증인 원로와의 대화 묻혔던 생애 비화 후세에 남기련다.
　　　　　　　　　-「내가 겪은 20세기 동랑 유치진」,《경향신문》, 1973. 6. 23

　충무의 가난한 집에 태어나 3형제가 중학교부터 동경에 유학 중
　"식민지 백성이라는 절망감 때문에 열렬한 아나키스트로 자처하던 유학시절, 일인이 한인 학살 참극을 벌였던 관동진재를 만나 구사일생을 살아남고부터 연극에 눈을 뜨게 되었지요. 가장 선동적이며 계몽적인 민중운동으로 연극이 적당하다고 생각하여 그 공리성에 매달린 것입니다"
　그리하여「소」,「토막」등 초기 대표작을 내며 민족 극술(劇術)을 수립하기 위해 안간힘을 쓰던 청년시절 …(생략)…

　3·1혁명에 제2탄생
　관동대지진에 제3탄생이라 하였다
　　　　　　　　　- 극작가 유치진의 회고록,《경향신문》, 1974. 1. 17

수필가 이양하

대한민국의 영문학 교수, 수필가.
1904년 평안남도 강서군에서 태어났다. 평양고등보통학교를 졸업하고
교토 제3고등학교(현 교토대학 교양학부 전신) 입학하여
관동대지진 조선인 대학살 참상을 목격하고
1930년 도쿄제국대학 문학부 영문과, 1931년 동대학원을 수료했다.
귀국하여 1934년부터 연희전문학교 교수를 역임했다.

연희전문학교 시절 제자 윤동주는
그의 시집 『하늘과 바람과 별과 시』를 3권을 엮어
한 권은 이양하 교수에게
한 권은 절친한 친우 정병욱에게
그리고 나머지 한 권은 윤동주 본인이 소장하였다.

광복 후 1945년 12월 15일부(1946. 12. 24. 미군정청 임명사령 제56호)로 경성대학
법문학부 영문학 교수로 임명되었고
이후 서울대학교 문리과대학 교수가 되었다.
1963년 2월 4일 췌장암으로 서울대학교부속병원에서 사망했다.

수필 가운데 「경이, 건이」는 1940년 동아일보에 발표되었고
1975년부터 1983년까지 중학교 3학년 국어 교과서에 실렸는데

이 수필에 등장하는 건이가 바로 2대 민선 서울특별시장을 역임한 고건 전 국무총리다.

고건 전 총리의 부친인 고형곤 전 서울대 철학과 교수와는 연희전문학교 교수 시절부터 동료로 일한 친구 사이다.

1995학년도 대학수학능력시험에 「나무」 2013학년도 수능에 「신록예찬」이 출제되었다.

수필가 삼오당 김소운

김소운 고발수필 동경 9월 1일 62년 전 오늘 낮 12시
관동대진재 동경은 생지옥 조선인을 죽여라
고 김소운 씨의 고발 수필 「東京 9월 1일」 군-관-민 광란 4일 6천 명
학살 자경단, 만행하는 일경까지 폭행
1966년에 쓴 것으로 보이는 수필   -《조선일보》, 1985. 9. 1

관동대진재를 겪은 김소운은
츠보이 시게지[壺井繁治]의 시 「十五圓 五十錢」와 에구치 칸[江口渙]의 수기 관동대진 재회상기」를 들어 당대의 상황을 설명하기도 했다.(김소운. 1968. 11. 20, 『하늘 끝에 살아도』. 동화출판공사. 71~84쪽)

망우역사문화공원의 극작가 함세덕이 진고개 일한서점 점원일 때
단골손님으로서 함세덕을 유치진에게 소개하였다
일본어를 일본인보다 더 고급지게 구사하여
1929년 발행된 『조선민요집』은 일본인들도 감탄했다

소설가 한설야

북한의 정치인 겸 문학가 본명은 한병도이다
한설야 이외에도 설야(雪野) · 만년설(萬年雪) · 한형종(韓炯宗) · 김덕혜(金德惠) ·
윤영순(尹英順) · H생 등의 필명을 사용한 바 있다
1915년 아버지를 따라 상경해 경성제일고등보통학교에 입학하였다
후일 정적이 되는 박헌영과는 동기 사이
새어머니와의 극심한 갈등으로 인하여
1918년 함흥고등보통학교로 전학해 1919년 졸업했다
졸업 당시 전국적으로 일어나던 3·1운동에 참여하였고
3개월 정도 옥고를 치렀다
출옥 후 함흥법학전문학교에 진학했지만
재학 중에 반일 성향의 동맹휴학을 주도한 혐의로 학교에서 제적을 당
하였다
다음 해 1920년 북경시 익지영어학교에서 1년간 사회과학을 공부하며
중화민국 육군성에 근무하던 조선인 관리의 집에서
가정교사 노릇을 하며 학비를 벌었다
1921년 귀국해 북청군 학습강습소에서 교사로 근무했고
이때《매일신보》에 시「부벽루에서」를 발표했고
이후 정식으로 등단하기까지
10여 편의 창작시와 번역시 소개문 추도문 등을 발표했다
1923년 일본 도쿄로 건너가 니혼대학 사회학과에 입학해 유학 생활을

하였다
  이 시기 일본의 사회주의자들과 교류를 하며 사회주의에 본격적으로 입문했다

  1923년 관동대지진이 일어나자 대학을 휴학하고 그해 가을 귀국했다

  1924년 북청군 대성중학교에서 교원으로 근무하다가
  '북청자전거운동회 사건'으로 인해 북청군을 떠났다
  1925년 1월 단편소설 「그날 밤」《조선문단》으로
  신나게 까내리던 이광수의 추천을 통해 등단하였다
  이 가운데 1926년 봄에 아버지를 여의고
  가족과 함께 중화민국 봉천성 동변도 무순현으로 이주했고
  창작활동을 이어 갔다
  1927년 1월 다시 조선으로 귀국했고, 카프에 가입했다
  이 시기 이기영과 조명희를 알게 되고 친해진다

  초허 김동명 시인은 함흥 영생고보에 근무했다
  1936년 조선일보사를 그만둔 시인 백석이
  영생고보 영어교사로 부임했다 초허보다 열두 살 아래였다
  초허를 도와 교지《영생》을 만들었다

문학평론가 백철도 백석과 거의 비슷한 시기에
영생고보 영어교사로 부임했다
소설가 한설야도 카프 제2차 검거 때 체포 구속되었다가
풀려나 고향 함흥에 있었다
서점과 인쇄소를 운영하며 초허와 교류하며
객지살이하는 백석의 정신적 든든한 후원자가 되었다

시인 백석은 조선어학회 사건을 함흥감옥에 갇힌 신현모(애족장, 문화운동) 선생이
일본으로 유학을 보내준 은혜를 갚기 위해
옥바라지하러 함흥에 온 기생 김진향(자야)을 만나 사랑에 빠진다

1949년 조선 유일무이 식물분류학자 장형두 서울대학 사범대학 부교수가
이종조카 밀수와 관련 경찰에 불려갔다 고문사 당한 사건을
신현모 제헌 국회의원이 정식 안건으로 채택하여 다루었으나
70년이 넘은 현재 그 장막 그대로 망우리의 별을 헨다

평론가 김문집

1907년 경북 대구에서 출생했다 필명은 화돈(花豚)으로
일본 와세다 중학과 마쓰야마[松山] 고등학교를 거쳐
도쿄 제국대학 문과를 중퇴했다
그의 비평활동은 1936년《동아일보》에「전통과 기교문제」(1. 16~1. 24),
같은 해《조선문학》에「문학비예술론자의 독백」(1936. 5) 등을 발표하면서
본격적으로 전개되었다
그는 당시《조선일보》에 비평론을 발표하던 이원조·최재서 등과 문학적 견해를 달리하는 평론을《동아일보》에 발표하면서 논쟁적인 글을 썼다
그의 비평 경향은 심미적이며 언어예술의 미적 형상성에 민감한 반응을 보이는 것이었다
김유정의 작품세계를 평가하는 글에서 이러한 경향이 잘 나타나 있는데
그는 거기서 "전통적인 우리말 어휘의 풍부함과 언어구사의 묘미가 중견의 대가들보다도 뛰어나다"고 지적하고 있다
1937년《동아일보》에 발표한「비평예술론」(12. 7~12. 12)에서는 "가치의 창조가 작가의 생명이라면 가치의 재창조는 비평의 혈혼이다"라고 하면서 비평이 지니는 창조적 측면을 강조했다. 비평집으로『비평문학』(1938), 창작집으로『아리랑고개』(1938) 등이 있다.
1939년부터 친일협력 행위를 시작했으며
다수의 친일 관련 글을 남겼다
1939년에는 조선문인협회 간사를 지냈으며

국민정신총동원조선연맹 총재부 촉탁을 역임하다가
1941년에 일본으로 건너가 귀화했다
김문집의 이상과 같은 활동은
『친일반민족행위진상규명 보고서』(Ⅳ-2: 친일반민족행위자 결정이유서, 524~556쪽)
에 관련 행적이 상세하게 채록되었다.

일본 여성 성악가 요시즈 나오코[吉津直子]와 결혼하여 유명세를 얻은 조일(朝日)커플로 최초의 바리톤 김문보가 김문집의 동생으로
두 형제는 관동대지진 조선인 대학살 당시 함께 일본 동경부 하룡야야 천서개원 973에서 기거하며 유학 중이었다

또한, 계정식 제금연주자는 독일유학 철학박사로 관동대지진 조선인 대학살 당시 동경 도요 대학 유학 중이었다

불문학자 손우성

필명은 노재비(盧再鼻)이며, 호는 범초
1904년 12월 6일 충북 청원에서 태어났다
경성제일고보를 다녔다
일본 호세이대학[法政大學] 불문과 재학 시절
동경에서 관동대지진 조선인 대학살 참상을 목격하고
1926년 도쿄에서 이하윤, 김진섭, 이선근, 정인섭 등과 함께
외국문학연구회를 조직하여 해외문학파의 일원으로 활약했다
1928년 대학을 졸업하고, 도쿄에 있는
'아테네 프랑세'에서 5년 동안 프랑스 문학을 공부했다
1945년 전매국에서 일하다가 청주사범학교에서 근무했다
1947년 성균관대 문리대 교수가 되었고
이후 성균관대와 서울대 등에서 프랑스 문학을 강의했다
문리대학장과 대학원장을 지낸 후 1970년 정년 퇴임했다
1981년 대한민국 학술원 원로회원이 되었다
한불문화협회장과 불어불문학회장을 맡아 일하기도 했다
2006년 5월 노환으로 세상을 떠났는데 그때 그의 나이 102세였다.
1927년 1월에 발간된 《해외문학》 창간호에
아나톨 프랑스, 사맹 같은 외국 작가의 작품을 번역하여 실었고
제2호에는 알퐁스 도데의 소설을 번역하였다
해방 후에는 주로 상징주의, 실존주의 등의 외국문학 사조를

비판적으로 소개하는 작업을 했다
1960년 《사상계》에 발표한 평론 「하늘과 땅의 비중」은
김동리의 「사반의 십자가」에 대한 본격적 비평으로 유명했다
그의 평론은 주로 자유정신과 사회참여에 대한 문제의식에 맞닿아 있다
1965년 간행한 평론집 『비정통 사상』에는
「지성과 오만」, 「한국 식자군의 사상 생활」, 「뼈 있는 자유」 등 31편의 글이 실려 있는데
주로 1950년대 후반부터 1960년대 전반에 걸쳐
한국사회와 사상의 문제를
매우 시니컬한 느낌으로 분석하는 글들이다
그밖의 저서로 『의욕의 장원』(1963), 『손우성의 유럽여행기』(2000)가 있으며
번역서로 사르트르의 『존재와 무』(1958), 몽테뉴의 『몽테뉴 수상록』(1963) 등이 있다.

동요 〈반달〉 작곡가 윤극영

아버지의 권유로 경성 법학전문학교에 들어갔다
법학에 흥미를 느끼지 못하고
음악에 끌렸던 21살의 청년은
우에노음악학교로 유학 갔다

관동대지진 조선인 대학살을 겪고 난 뒤
넋이 나간 채 돌아와 트라우마 헬 수 없다
윤극영이 다섯 살 때 시집간 첫째 누나가
꽃다운 나이에 저 세상으로 떠났다
대낮에 하늘을 올려다보았다
조각달이 하늘에 비스듬히 걸려 있어
번갯불이 스치고 지나갔다
집으로 돌아와 오선지를 찾았다
민중을 달래준 동요 〈반달〉이 태어났다

푸른 하늘 은하수 하얀 쪽배엔 / 계수나무 한 나무 토끼 한 마리 / 돛대도 아니 달고 삿대도 없이 / 가기도 잘도 간다 서쪽 나라로 // 은하수를 건너서 구름 나라로 / 구름 나라 지나선 어디로 가나 / 멀리서 반짝반짝 비치이는 건 / 샛별이 등대란다 길을 찾아라
－《동아일보》, 1924. 10. 20

〈나란히 나란히〉·〈설날〉·〈고드름〉·〈우산〉·〈따오기〉·〈고기잡이〉
등의 동요로
  한국인을 동심의 세계로 이어준다

동요 〈짝짜꿍〉, 〈졸업식 노래〉 작곡가 정순철

정순철은 어머니로부터 자신이 동학의 제2대 교주 해월 최시형 선사의 외손자로 사직동 의암 손병희 선생 옆집에서 생활했다.

그는 해월선사의 아들인 최동희(애국장, 만주방면), 최동호(애족장, 3·1운동)와 만났고 방정환과도 교류도 하였다.

방정환(애국장, 문화운동)은 정순철보다 두 살 위여서 두 사람은 형제처럼 지냈다.

의암의 배려로 정순철은 보성중학교에 입학해 1918년에 졸업하였다. 천도교에 입교한 그는 방정환과 교류하며 자연히 1921년 5월 1일 발족한 '천도교소년회'에 가담했다.

1922년 5월 손병희의 환원 이후 정순철은 일본 유학을 떠났다. 방정환은 1920년 9월에 일본으로 유학을 떠났고, 최동희도 이미 일본 유학을 하였던 터였다.

3·1운동으로 천도교의 재정 상태가 어려운 상황이라 정순철의 유학비는 가족들이 대었다. 부인은 종이봉투를 붙이는 일을 하며 매달 3원씩을 동경으로 보냈다. 정순철을 1922년 11월 8일 동경음악학교(현 동경음악대학) 선과에 입학하였다.

당시 이 학교에는 홍난파가 재학 중이었고, 윤극영도 정순철과 같이 입학했는데 이들은 함께 자취생활을 하였다.

정순철은 동경음악학교에서 창가를 전공했다. 정순철은 1924년 3월

20일까지 이 학교에 다녔다. 윤극영은 정순철을 보기 위해 자취방을 찾은 방정환을 만나 동요 작곡을 권유받고 '색동회'에서 같이 활동하게 되었다.

정순철과 윤극영, 방정환 세 사람의 만남은 우리 동요사의 기념비적 사건이었다.

1923년 3월에 '색동회'를 조직할 때 정순철은 방정환과 주도적인 역할을 하였다.

3월 16일 방정환의 하숙집에서 강영호, 손진태(와세다대학), 고한승(니혼대학), 정순철, 조준기(도요대학), 진장섭(도쿄고등사범학교), 정병기 등 8명이 모여 동요나 동화를 중심으로 아동문제연구를 하기로 결의하고 몇 차례의 회의를 거쳐 모임의 이름을 '색동회'로 정하고 5월 1일 정식 발족하기로 했다.

색동회와 《어린이》는 이처럼 불가분의 관계를 맺고 있었다. 정순철은 동요 작곡가로 어린이에 많은 작품을 실어 동요 보급에 앞장섰다.

1923년 9월 1일 발생한 관동대지진 조선인 대학살로 정순철은 죽을 고비를 넘겼다. 정순철은 다른 조선인들과 동거하며 극한 상황을 견디었다. 먹을 물과 식량이 부족해 친한 일본인에게 도움을 받으며 버티었지만 결국 전화국 자치대원들에게 적발되어 마굿간에서 며칠을 보낸 후 다행히 풀려났다. 지령이 내려 조선인에 대한 탄압이 중지되었기 때문이었다. 윤극영은 바로 귀국했지만 정순철은 일본에 남았다. 지진 후 일자리가 없어져 생활고에 시달리던 정순철은 1924년 3월 20일 도쿄음악학교에서 제명된 뒤에 귀국하였다. 귀국한 이후 정순철을 색동회 멤버들과 함께 천도교소년회와 연계하여 종로구 경운동의 천도교 대교당을 중심으로 각종 어린이 운동을 역동적으로 전개해 나갔다. 그때 천도교 대교당은 서울의 3대 건물 중 하나였고, 대교당 옆에 근대식 극장형 건물(수운 최제우 탄생 백년기념관)이 또 하나 있었기 때문에 거의 모든 문화행사가 이곳에서 이루어졌다.

정순철은 방정환과 함께 활동했다. 방정환은 구연동화를 하고 정순철은 노래를 가르쳤다.

정순철의 대표곡인 〈짝짜꿍〉은 윤석중의 가사에 곡을 쓴 것으로 원제목은 〈우리 애기 행진곡〉으로 『갈닙피리』(1929)에 수록된 곡이었다.

정순철이 작곡한 〈짝짜꿍〉은 국민동요로 지금까지 명맥을 이어오고 있다.

《씨올의 소리》 발행인 민중운동가 함석헌

일본 유학길에 나섰던 함석헌은 관동대지진 당일을 경험하고 「내가 겪은 관동대지진」(『함석헌 전집』 6, 255~296쪽)이란 글을 남긴다. 당시 함석헌은 세이소쿠[正則]학교에 다니고 있었는데, 유시마에 있는 함덕일 형제를 만나러 갔다가 그곳에서 지진을 경험하고 기록했다. 그 내용은 다음과 같다.

"정오가 거의 다 됐습니다. … 순간 갑자기 우르르 하고 진동이 왔습니다. … 조금 있다간 흔들흔들 또 조금 있다간 흔들흔들 점점 심하게 오는데 보통이 아닙니다. … 황급히 층계를 달려 내려와 현관을 썩 나서니 지붕에서 떨어지는 기왓장이 비오듯 합니다. … 전신주를 바라보니 노대(태풍) 만난 뱃대처럼 누웠다 일어났다 합니다. … 조금 뜸해지는 것을 타서 사방을 바라보니 사람마다 집 앞에 서서 두 손을 싹싹 비비며 '오 가미사마[神様], 오 가미사마' 하고 부르는 것입니다. … 후에 들으니 지진이 심하면 반드시 화재가 난답니다. … 후에야 안 일이지만 그때가 바로 정오 직전 모든 집에서 점심 준비를 하고 있던 때이므로 불을 많이 쓰고 있었습니다. … 거의 전 시가 다 타버렸습니다." (『함석헌 전집』 6, 268~270쪽)

1923년 9월 1일 관동대지진 조선인 대학살을 기억하고 희생자의 영혼을 추모해야 한다

단순한 지진에서 끝났던 것이 아니라 날조된 유언비어와 조직적 집단적인 학살이 자행된 제노사이드이다

조선인은 여기에서 가장 직접적인 희생의 대상이다
일본에서 일어난 일이 아니라
바로 우리 민족 나의 선조
아니 내가 지금 여기 당한 학살이다

함석헌 선생은 독재정권에 인권이 짓밟힐 때
망우리 도산 안창호(대한민국장, 임시정부) 한용운(대한민국장, 3·1운동) 유택을 찾아 마음을 다잡았다
1973년 강남 개발이라는 미명하에 도산공원을 조성하여
도산의 유언인 "유상규(애족장, 중국방면) 군 옆에 묻히고 싶다" 하여
조카사위 김봉성(건국포장, 3·1운동)이 아버지 모실 자리를 내준
망우리 도산 유택을 강남으로 이장할 때
함석헌은 앞장서 반대하였다
이제는 도산의 유언을 들어줄 때가 되지 않았을까
다석 유영모는 1939년 호암 문일평이 망우리에 묻힌 뒤
아내와 평생을 친구 삼아 벗으로 생활했다

영화인 나운규 〈아리랑〉

나운규는 1902년 함북 회령에서 태어나 1937년에 순국했다
나운규는 1920년 북간도 국민회 소속 독립군에 가입하여
일본군 나남사단과 회령부대와의 지원연락을 차단하기 위해
함북 회령과 청진을 잇는 회청선
7호터널의 폭파와 전선절단을 추진하였으며
군자금 모집 항일 격문 운반 등의 활동을 하다가
피체되어 징역 2년을 받았으며
출옥 후에도 〈아리랑〉 등 민족적 비운을 고발한 저항 영화를
제작 감독한 사실이 확인되어
운동계열 만주방면 애국장을 1993년 서훈받았다

나운규의 영화 〈아리랑〉의 실제 모델은
동경학생단장 협률사 김낙기 등이다
1924년 일본에서 촬영기술을 공부한 이필우가
관동대지진 이후 복제기와 함께 여덟 명의 악사
그리고 두 명의 변사를 데리고 귀국하다
1926년 나운규의 영화 〈아리랑〉 상영하였다
함흥의 〈예림회〉 회원과 제작했다
예림회 회원은 관동대지진 조선인 대학살
제노사이드 참상을 목격한 유학생들이 주축이었다

이 영화의 대미를 장식하는 곡은 민요 〈아리랑〉으로
그 곡은 영화를 위해 새로이 편곡되어
단성사 관현악단의 실제 연주로 사용되었다

나운규의 호는 춘사로 묘지는 망우리이었다
영화인들이 세운 멋진 비석을 묻고서
대전현충원으로 이장하여 안장됐다

필자는 나운규 묘지터를 찾으려다
〈우리나라 꽃〉을 작곡한 함이영 작곡가의 비석을
고등학교 동기인 이인철 목사와 발견하여
맏딸인 함천혜 바이올리니스트와 연락이 닿아
잊혀진 함이영 작곡가의 4대 음악인 생애를 조명했다

최승만과 변희용

1970년 《신동아》 3월호 논픽션 당선자 교육자 최승만과 변희용
"가족까지"는 판교경찰서에 수용 중인 바 변희용은 경찰관에게 반항하였다는 이유로 독감방에 감금 중이며 천도교 청년 회원은 무하다더라(동경 특파원 전보)

— 《동아일보》, 1923. 9. 21

최승만 변희용 두 분은 사돈지간으로
관동대지진 이후 판교경찰서 수용소에
한 달 동안 같이 있었다
최승만 기독교 청년회 총무는
조선총독부 경무국장을 지낸 경시총감 적지농[赤池濃]이 불렀다
상애회 대표 총무와 일비곡[日比谷]공원 뒤에 있는 부립 제일중학교 교사를 빌어
임시 경시청 건물로 쓰고 있는 곳으로 함께 면담했다
유언비어로 인하여 한국인들이 많이 학살되어
일본 당국도 당황하고 있다며 시치미를 떼는 것이 내용이었다
그날 밤 판교경찰서로 돌아오는데
자동차를 함께 일본 경찰의 기지로
몇 번을 끌어내릴 죽음의 자경단 검문소를 통과하여 도착했다

경응대학을 졸업한 《대중시대》·《전진》
그리고 지진이 일어난 날 《문화신문》 제1호를 냈던 변희용(부인은 박순천 여사) 씨의 인품을 알아본
서장의 호의가 아니었더라면
그때 이미 저세상 사람이 되었을 것이라고 회고했다.

독립운동가 백정기 서민호와 엿장수 구학영 화가 백남순

윤봉길(대한민국장, 의열투쟁) 이봉창(대통령장, 의열투쟁) 등과 독립운동가 3의사로 추대되어 대한민국 최초의 국민장으로 1946년 7월 6일 효창공원에 안장된 백정기(독립장, 중국방면) 아나키스트

1896년 전북 정읍에서 태어나 1934년에 순국한 백정기(이명, 백구파) 의사는 1919년 3·1운동에 참가 후 만주봉천방면으로 망명하였으나 독립운동자금 조달을 위하여 수차 잠입하여 활약했고

1922년 북경으로 망명하여 그곳에다 독립운동의 근거를 삼아 국내외 동지들과 긴밀한 연락을 취하였다

1923년 8월 초 박승규 최동규 김성철 등 구파 3명과 일본왕을 살해하려 사전답사 차 일본에 들어갔다 관동대지진 조선인 대학살 참상을 목격하고 20여 일 만에 돌아왔다

1928년 9월 중국 남경에서 개최된 동방무정부주의자대회에 한국 대표로 참석했다

1933년 3월 당시 일본 주화대사인 유길명이 상해 홍구에 있는 육삼정(일본 요정)에서 일본정객 참모부원들을 위시한 친일 중국 정객 및 군인 100여 명을 초대 회합을 가진다는 것을 탐지하고 이들을 일시에 몰살시키려고 수류탄 등 제반 준비를 갖추고 있던 중 거사 전야에 발각되어 불의에 왜 관헌의 역습을 받아 체포되었으며 일본 장기법원에서 무기형을 받고 복역 중 옥사하여(이상은 독립유공자 공적서, 《동아일보》1933. 7. 12와 동국혈사 119쪽, 항일순국 의열사전 242~245쪽, 321쪽에서 발췌) 운동계열 중국방면 1963년 독립장을 서훈

받은 독립유공자이다

서민호(애족장, 국내항일)
1903년 전남 고흥군 동강면 노동리 314에서 태어나 1974년 순국한 서민호는 1923년 와세다대학 정경학부를 졸업한 뒤 관동대학살의 참상을 목격하고 1924년 도미하여 컬럼비아 대학 재학 시 항일사상으로 일제의 주시 대상이 되었으며, 1936년 3월에 조선어학회 사전 편찬 후원 회원으로 재정 지원을 실시하던 중 1943년 3월 소위「조선어학회」사건에 연루되어 약 1년여간 옥고를 치르다 기소유예로 석방된 사실이 확인되어 2001년 운동계열 국내항일 애족장을 서훈받은 독립유공자이다

거리를 점포 삼아 노천고서상 강흥규
토월회 김을한
한성고 교장 이성구
탁월한 식견가 실업가 김종호
체험담을 남긴 신홍식
릿쿄대학 2학년 조준하
와세다대학 정경학부 30년 야구심판협회 창설하고 46년 대한야구협회 회장을 역임한 야구인 서상국
제2대 국회의원(함평) 민주국민당 서상국

서울미래유산인 국내 최초 한옥 형태의 혜화동주민센터(구 한소제 가옥) 주인으로 한국걸스카우트의 전신인 대한소녀단을 창설한 여의사 한소제

일제강점기 부산지역에서 활동한 언론인 사회운동가인 강대홍(이명 강대략)

관동대지진 조선인 대학살을 증언해 준 조인승, 전호암, 신창범 등의 증언을 통해

그나마 그 당시 참혹한 상황이 전해지게 되었다

사이타마 소재 쇼수인[正壽院]에 안장된 구학영 묘비에는 '조선 경남 울산군 상면 산전리 속명 구학영, 향년 28세, 1923년 9월 6일 사망'이라 새겨 있다

1923년 일본 간토대지진 대학살 당한 조선인 가운데 유일하게 묘비에 이름·고향 주소·나이가 새겨져 있다

묘비 건립자는 미야자와 기쿠지로[宮澤菊次郞] 외 마을 사람들이다

도쿄니치니치신문은 1923년 10월 21일 자 기사에서

구 씨가 당시 습격을 피해 경찰서 유치장에 몸을 숨겼으나 이웃 마을 자경단이 난입해 밖으로 끌어내 이들의 칼과 창에 찔려 무참히 살해당했다며 온몸에 62군데의 치명상이 남아 있었다고 보도했다

구학영 엿장수는 자경단에 끌려가기 전 유치장 벽에 자신의 피로 '벌(罰), 일본, 죄무(罪無)'라고 적었다. '일본인, 죄 없는 사람을 벌하다'라는 의미다

구학영 씨의 이야기를 담은 『엿장수 구학영』(김종수, 기억의 서가)이 목사이자 작가인 김종수(1923 한일재일시민연대 대표)에 의해 2021년 출간됐다

백남순은 1923년 일본 도쿄여자미술학교(현 조시비여자미술대학)에 입학하여 서양화를 전공하다, 관동대지진으로 학교를 중퇴하고 귀국했다. 1928년 봄에는 프랑스 파리로 유학을 떠나 본격적으로 서양화를 공부했다. 백남순은 파리에서 여러 살롱에 작품을 출품하여 입선했고, 1930년 미국 유학을 거쳐 파리로 온 임용련을 만나 결혼했다. 1931년 이후 남편 임용련과 함께 평북 정주 오산고보에서 교사로 재직하며, 이중섭 등 제자들을 양성하였다. 한국전쟁 중 남편인 임용련의 불행한 죽음 이후 1964년 미국에 이민, 1994년 뉴욕에서 생을 마감했다.

초등학교 등굣길 학교 후문에 이르면
월출산 아흔아홉 봉우리가 보인다
한 봉우리만 더 생기면 수도가 저 월출산 밑에 오고
영암 낭산 김준연과 고흥 월파 서민호 둘 중에 아니면
나중에라도 목포의 김대중이 대통령이 된다고 발걸음을 재촉했다
학급 회의 때 할 말 없으면 단골로 나오는 말
임기 내내 '밥 먹고 합시다'라고만 하였다는
함평군 국회의원과 비교를 하였다

님 웨일즈 『아리랑』의 혁명가 장지락

님 웨일즈 『아리랑』의 주인공 혁명가 김산의 본명은 장기학·장지락,
필명은 장북성·염광이다

이명은 김산 유청화 이철암 한국유 유한평 유금한 등으로

1905년 평북 용천에서 태어나 1938년 일본 스파이 혐의로 처형·순국하였다

저서로는 소설 「기묘한 무기」(1930)·「백의 민족의 영상」(1938)이 있다

김산은 11세에 가출 이후 이데올로기는 아나키즘과 사회주의 길이다

10대 중반의 그는 지배자도 피지배자도 없는

아나키즘의 광활한 세계에 잠깐 매료됐다가

10대 말 중국 상하이에서 김성숙(독립장, 임시정부) 등을 만나

사회주의의 보다 정교한 해방 이념에 빠져들었다.

1920년 이후 중국 상해에서

임시정부 기관지 《독립신문》 교정원으로 있으면서 흥사단에 가입했고

1923년 도쿄제국대학에 응시할 준비를 하던 중 관동대지진 조선인 제노사이드 참상을 목격하고

"1923년 이래 조선인은 결코 일본인을 신용하지 않았고, 일본인도 조선인을 신용하지 않았다."며 중국으로 건너가 공산청년동맹에 가담했다

1924년 북경고려공산당을 창립하였으며 중국 북경에서 북경웅변회를 조직하여

일요일마다 토론회와 강연회를 개최하였고

1926년 중국 광동에서 조선혁명청년동맹을 조직하고 중앙위원으로 임명되었으며

중국 광동에서 〈의열단〉에 가입하여 중앙집행위원 선전부원으로 선출되어 활동했다

동년 동 지역에서 '중국인의 후원하에 조선 독립을 실현시킨다'는 목적하에 조직된

유월(留粵)혁명동지회의 중앙집행위원으로 활동하였으며

1927년 12월 중국 상해에서 개최된

중국본부 한인청년동맹의 광동 대표로 참가하였고

1929년 중국 북경 소재 대독립당조직 북경촉성회에 가입하여 활동하였으며

1930년 중국공산당에 가입하여 활동하다 체포된 후 풀려났으며

1933년 다시 체포되었다가 풀려난 후

1936년 조선민족해방동맹을 결성하였고

1937년에 동 동맹의 중국 섬감녕 소비에트 지구 주재 대표로 선출된 사실이 확인되어 운동계열 중국방면 2005년 애국장을 서훈받았다

재독한인회 이미륵 이극로 김준연

대구복심법원 형사재판서(1920년 12월 29일)가 인용되어 있는 1919년 대정 8년 제령 제7호 병 출판법 위반으로 김마리아(독립장, 국내항일) 안재홍(대통령장, 국내항일) 등과 함께 피검되어 징역 2년을 선고받아 운동계열 임시정부 1990년 애족장을 서훈받은 본명이 이의경인 이미륵(애족장, 임시정부) 선생은
   1899년 해주에서 태어나 1950년 독일에서 순국하였다
   1922년 독일 유학의 길에 오른 이극로 선생의 경우는 더욱 그렇다
   이미륵 선생보다 3년 늦게 독일에 온 이극로 선생은
   1921년 1월 이미륵이 주도하여 창설한 '유덕고려학우회'에
   1895년 전남 영암에서 태어나
   독립운동 운동계열 문화운동 1991년 애국장을 서훈받은
   낭산 김준연(애국장, 문화운동) 등과 함께 적극적으로 참여
   관동대지진 조선인 대학살이 일어났을 때
   베를린에서 재독한인대회를 조직해
   일본의 조선인 대량학살을 고발하고 기관지《헤바(Heba)》를 통해
   한국 독립의 필요성을 유럽인들에게 전파했다.
   국어학자 이극로, 조선일보 모스크바 특파원 김준연 등이
   1920년대 독일 유학 당시 일제의 3·1운동 탄압과
   관동대지진 조선인 학살 진상을 고발하는 선언문을 배포하며
   독립운동에 앞장선 사실이 독일 외교부 소장 문서를 통해 밝혀졌다.

한성산부인과 의사 길정희

1918년에 도쿄여의전에 입학한 길정희는
재일본도쿄여 자유학생친목회 일원으로
여성 권익 운동과
조선 독립을 위한 만세 시위에 참여하였고
혈서까지 쓰기도 하였다.
도쿄여의전 재학 중 길정희는
한국 여성 의료를 위해 평생을 헌신한
서양 선교사 로제타 셔우드 홀(Rosetta Sherwood Hall)과 처음 만났고
졸업 후에 한국에 돌아와
여성 의사 양성에 힘쓰자는 홀의 제안을 수락하였다.
1923년 일본에서 경험한 관동대지진 참사는
길정희에게 민족의식과 의사로서의 사명감을 고취하는 계기가 되었다
같은 해 졸업한 길정희는 조선총독부의원 소아과에서
1년간 수련의 생활을 했다
1924년부터 동대문여성병원 산부인과와 소아과에서 근무하면서
길정희는 홀과 여성의학교육기관 설립을 의논하였다
동시에 이곳에서 그녀는 일본식이 아닌
미국식 병원 경영과 의학 기술을 익힐 기회를 얻었다
길정희는 1924년 김탁원과 결혼하면서
여의학교 설립을 위한 든든한 동반자를 얻었다

김탁원(애족장, 국내항일)은 경성의학전문학교 출신으로
1927년 '에메틴 주사 중독사건'을 밝혀낸 한성의사회 회장을 역임하였고
다수의 사회운동 조직에서 활동한 민족주의자이자
한국 최초의 정신과 전문의였다
1928년 5월 김탁원과 길정희의 서소문 개인 병원(1927년 개원)에서
개최된 창립발기회의 결실로
그해 9월 조선여자의학강습소가 문을 열었다
홀이 소장을, 길정희가 부소장을 맡았던
강습소의 강사진은 모두 한국인 의사들이었다
이들은 불타는 사명감에서 무급으로 강의하였다
5명이 산부인과 교육을 담당하였는데 길정희도 그중 한 명이었다

추도가 / 동경에서 B생

1924년 2월 도쿄에서 한 '조선인 희생자 추도회'에서 부른 〈추도가〉
관동대지진 조선인 대학살 직후 일본에 유학생을 중심으로
한국인들은 다음 시에서 보다시피
희생자를 기리는 〈추도가〉를 노래했다.
선인들은 관동대지진 조선인학살이 자행된 다음 해에
참상을 노래하고 기렸지만
우리는 그 노래를 알지 못했다

추도가 / B생 (감동가곡조로)
　작년 9월 2일 이강(以降) 이 땅에서 피살된 동포의 일은 아아 무엇으로써 말슴을 드리릿가. 지난번에 이곳(=동경)에 잇는 여러 단체의 주최로 추도회를 개최하는 바 그때의 추도가를 태정(胎呈)하오니 그들의 원혼을 대하는 듯한 늣김으로써 넑어주시오.

　슬프도다 우리 동포야 / 반만리이역에 이 웬일인가 / 평생의 이상은 일조에 피요 / 십년의 근로는 해골뿐이라 //
　해심산고의 (○○)의 한을 / 무슨 말로써 위로하리요 / 우리의 이상이 실현되는 날 / 황폐한 무덤에 꼿이 피리라 //
　무사시노[武藏野] 느진 달빗 초이는 곳 / 그대들의 무덤이 어대이든가 / 가을밤 벽공에 흐르는 별은 / 그대들의 원혼이 방황함인가

해심산고의 (○○)의 한을 / 무슨 말로써 위로하리요 / 우리의 이상이 실현되는 날 / 황폐한 무덤에 꽃이 피리라
  - '동경에서 B생'이란 필명으로 발표된 「추도가」 (《개벽》 44호, 1924. 4)

필명 '동경에서 B생'이 누구인가 찾기 위해 자료와 인맥을 동원했으나 지금까지 본명을 알지 못한다.

방정환 연구소 장정희 이사장과 소통하며 소파 방정환이 아닐까? 라고 꿈도 꿔봤다.

관동대지진 조선인 대학살 추모식과 특별법안

 관동대지진 1주기를 앞둔 1924년 8월 13일, 교포이던 옥순철이 조선인들을 위한 추모 행사를 열어야 한다고 촉구한 바 있으며, 다른 한편 8월 2일 함경남도 북청군에서 재일본청우간담회의 주도로 북청청년회관에서 첫 추모식을 열었다.
 9월 1일 들어 인천노동총동맹회에서 조선인 희생자 추도식을 했고, 《동아일보》도 전단식으로 학살당한 동포를 기리는 추도문을 냈으며, 이 선전문은 경성 부내에 배포됐다.
 고흥 등지에선 유학생 송기일 등처럼 희생된 개인을 위한 추도식이 열렸으나 식민당국의 방해로 원만하게 진행되지 못했으며 1925년 이후에는 잊혀졌다.

 반면 일본에선 기독교청년회관에서 매년 추모식이 진행되었으며, 1937년 중일전쟁 발발 후 총력전 체제로 돌입하게 되면서 조선인들의 적극적인 협력이 필요하게 됨에 따라 1939년부터는 회유책의 일환으로 관 주도로 치러졌다.
 1945년 8·15 광복 이듬해인 1946년에 23주기를 맞이하여 재일본조선인연맹과 반일운동자구원회가 기독교청년회관에서 '일본 관동진재 피학살자 추도회'를 열었다.
 1970년대 이후 역대 도쿄도지사들이 '간토대지진 조선인 희생자 추도식' 때마다 추도문을 보냈지만 2017년부터 고이케 유리코 지사가 추도문을 일절 보내지 않고 있다.

　한국의 역대 정부들도 이 사건에 대해 규탄하는 입장이 없고, 19대 국회 시절인 2014년에 유기홍 새정치민주연합 의원 등 여야 의원 103명이 '관동대지진 조선인학살사건 진상규명 및 희생자 명예회복에 관한 특별법안'을 발의한 후 외교통일위원회에 올라갔다가 안전행정위원회로 반송되어 2015년 2월에 상정됐고, 11월 제4차 법안심사소위까지 상정된 후 별 진전 없는 채로 2016년 회기 만료로 자동 폐기됐다.

　21대 국회의 유기홍 더불어민주당 의원을 포함한 관동대학살 100년이라며 100명 여야의원들이 다시 '간토대학살 사건 진상규명 및 피해자 명예회복에 관한 특별법안'을 발의했다. 19대 국회의 전철을 밟지 않길 바란다. 두고보자.

관동대지진 조선인 대학살 희생자 추도식 축문을 대신하여

15엔 50전 쥬고엔 고쥬센 발음을 주고엔 고줏센 탁한 발음으로 생사가 갈린
1923년 관동대지진 조선인 대학살 희생자 영혼들이시여
15엔 50전 주고엔 고줏센 저 파도 넘어
15엔 50전 주고엔 고줏센 저 바다 건너
15엔 50전 주고엔 고줏센 저 하늘 아래
이제 이제는 그만 그만 외우시고
산을 넘어 숲을 지나 강을 건너 얽매이지 마시고
고개 넘어 들을 지나 내를 건너 미련두지 마시고
씨줄 날줄 손 잡아 시나브로 일으켜
오시라 오시라 피맺힌 영혼들이시여
모두모두 더불어 아름답고 향기롭게 거침없이 걸어오시어
이제는 그 깊고 깊은 한 원한을 풀어놓으시라
지금여기 저 높은 가을하늘 아래 이 파도 파도 소리에
한 맺힌 후손들의 마음 마음 안에
15엔 50전 주고엔 고줏센
15엔 50전 주고엔 고줏센
피 터지게 시원스레 외치십시오 마지막으로
15엔 50전 주고엔 고줏센
- 2017. 8. 30. 10:05 정종배

오충공 감독이 발로 뛰어 한일 양국 처음으로
'관동대지진 조선인 대학살 희생자 유족회'가 2017년 8월 30일 발족되었다
"94년 만에 후손들이 여기 당신들 앞에 엎드립니다
피맺히고 한 맺힌 역사에 결코 소멸시효란 없습니다"
2017년 8월 30일 오후 2시 부산 국립일제강제동원 역사관에서
관동대지진 조선인 대학살 희생자 유족회 발족식 및 기자회견이 있었다
사전 행사로 오전 10시 30분 수미르공원에서
1923년 이후 처음으로 열린 8명의 유족들이
조상들이 일본으로 떠난 부두에서 추모제를 지냈다
아침에 메모하여 카톡으로 오충공 감독에게 보낸 추모시를 윤중목 시인이 낭독하였다

2018년 10월 두 번째 토요일에 펼쳐진 진관사 국행수륙재에
계호 주지스님 법해 총무스님 배려로
동경 등강경찰서 사건으로 학살당한 18명의 영가를 진혼하고 천도재를 지냈다
그분들의 이름은 김동원 김철진 조정원 김백출 남성규 김인수 허일성 김성래 김두성 조수구 김동인 이상호 묘동곤 김주홍 정용이 정귀봉 천곡야 차봉조 등이다

2018년 9월 5일 군마현 가야군 등강경찰서가 있던 주변 절인 성도사 앞에 있는 묘비에 새겨진 외할아버지 남성규 함자를 손으로 쓰다듬으며
　　영주시 활동가인 외손자 권재익이 유족으로선 처음으로 참배를 하였다

　　도와주십시오
　　제가 '관동대지진 조선인 대학살 100년' 관련하여
　　시집을 준비 중입니다
　　당시 일본에 참상을 목격하고 살아 돌아오신 분들 중
　　고향 함평 분들의 이름을 발견하고 반가웠습니다
　　이분들의 고향과 활동하신 일 등을 알고 싶습니다
　　혹 아시는 분들은
　　저에게 '카톡'으로 연락 주시길 빕니다

　　신현철 21 함평군 함평면 내교리, 월백중학 1920년 4월 11일 조선불교 유학생학우회 도쿄에서 결성된 최초의 불교 유학생 단체 발기인
　　서대성 함평군 월야면 용정리
　　윤경순 함평 학교면 상옥리 (여학)
　　윤병선 함평 학교면 상옥리 학생
　　김기천 함평 학교면 금송리
　　강휘 함평군 함평면 기각리

장화균 함평군 함평면 진양리
이성범 함평군 손불면 죽장리
정면수 함평 9월 30일 덕수환 귀국
함평 유학생 강이영 귀향
제2대 국회의원(함평) 민주국민당 국회의원 서상국

전남 청년 2인 피난하여 무사 귀국 전남 영광군 대마면 묘량리 16번지 소성순(29) 군은 대판에서 노동을 하다가 천신만고로 무사히 귀국하였다 하며
함평 사람으로 동경에 유학하던 이재균 군도 무사히 귀국하였다더라
(함평)　　　　　　　　　　　　　　－《조선일보》, 1923. 9. 18

함평의 3인 소식
전남 함평 사람으로서 동경에 유학 중의 고학생 강이영 군은 지난 21일 천신만고를 하야 고향에 돌아와 말하되 서한주와 최항진은 무사하다는 소식을 전하였다더라(함평)

우량면장과 면 표창 동시진재조난자위자
전남 함평 엄다면은 동 군 각 면 중에 제일면적이 협소하고 빈한한 바 동 면장 김태일 씨와 면민이 일치 협력하여 제반 시설이 타면에 비등할

바가 안이라 하야 본도지사로부터 면장에게는 20원 가량 가치의 은시계 1개와 공공 단체 이면에 금 50원을 수여하야 표창하였다며
 동 손불면 북성리 박노철 씨는 작년 관동지방 진재 당시에 필시 조난 사망한 것이라는데 조선총독부에서 금 2백원을 위자료로 기 유족에게 수여하였으므로 거 10일에 본 군청회의실에서 군수 오광은 씨가 각기 전달하였다더라(함평)　　　　　　　　　　　　 －《조선일보》, 1924. 4. 15

 고맙습니다 2023. 6. 30 정종배 올림

 엄다면장 김태일은 필자의 초등 동기 김진영 조부이며 학다리중고등학교 김재란 교장선생님 아버지로. 김 교장선생님은 20여년 재직하며 시골 면 단위 중고등학교 중 인재가 배출되는 기틀을 다졌다.
 금송리 김기천 씨는 필자의 중학교 동기 김화현의 아버지로 친구와 반갑게 전화를 주고받았다.
 조선총독부에서 금 2백 원을 관동대학살 피해자 유족들에게 위자료로 수여하였다는 내 고향 함평군 소식만 신문에 게재되어 사료적 가치가 높다

관동대지진 제노사이드 당한 희생자
– 2009년 5월 8일 현재까지

미시자키 마사오 그룹 호셍카(봉선화) 대표
관동대진재 조선인 학살과 진상 규명을 위한 한일·재일시민연대 일본 사무국

도쿄
- 강양순 외 6명, 9월 3일 스미다구 스미다쵸 타마노이 산오하시, 일본도 쇠갈고리 등으로 전원 살해되었다(법무부, 신문, 경시청)
- 유세용·최승희(20)·그 자녀 강문근 외 7명, 3일 스미다구 테라시마 타마노이 전원 살해됨 → 재판으로(『도신문』)
※ 그 외 사료(법무성·그외 신문·경시청)에서는 조선인 남자 1명 살해, 여자 1명 최승희 중상
- 김윤우 27살, 3일 스미다구 스미다쵸 오오쿠라목장 부근 일본도로 살해 (법무성·신문·경시청) ※《국민신문》에서 김곤유(중상)
- 최선 외 2명, 4일 스미다구 아즈마마치 우케치 토비키이나리 신사 부근 철도 건널목 큰 도끼 철봉 목검으로 구타 살해 단총 일본도라는 설도 있음 재판 → 증거 불충분으로 무죄 판결(법무성·신문·경시청)
- 홍성우(충청도 출신)의 사촌, 일시 불명 스미다구 케이세이선아라카와역 부근의 아사히나 고무공장 앞 텐트 외 끌려가 죽음을 당함(추도회《회보》제34호, 1986년)
- 정 씨들 3명(거창군 출신), 2일 스미다구 요츠키바시 도망가려고 하다 →

쇠갈고리로 학살당함(조선대학교 『관동대재해 조선인 학살의 진상과 실태』의 조인승 증언으로부터)
- 임선일(아라카와 제방공사에 종사), 4일 오전 2시 아라카와 제방 제이세이 철교 가까이 자경단에 의해 일본도로 학살. 옆에 앉아 있던 남성도 학살(조선대학교 『관동대재해 조선인학살의 진상과 실태』의 진창범 증언으로부터 발췌)

코토구 카메도경찰서에서 희생자 성명 본적
- 박경득, 24 경기도 개성군 장서면 구하리, 김재근 44 전북 순창군 풍산면 연승리, 조묘성 제주도 대정면 인성리(살해 당시 임신부), 조정수 동, 조정하 동(최승만의 『극웅필경』)
- 민춘용 30 조창순 21, 3일 코오토오구 카메이도 오오지야나기시마 유원지 파출소 부근. 민씨는 박살 조씨는 일본도로 베어 중상 → 사망설도) (법무성·신문·경시청)
- 유지경 28 외 2명, 2일 오오시마 제강 가까이에 있는 오나기카와 상류 부근에서 자경단이 박살(《요미우리》 1923. 10. 21)
- 한용기(룡기) 3일 아다치구 센쥬쵸2쵸메도로 도끼 일본도로 박살(법무성·신문)
- 이순봉 외 6명, 3일 이다치구 남릉뢰촌유하 죽창으로 살해당함(법무성·신문·경시청)

　혼자 부근에서 전원 도망가고 학살당한 것은 이흥순 31(신문)

● 한봉구 박인도 김사봉 이원석 이건재, 4일 아다치구 화인촌장교 일본도 죽창 곤봉으로 박살 시체는 아에세가와에 던져짐(법무성·신문)
※『숨겨진 사(사이타마)』에는 손태현 외 4명 에노키의 다리(『통지』10월 21일)
　★이름 불일치
● 이희현, 3일 니시아리이무라 관공서 앞에서 엽총으로 사살됨(《보지報知》 1923. 10. 21)
● 통칭명 용공, 3일 다이토오구 미오와 학살(요미우리신문 1924. 2. 14)
● 신응수, 4일 미시마(타이토오구 미카와시마 인지?) 철판 뿔막대 떡갈나무로 만든 봉 도끼 등으로 박살(법무성)
● 김영일 31 상애회 박기 28 상애회, 4일 다이토오구 미노와역, 김영일 박살 박기 중상(법무성·신문)
● 박모씨 28, 2일 세타가야구 태자당 후두부에 사냥용 총으로 맞아 살해됨(법무성·신문·경시청)
● 홍기백 기1을 포함한 3명
　2일 세타가야구 치토세무라 카라스야마 조선인 토목공 17명을 칼날이 꽂혀 있는 지팡이 쇠갈고리 심장봉 죽창 삼목 통나무막대 등으로 습격하여 1명 살해 신문에서는 3명 살해로(법무성·신문·경시청)

　민린식 25 일본대학 연구과 경기도 고양군 용강면 호동막리 상리 서문반 민영달 삼남, 3일~5일 제설 토시마구 스가모쵸오 지헤이마츠에서 창

으로 얼굴을 내미는 순간 사살당함(현대사 자료 6 524쪽 조선총독부 경무국 문서)

'한말 내부대신 민영달 아들 관동대지진 조선인 대학살 때 피살당한 것을 뒤늦게 안 조선총독 사이토 미노루가 민영달을 찾아가 사죄하였다.'

- 《동아일보》, 1982. 9. 1

김건(한위건)의 「학살」로부터   ※ 모두 날짜는 불명
양순이 경남 진주군, 유호영, 하석수(원적 불명) 스미다강 부근
월봉 평안남도 성은 불명, 카메이도 부근
이동근, 달이 대구부 신정 미나미센쥬 센쥬마치
김수일 경남 사천군 읍내면 선동 츠키시마 2호
김수범 카메이도
김월빈 평양부 장별리 카메이도 방적사 부근

아사쿠사바시
김광진 김광수 김동민 김광삼 이공기, 목포에서 배로 건너간 팔금도 출신, 아사쿠사바시에서 양복 봉제 기술을 익혀 생활하고 있었지만, 지진 재해 때 5명이 학살되었다. 고향에 무덤은 있지만, 유골은 없다. 어디에서 학살됐는지 상세한 내용은 불명. 같이 살고 있었던 김동진만 피투성이가 된 모습으로 일본인 집에 굴러 들어가 도움을 청한 후 간신히 목숨을 건지고 조선에 있는 고향으로 돌아갔다(《관동대지진에 있어서의 조선인 대학살의 진상

규명과 명예회복을 추구하는 일한재일시민회 회보》제3호, 2009)

김영수 나중에 들은 얘기로는 소꿉친구 김영수는 칸다바시 쪽에서 귀가하는 도중에 학살되고 그 사실을 몰랐던 부인은 그후 몇 십년 동안이나 남편을 기다렸다는 애화가 있다(『도일 한국인 일대』 김종재 기술 옥성소 편집, 1978)

장소 불명

● 김민철 이전국 고대철 이전호 이열성 정정현 정현빈 7명, 사망 일시 장소는 기재 없음. 경성 소재 청우장학회(봉남 출신 학생으로 조직된 단체)가 일본에 유학 중 이번 재해 때문에 7명이 사망하여 추도회를 행했다. 이때 고인의 약력에는 성만 기재되어 있다.(재해로 말미암아 사망인지 학살인지 불분명하나 추도 소감을 말하는 가운데 "이번 재해는 실로 참담했습니다. 그러나 그 외의 지진과 화재 속에서 또 다른 의미의 특별한 지진과 특별한 화재가 일어난 것입니다. 그것은 특별한 지역과 특별한 사람들에게 일어난 일들"이라고 표현하여 발언을 중지당한 것을 보면 학살이었다고 생각함(주 니시자키, 조선총독부 경무국 문서 → 현대사 자료⑥ 523쪽)

● 박덕수, 재해 시에는 군마에서 일(토목 청부업)을 하고 있었으나 부하가 돈을 갖고 도망가버리는 바람에 그 부하를 쫓다가 재해 하에 있는 동경으로 향했다. 다들 말렸지만, 나이도 젊고 정의감도 강함. 일본어도 할 줄 알고 자리에도 밝다. 무슨 문제가 있느냐고 자신만만하게 향했으나 그 후 소식불명이 되었다(『바람아 봉선화의 노래를 날라라』)

사이타마

강대흥, 4일 오오미야 편유촌 죽창 일본도로 학살 당함 오오미야시 소메야 츠네이즈미데라『공조노여환비선정문위』의 비석(『숨겨진 역사』)

1924년 일본인이 만든 조선인 무덤 중 최초라고 일컫는다.

강대흥의 이야기는 오충공 감독의 세 번째 다큐 〈1923 제노사이드 93년의 침묵〉에 고향 손자와 오고 가며 일본 추모비와 고향 초혼장 무덤 옆 흙을 주고 받아 묻는 영상이 담겨졌다.

구학영 28일 조선 경남 울산군 상면 산전리 5일 기거 경찰서 6일 사망. 기거했던 마을 정수원에 「감천수우신사」의 비석 – 희생자 이름과 고향 주소가 적혀 있는 유일한 비석(『숨겨진 역사』)

구학영 씨의 이야기를 담은『엿장수 구학영』(김종수, 기억의 서가)이 목사이자 작가인 김종수 '1923 한일재일시민연대 대표'에 의해 2021년 출간됐다.

카나와나

● 차태숙 23, 4일 카와사키 타치바나군 타지마쵸오와 타리다에서부터 끌려나와 노상에서 단도로 사살당함(법무성)

● 이상금 31 박화순 24, 2일 카와사키쵸오 후지가스 방적공장 임시고용 부근에서 우물에 물을 길으러 가다가 학살당함(같이 있던 강흔생 19세는 빈사의 중상, 《동경일일》 1923. 10. 21)

● 김기내 외 열대여섯 명, 토즈카 방면으로부터 피난왔으나 학살당함

요코하마 토비토 부서 관내(《동경일보》, 1923. 11. 19)

치바

- 박명사 성대갑, 4일 카토리군 나메카와쵸오 주차장 목도 통나무로 박살
  ※ 같이 있었던 서두천은 두려운 나머지 열차에 뛰어들어 자살(법무성·신문)
- 이일필 39 조성도 20 조재석 26, 3일 및 4일 아비코쵸초 야사카 신사 경내 막대기 통나무 등으로 살해됨(법무성)
- 최희덕 박순이, 3일 우라야스쵸오 일본도 철봉 등으로 살해당함(법무성)
- 오관근 외 열 몇 명, 4일 후나바시경찰서 부근 쇠갈고리 죽창으로 상해치사(법무성)
- 정기우 35 개국길 34 사탕 장난감 행상인 타이쇼오 8년부터 치바시 사무카와 카타마치 카즈사야노구치 기숙 군중에 의해 반 죽음당함 → 치바 에이쥬병원에서 사망(《동경일일신문》, 1923. 10. 21)

※《동경일일방총판》11월 14일에는 정기우 36 살해, 이규(圭)석 35 중상
  (야마다 선생 책으로는 이규(主)석의 이름으로) 피습당한 2명 중 1명은 이름이 틀림 사망, 중상 양쪽 설이 존재

- 박해이 외 2명, 4일 사와라에서 하천공사에 종사했던 토공 소방부가 학살함(《보지報知》, 1923. 10. 26)
- 안영의 동양대학 대학생 이기(치과의) 김철, 9월 3일 나라시노에 수용됨 → 13일 경 경찰로부터 군대 측에 인도된 이래 완전히 행방불명 → 유족

이 수사 요청

※ 확증은 없으나 나라시노수용소에 인도된 후 학살된 사람 중에 세 명이라 추측됨 수용소 내에 스파이가 들어와 사상적 선별을 통해 학살, 학생이나 의사 등 인텔리는 타켓이 됨(니시자키 주석, 《보지報知》, 1923. 11. 22)

군마

후지오카쵸오 후지오카경찰서에서 희생자 성명 본적·김도원 27 경북 예천군 감천면 돈산동·김철진 41 경북 상주군 화북면 동안동·조정원 43 동·김백출 29 동·남수규 38 동·김인수 22 양남면 석촌리·허일성 25 동·김성래 34 경북 영주군 영산 면포동·김두성 23 동 관현동

정귀봉 25 경북 청도군 구도면 합천리·묘동곤 27 동(법무성에서는 병상곤)

김주홍 28 동·조수구 27 경남 진주군 진주면 중안동·천곡야 24 경남 울산군 능촌면·정용이 22 본적 불명·김동인 26 동·이상호 26 경북 영주군 영산 면포동

— 최승만, 『극웅필경』, 《동경일일신문》, 1923. 10. 21

토치기

● 김원달 외 1명, 3일 밤 고가네이역에서 열차로부터 끌어내려져 막대기둥으로 상해 치사

※ 황광균은 중상(법무성·신문)

※ 학살 희생자 중에서 이름 석 자가 다 파악된 인원수(굵은 글씨로 표기)
  68~81명 정도

부상자 리스트

도쿄
- 최규석 2·3일 제설 아다치구 센쥬 2쵸오메 도로상에서 일본도로 중상을 입음(법무성·신문)
- 김용택 44 인부, 김승중 19 고학생, 박일순 25 여공, 고봉아 20, 박수인 25 여공 2일 시나가와구 키리가야=오오사키오시 제약회사 구두제조용 쇠망치 심장봉으로 난타하여 중상(법무성·신문·경시청)
- 홍홍조·우 24·26살 설 직업공, 히모헤비구보 막대기 죽창 천평막대 목검으로 중상(법무성·신문·경시청)
- 이현막 24, 2일 시나가와구 히라쓰카 시모헤비쿠라 마을 막대기 소방용 기구로 중상(법무성·신문·경시청)
- 장덕경 43가량 직업공, 장남 장선동 19살 2일 시나가와쵸 메이지고무제조회사 근무 타박(《선데이 매일》 1976. 9. 12)
- 김건 「학살」에서 일부 불명
- 김병권 전남 광주군 서창면 서용두리 우에노공원 부근 → 중상
- 이내선 전남 장흥군 우에노공원 부근 → 중상

사이타마
- 박이현 41, 원적 경상북도 청도군 화양면 송북동 246호
- 김해명 44, 원적 경상북도 각남면 구곡동
- 4일 사이타마 키타아다치군 하토가야쵸오 오오지 하타가야 박이현 두부 오른쪽에 길이가 한 치 정도 깊이로 골막에 달하는 열상 외에 신체 각 부위에 타박상
- 김해명, 날의 폭이 넓고 칼등이 두꺼우며 끝이 뽀쪽한 식칼용 칼로 길이 2치 정도 깊이로 골막에 달하는 척부 부상 그 외 타박상
- 김상년, 4일 아라카와구 오구마치카미오구 단도를 들이대나 외국인이 저지(법무성)

토치기
- 박성춘 17, 4일 진와정 남자 2명 여자 1명 어린이 2명이 뭇매를 박 씨는 숨이 끊어졌다가 소생 여장 1명 반죽음(《이바라기신문》「관동대지진의 화근」 사꾸라이 유우꼬·고토오 토모코)

— 독립운동·불령선인[不逞鮮人] 학살(Genocide) 편집 / 1923 간토한일재일시민연대 제작 / 기장생명선교연대 간토 89주기 자료집 33~39쪽

| 지바현 현장 답사 안내 – 지바현 내의 학살 사건 일람 |

A. 군대에 의한 학살(지바현 관련)
- 시천지역 남행덕촌 하강호 천교제(금정교)에서 조선인 1명을 기병 15연대 군조 판본조광 일등조장장조단십랑에 의해 9월 2일 오후 11시 반 사살하였으나.
- 시천지역 하강호천교북힐(금정교) 조선인 3명을 기병 산기중대 판본군조 기병졸 산기중대 기병졸소천주삼 소림건이 등이 9월 4일 오후 4시 사살하였으나.
- 시천지역 하강호천교북힐(금정교)에서 조선인 5명을 기병 산기중대 판본군도 기병졸 소림건삼 산구가중 고등보치 등이 사살하였으나,
- 군대의 처치는 위수 근무령 제12조 1항 3호에 의거해 적절하였다고 보여짐이라 적었다
- 시천지역 남행덕촌 교량동단에서 조선인 3인을 기병 제13연대 제2중대 군조 무전등조 외 5명이 조선인 3인을 사살하였다 군대 처치는 기재가 없다
- 포안지역 포안촌 역장전 관동수산회사전에서 기병 제15연대 특무조장 내등도삼랑 등이 조선인 4명을 사살하였으나,
- 송호지역 송호지선갈식교상에서 유군공병학교 공병상등병 제택모 등이 조선인 1명을 사살사였으나,
- 습지야 지역 대구보촌남단경경철도답정 부근에서 기병 제14연대 기병대위 관곡경지 외 2명이 중국인 8명을 사살하였으나,

- 군대 처지는 제 12조 1항 1호에 의거해 적절하였다고 보여짐으로 적었다

B. 자경단 및 민중에 의한 학살(정부 조사)
① 조선인을 학살한 사례
- 9월 4일 오전 10시경 향취군 활천정 정거장에서 율산 십 외 2명이 박복명 외 1인을 소요살인 죄명으로 목검 또는 몽둥이로 구타 살해
- 9월 4일 밤 동갈식군 중산촌 약궁지선에서 영목충삼 외 4명이 씨명 미상 13인을 소요살인 죄명으로 이치카와 고도다이 군대로 인도하기 위해 호송하던 중 일본도로 살해
- 5일 정오경 동갈식군 중산촌 약궁지선에서 김교권삼 외 2명이 조선인 3인을 소요살인 죄명으로 관헌에 인도하기 위해 호송하던 중 일본도로 살해
- 3일 급 4일 동군 아손자정 8판신사 경내에서 궁곡일 외 5명이 이일필 외 2인을 소요살인 죄명으로 곤봉과 뭉둥이로 3명을 살해
- 3일 오후 11시 동군 포안정에서 평야음길 외 4인이 최희덕 외 1명을 소요살인 죄명으로 일본도와 창 쇠갈고리 등으로 살해
- 3일 오후 4시경 동군 마교촌 마교정거장 부근에서 길천미차랑 외 8명이 씨명 불상 6명 소요살인 죄명으로 일본도롸 쇠몽둥이로 살해
- 4일 오전 11시경 동군 선교정경찰서 부근 용구인삼랑 외 10명이 오택근 외 십수인을 상해치사 죄명으로 일본도로 살해
- 동일 오후 4시경 동정 9일 시피병원 앞에서 도엽영 등이 씨명 불상 3인을 살인 죄명으로 일본도로 살해
- 3일 오후 5시경 동군 마교촌 신작지 내에서 제등희시 외 1명이 씨명 불상 남 1인을 살인 죄명으로 전봇대에 묶어놓고 쇠갈고리로 구타

살해
- 4일 오전 10시 반경 동군 유산정에서 미야홀길 외 5명이 씨명 불상 남 1인을 살인 죄로 일본도로 중상을 입힌 후에 도가와 강에 던져 버림
- 동일 4시경 동군 선교정 9일시에서 석정원길 외 13명이 씨명 불상 38명을 소요살인 죄명으로 후나바시경찰서로 인도하기 위해 호송하던 중 일본도 등으로 살해
- 4일 천엽시려사상총옥에서 삼지훈 등이 씨명 불상 2인을 살인 죄명으로 곤봉 쇠갈고리 등으로 살해

② 조선인으로 오인하여 일본인을 살해한 사례 10건을 기록하였다(생략함)
『이유없이 살해당한 사람들 – 관동대지진과 조선인』

— 관동대지진 90주년 지바(千葉) '관동대지진과 조선인 학살 사건'을 걷다
후나바시(船橋) 나라시노(習志野) 야치요(八千代) 현장 답사 자료 10쪽
지바현에서의 관동대지진과 조선인 희생자 추도·조사 실행위원회 편찬
홍세아·다나카 마사타카 옮김
2017년 9월

| **1924년 4월 말 현재 주요 인물 및 경시청 편입 요시찰인물** |

1924년 4월 말 현재 주요 인물

- 최승만 29세, 경기 출생. 동경 고전정 잡사곡 372. 화성사, 조선기독청년회 및 연합예수교회 간부
- 민석현 37세, 경기 출생. 소석천구 대총중정 36. 삼포방. 천도교청년회 간부. 자강회를 조직하고 노동숙박소 건설에 노력 중이나 가망이 희박.
- 박사직 40세, 경기 출생 소석천구 대총하정 190. 천도교 종리원에 거주, 천도교 포덕부장 민석현과 동일한 행동.
- 정연규 25세, 경기도 출생. 중야구 길상사 1808 중전. 스스로 저술가로 자처하고 불온한 언동을 하며 종종 《보지신문(報知新聞)》에 기고함.
- 권희국 25세, 충북 출생. 사곡구 신숙 2정목 신숙호텔에 기숙, 작년 봄부터 정안립의 행동에 가담, 최근에 입경.
- 홍진우 28세, 충남 출생. 흑우회 간부 박열 일파의 비밀결사 사건에 연좌하여 시곡감옥에 재감 중.
- 채홍석 25세, 대대반대산 1048 세곤방. 금년 봄 일본대학 졸업, 일단 귀국하였으나 취직 때문에 4월 다시 입경.
- 김송은 30세, 전북 출생. 우입구 희구정정 20 은전방. 3월 중 동아일보 배척운동에 관한 사명을 띠고 경성에 왕복한 사실이 있다.
- 이헌 32세, 전북 출생. 정교구 각괄 725. 노우사·북성회·조선 노동동맹회 및 조선 무산청년회 간부. 근일에는 본국내 사상 노동운동에 참가

하여 활동하고 있다.
- 옥준진 28세, 전남 출생. 천태곡 548 가등방. 학우회 간부.
- 박열 24세, 경북 출생. 흑우회 수뇌, 비밀결사 건으로 입옥 중.
- 변희용 28세, 고전정 하전 64 향산방. 북성회 간부로서 귀국하여 국내에서의 운동에 참가 3월 18일 결혼을 위하여 귀국.
- 이옥 30세, 호총정 하호총 593 이종호방. 학우회·조선노동동맹 간부.
- 백무 24세, 호총정 하호총 655 장백료 거주. 북성회 조선노동동맹회 및 조선무산청년회 간부. 4월 말 전조선 청년동맹대회에 출석하기 위하여 경성에 왕복.
- 박명련(순천) 여자 27세, 경남 출생. 고전정 잡사곡 372 화성사 거주, 여자학흥회 간부.
- 김천해 26세, 경남 출생. 정교구 각괄 725 노우사 거주, 조선 노동동맹 간부. 최근 장야현하에서 조선인노동임금지불사건으로 참가하여 유리하였다.
- 김낙영 28세, 황해도 출생. 천태곡 877. 조선 기독교청년회 및 연합예수교회 간부.
- 황신덕 여자 28세, 평남 출생. 일본여자대학 기숙사. 학업에 전력하여 근일 회합에 참가한 사실 없음.
- 유영준 34세, 평남 출생. 우입구 원정 1의 60 소천방. 여의학교 졸업 후 본년 2월 신전구 삼정병원에서 실습하다가 3월 상순 적십자 병원으로 가서 견습 중, 한층 근신한 정이 있다.
- 채필근 40세, 평남 출생. 본향구 구입동편정 96 고림방. 조선 기독교청년회 간부.
- 김중 24세, 평남 출생. 박열 일파의 비밀결사 사건에 관여.
- 허정 28세, 강원도 출생. 국정구 중6번정 49 독학부 기숙사. 상해임시

정부 및 의열단 연락자의 용의자로서 시곡감옥에 재옥 중.
- 전민철 25세, 함경남도 출생. 일모리 금삼일 591. 근일 생활고를 겪고 있다.
- 이동제 30세, 함남 출생. 고전정 잡사곡 427 백산방. 학우회 간부.
- 이철 26세, 함남 출생. 소석천구 대총정 170 국지방. 단체에는 직접 관계하지 않으나 평소 과격한 언동이 있다.
- 이증림 27세, 함남 출생. 대대목산곡 88 제성방. 자중하여 일체 운동에 불참.

경시청 편입 요시찰인물

경기 최승만 별명 극광 26세 학생·박사직 40세 천도교 종리원·오기선 별명 기사 48세 기독교 선교사·민석현 37세 학생·정연규 저술업,
강원 최재우·허정, 충남 채홍석 25세 학생·홍진우 31세 무직 입옥 중, 충북 권희국 별명 중한 학생,
전북 김송은·이상규(이명 이헌, 애족장, 만주방면), 전남 서상국 28세(함평군 제2대 국회의원)·옥준진·박선규(애족장, 3·1운동)·장영규(애족장, 일본방면)·채순병(애족장, 3·1운동),
경북 김문보(친일, 문학)·변희용·박준식(별명 박열, 대통령장, 일본방면)·서동성(애국장, 국내항일)·이여성(별명 명련)·이옥(애국장, 중국방면)·백만조(별명 백무),
경남 김학의(별명 김천해)·박명련(별명 순천)·김약수(본명 두전),
황해 김낙영(애족장, 3·1운동)·지정신(지영철),
함남 이증림(이원)·이철·이동제·정태성·한림(별명 초길)·한재겸·한위건(독립장, 중국방면)·전민철,
평남 김윤기·김중한(애족장, 일본방면)·유영준 여의사·송복신 여의사·이

창근 1923년 고등문관 행정과 합격·이필현(별명 방산, 애국장, 중국방면)·채필근·황신덕(친일, 교육 학술)·평북 한소제 여의사 등이다.

이들은 대부분 유학생으로 현지에서 제노사이드 참상을 목격하였거나 구조활동 및 조사요원으로 활동하였다.

| 一年이 되어 온 震災통 – 日記와 그 때의 回想 |

HY生의 일기

9月 1日

地震 – 집 문허지는 壯觀 – 火災 – S君과 갓치 永代橋 方面으로 구경 – 그 때에 日本橋 方面에도 大火 – 갑작이 旋風 – 서 잇든 자리가 危險 – 烟火에 包圍 – 혼이 나서 歸家 – 餘震으로 坂本公園에 避難 – 公園附近에 數萬人 集合 – 地震은 連하야 火災는 四方으로 – 엇지나 되나? 이것이 이 世上일? – 數時間을 선 채로 – 다시 本石町방면으로 – 하도 끔직하야 精神이 어덜덜 – 黃昏 – 다시 公園으로 – 周圍를 에웨싸고 불길은 猛烈 – 數萬 群衆이 모힌 公園안이 刻一刻으로 危險 – 不安 恐怖 – 警官隊가 나팔을 불며 二重橋 압흐로 避難하라! – 그러나 얼골이 뜨거워서 – H와 S君으로 더브러 決心하고 갓치 二重橋로 向 – 中途에 苦心 慘憺 – 前後左右가 火炎의 山 – 避難人의 大混雜 – 旋風은 곳곳이 – 火氣 充天 – 前進 不能 – 進退를 어대로? – 死! 死! 必死 突進 – 東京驛前의 大混雜 – 3人이 二重橋에 着 – 九死一生 – 一夜를 宮城압 草原에서 – 濠水를 隔한 저 쪽에는 불의 바다 – 暴音은 殷殷히…

9月 2日

朝 6時 一行은 茅場町으로 向하야 – 吳服橋에서 처음으로 死體 20餘를 發見 – 目不忍見 – 坂本公園에 死體 無數… 남아 잇섯드면! – 煙氣

와 아직 들 탄 屍體의 惡嗅 – 얼골의 뜨거움을 참으면서 前日에 나간 金君을 차즈러 (元山人 金利則, 住所不知 지금까지 生死를 不知) – 午後에 다시 二重橋로 – 地震은 그대로 – 이 中에 비는 온다! – 밤에는 잘 자리를 銅像압흐로 – 夜半에, 喊聲 – 群衆 ○○을 包圍 – 火光은 아직도 – 잔듸 우에서 男女의 分別업시 가로 세로… (36)

9月 3日

早朝에 3人이 議論 – 배 곱흐고 갈 데 업고 危險하고 – 남아 잇는 市社會局으로 行 – 3人이 가티 社會局救護班이 되여 群衆에게 주먹밥을 – 鮮人이 다이나마이트 投下라는 所聞 – 人心悃悃 – 群衆鐵棒과 長劍을 携帶 – XXXXX으로 月島에 避難한 5萬名을 XX하엿다고 所聞 – 사람마다 殺氣가 등등 – (同志 H와 S는 日本人이엿스나 그러나 그 混亂中에도 最後의 日까지 生死를 가티 하야 나의 本色을 감차 주엇다) – 午後 4時 替番하야 社會局 3層으로 – 모혀잇든 班員 一同도 激奮하야 人心이 騷亂 – 夕暮 –

저녁때 上野에서는 數萬群衆이 사흘재 굴멋다는 消息이 왓다. 그리하야 다시 한 分隊를 組織하야 가지고 그리로 가게 되엿스나 나는 엇지할가 – 하고 여러 번 망서리다가 필경은 가기로 決心하고 말엇다. 왜 그런고 하니 2人의 親友를 떠나 혼자 단이는 것도 조금 자미가 업지만 첫재 먹을 것이 업스니까. 그리하야 午後 7時까지는 캄캄한 때에 이르러 一同은 貨物自働車를 타고 上野로 향하게 되엿다. 一行은 40餘人이고 自働車는 4臺이엿스나 玄米와 간쓰메 等屬을 잔득 실허 지금 생각하여도 도모지 어듸메 달녀 갓섯는지 까닭을 모를 일이엿다. 간신히 火災를 면한 東京府廳 압헤는 騎馬巡査와 數만흔 憲兵이 느러잇고 四方으로 派遣되는 數十臺의 自働車가 큰길가에 길게 서 잇섯다. 暗黑한 街上의 群衆의 雜踏이며 地面에 끌니는 鐵鎗의 소리! 騷騷한 가운대도 狀大하고 무서운 沈默이 繼續되나 때때로는 喊聲과 悲鳴이 끈일 사이 업다. 그 중에도 심하든 이 第3日의 밤을 누가 佛蘭西의 恐怖時代만 못하다 하리요. 煤煙과 惡嗅에 눈코는 거의 그 本能을 일흘 地境이요 타죽은 屍體는 길가에 너저분하얏다. 아무리 生覺하여도 이 世上일 갓지는 안이한 人間의 生地獄을 通過하고 自働車는 須田町까지 이르럿다. 아아! 須田町의 慘狀! 鋼像만이 悄然히 서 잇는 것도 悲慘의 全部를 말하는 듯. 아직도 타는 中인 架空의 다리 밋을 지내엿다. 그러나 다다른 萬歲橋는 임이 斷絶이 된 後이고 바로 上野를 갈 수는 업시 되엿다. 할 수 업시 돌아서 泉橋方面으로 向하엿스나 그러나 泉橋에도 電車의 線路만 남아 잇슬 뿐이오 다리의 形骸조차 업는 밋흐로 검은 물만 흐르고 잇섯다. 그리고 그 附近에는 自警團과 決死隊員이 數十名 鐵棒과 총검으로 一行을 막으며 너희는 누구이냐? 하고 물엇다. 그 近處에는 自警團의 交通 遮斷으로 통행하는 사람은 하나도 볼 수 업섯다. 그러나 몃 마대의 問答이(37) 잇슨 後에 社會局의 救護隊임을 알고 通過를 許諾하얏다. 그러치만 自働車로는 건널 수 업고 하야 運轉手에게는 빈 車를 가지고 松住町으로 도라가 보라하고 사람만 근너 가기로 되엿다. 그러하야 한 사람씩 – 떠러지면 풍덩이지만 – 線路를 타고 가만가만히 한 절반 근너섯다. 그러나 마침 그때이엿다. 이 때에 自警團의 探偵員 數名이 달녀와 急告하야 日 小傳馬町 附近에서 ○○ 50名이 XX을 손에 들고 襲來하야 온다고-. 설마 아무리…라고 하엿스나 境遇가경우이다. 爆彈이란 바람에 도장 – 왈자를 치던 自警團도「小傳馬町이면 바로 요기이다!」하고 다라나는 친구 걸녀 떠러트린다고 樓上의 線路우에 鐵索을 가로 매다가 잘 되지도 안으니까 고만 殘灰黑煙 속으로 사라져 가는 친구, 가진 各色으로 덤비엿다. 事實 찜찜하얏다. 감감은 하고 四方에서 쾅– 쾅– 하는 소래가 火藥庫의 터지는 소리인지 工兵의 危險物爆破인지 혹은 그러치 안으면 다른 그 무엇인지 當時에는 아무리 冷靜히 생각하여 보려도 그런

餘裕는 생기지 안엇다. 그러나 캄캄한 중에 뿔뿔이 도망질하야 가기도 실코 그대로 서 잇슬 수도 업고 急急한 語調로 한참 議論이 분분하다가 及其也 上野로는 中止하고 그만 도라가기로 되엿다. 그리하야 第一 뒤에 섯든 車부터 머리를 돌녀 가기 始作하엿다. 그리고 내가 타고 오든 압섯든 車는 도라갈 때 第一 뒤스게 되엿다. 그런데 이 運轉手가 원수에 것이엿다. 조금 運轉을 始作하다가 딱 멈츄고 나서 고개를 끼웃둥 끼웃둥 하고 하는 말이 「으응 나는 그 생각은 못하엿드 니 으응… 암만해도…」

別 말이 안이라 10餘人이 탄 이 自働車 안에도 ○○○이 탓슬넌지 모르겟다는 말이엿다. 當時에는 누구나 XXX이란 석字에는 莫大한 恐怖心을 갓고 잇섯든 터이다. 그리고 누구나 依例히 죽일 것으로만 알고 잇섯다. - 나는 이에 한 마듸 하야 두고저 한다. 나는 民族主義者는 안이다. 나의 本主義는 또 다른 곳에 잇지만 그 方面으로 말하자면 人類主義者이다. 震災통의 XXXXXXXX 悲慘한 事實에 대하야서는 眞心으로의 熱淚를 禁치 못하는 터이나 또한 當時의 混沌한 情狀과 混錯한 心理狀態를 생각하야 엇지할 수 업는 彼此의 不幸으로 돌녀둘 수 밧게는 업지 안이한가 생각한다. 第4日의 午後에 나도 엇더한 光景을 目睹하고 엇더헌 感情이 잇섯는지 지금에 그것을 말할 수도 업스나 日本이나 露國이나 中國 米國을 勿論하고 다 갓흔 同胞로 보는 눈으로는 또한 저편의 當時 情狀을 돌려 생각하야 주는(38) 것이 반듯이 무슨 妥協이랄 것이 안이며 所謂 무슨 親日派라는 名目아래 辱하지 안아도 조흐리라고 생간한다. 그것도 亦 一種의 群衆心理라 할는지 헛소문(이것이 第一原因이지만)이나 或은 非常한 境遇에 이러난 악에 밧쳐 한 것이라고 할 수밧게 - 愛子를 일흔 父母의 마음은 몰나도 몃 번 죽을 번 하다 말은 나쯤은 그만하면 足하리라고 생각한다. 안이 足이니 不足이 니가 안이라 서로히 不幸으로 돌리고 말 수밧게 업다는 것을 - 이야기가 조금 느젓스나 한 마듸 하여둔다.

이야기는 다시 도라가나 何如하든 그 때에는 XXXXXXX 모도 죽일 것으로만 알엇다. 갓치 단이든 H와 S는 조금 類 다른 사람이니까 日本人이라도 넉넉히 安心할 수 잇스나 갓치 타고 갓든 남아지 10餘人은 전혀 모르는 – 멋도 모르고 XXXXX면 奮慨하는 者들이엿다. 그 자리에 나의 行色이 탄로 낫드면 여긔 안저 이런 것을 쓰게도 되지 안엇슬 터이나 兩君이 시침 뚝 떼고 하는 雄辯으로 겨오 그 자리는 免하고 말엇다. 그러나 지금 안저서는 이와 갓치 마음 편한 소리를 하는 터이나 當時에는 여간이 안이엿다. 그야말로 「죽엄」이란 것이 코ㅅ날에 와 부튼 때이엿단 말이다. 쇼펜하우엘의 影響을 밧아 「自殺」을 自己의 天職으로 알고 잇든 때도 업지 안엇스나 이 때만은 죽은 것 갓치 실코 무서운 것은 또다시 업는 것으로 참말 마음껏 아라먹엇다.

　何如하든 살엇다. 그리하야 自働車는 도로 가기가 되엿다. 그러나 재수업시 떠드는 運轉手로 因하야 먼저 간 세 채는 보이지도 안엇다. 아모리 速力을 내인대도 보이지 안는 것이라 엇지 할 수 업고 혼자 떠러저서 도라서고 보니 뒤떨미에서 XX이 날나 들어오는 것만 갓다. 황소 반마리는 어듸서 낫는지 싯뻘건 고기떵이 우에 玄米가 몃 包袋. 그리고 그 우에 올나서서 바라보는 暗黑한 市街의 慘憺한 光景과 엇지 되여 갈는지 모를 自己의 運命! 이것들을 이름지여 現實이라 부를 수는 到底히 업슬 뜻 하엿다. 등뒤에서는 무엇이 날나오는 듯하나 悲壯이라 할는지 壯快라 할는지 모를 이 때의 全景도 안이 바라볼 수는 업섯다.

　한참 가다가 自働車는 또 停止되엿다. 지금은 때 느젓는대 어듸로 가야 갓가우냐–는 議論이다. 애써 오든 지긋지긋한 그 길로 도로 가기는 자미업다는 말이엿다. 외따로히 가기는 맛찬가지이니 아조 上野로 가보자는 結論이 낫다. 나는 그들의 하자는 대로이다. 말 참관한대야 利로울 것은 半點업겟슴으로 이래도 조코 저래도 좃코 조치 안아도 조코로 通用

이다.(39)

　車머리는 松住町 편으로 向하얏다. 언덕을 올나 本鄕 三丁目에 이르럿슬 때에 그곳은 警戒가 극히 嚴重하얏다. 그리고 「廣小路」까지의 사이에 數十名씩 몰키여 잇는 自警團이 數十處이엿다. 그리고 그들의 압을 지날 때마다 停止命令이 서리갓다. 발서 밤은 임이 깁혓스나 한 곳에서 調査 밧는 동안이 한참씩 된다. 대단히 怯이 만흔 모양인 運轉手도 땀을 뻘뻘 흘니지만 長劒을 되려대고 「그 안에 XXX업느냐!」 할 때마다 나의 가슴도 적지 안이하게 조릿조릿하얏다. 그 中路에 10餘번을 停車한 後이엿다. 運轉手도 하도 질력이 낫든지 한번은 命令이 잇슴을 不拘하고 그대로 내모라 보앗다. 왼거니! 아가가… 하고 數十名이 따라온다.

　그 다음번 次例도 뿐이 뵈는 곳이니까 더 다라나도 所用이 업섯다. 달녀왓다. 부셔라 부셔라로 하나씩 들고 잇든 鐵棒으로 車體를 亂打 - 그럿치만 사람 치지 안는 것만 萬幸이엿다. 때렷슬넌지도 모르나 運轉手가 얼핏 機械의 故障이라고 빌엇다. 그리고 社會局이라고 주어 댓다. 그러니까 社會局은 어듸 댄여왓느냐의 意味의 말과 「一般의 危險을 생각하야 XXX 잡으려는 줄 모르고 이 놈!」 하고 呼令이 秋霜 갓하엿다

　上野에 到着되엿다. - 人山人海의 上野公園 - 때는 正히 11時 - 馬場先門에서 上野까지 自働車로 네 時間 - 途中에 死를 覺悟하기 그 멋번! - 언제인가 音樂會를 구경하던 自治會舘이 群衆에의 炊出場 - 밥 짓는 가마는 즉고 列은 길다 - 밤을 새워가며 列을 지여서 잇는 그 끗은 어듸? - 한 덩이 엇기까지에는 4時間 半 - 꼿이 붓그러 할 어엿분 處女 - 가엽슨 어린애 - 제턱인거지 - 아라볼 수 업는 富者 -

9月 4日

4時間의 休息 - 아참부터 주먹밥 논아주기 - 午後 3時에 貨物自働車로 自治會舘에서 社會局으로 - 途中에 … 처참한 光景 눈으로 볼 수 업다. - 無事 到着 - 저녁 - … (以下 11行 約) … - 生이냐? 死이냐? 이에 이르면 모도가 꿈이다. - 오직 죽엄일 뿐 - 悲慘한 最後를 覺悟할 뿐 - 死에 對한 恐怖는 처음이다 - 죽엄이란 것인 줄은 - 故鄕으로 도라가 이것을 펴 볼 날이 잇슬가 업슬가 - (4日 午後 6時 社會局 3層에서 市街의 소름 나가는 光景을 바라보며)

社會局 3層에서 자기로 하엿다 - 暗黑 - 窓外는 殘火로 훤 - 寂寂하고도 亂雜한 3層 - 남들은 잠이(40) 들엇스나 호올노 깨여서 - 夜牛에 또다시 큰 地震 - 캄캄한 廣間에서 잠자는 數十名 - 압흘 다토아 層階로 굴너 - 밋 層에 잇는 數千의 避亂民 - 요란한 喊聲과 갓치 밧그로 集合 - 나는 그대로 - 캄캄한 세 箇의 層階를 밟을 사이에 다 허무러질 것이다 - 얼마 後에 一同은 하나씩 둘씩 入室 - 때는 몰나도 깁흔 夜半 - 昏夢히도 잠의 나라로… (5日 早朝 同所에서)

9月 5日

午後 2時 또다시 上野로 - 上野에 着 交代時間이 되기까지 H와 S로 더부러 公園內를 1周 - …… 80有餘歲의 老盲婦人이 잇서 路上에 昏倒 - 生命은 아직 - 보다 못해 赤十字로 - 夜 - 夜警嚴重 - 騎馬巡査와 憲兵, 銃劍을 가지고 多數히 - 10時쯤 되여는 팡을 어드라 오는 이의 그림자도 업다 - 2, 3日 前에는 人山人海를 이루엇든 上野도 이와 갓치 쓸쓸히 - 11時 頃에는 舘內의 模型 前, 세멘트 바닥에 누어 - 한참동안의 追憶으로 - 午前 2時頃 地震으로 또 騷動 - (6日 朝自治會舘에서)

13日까지 上野에 - 13日夜 一同은 芝浦海岸으로 - 午前 1時부터 炊出

의 準備 - 밤중에 浦島橋를 지낫다가 暴雨로 경을 담뿍 -

17日 夕陽 - 芝浦海岸에서 3人의 作別 - 南으로 北으로 - 軍艦淺間丸에 便乘하야 - 海上의 一夜 - 相漠灘을 지날 때의 快觀 - 東京을 도라보며 - 意外인 歸鄕 - (끗)

1924年의 9月 1日을 마저며(41)

— HY生,《개벽》제51호, 1924. 9.

| 정종배 다큐시집 |

1923 관동대학살 – 생존자의 증언

초판 발행일 2023년 8월 15일

지은이 정종배
펴낸이 임만호
펴낸곳 창조문예사
등 록 제16-2770호(2002. 7. 23)
주 소 서울 강남구 선릉로 112길 36(삼성동) 창조빌딩 3F(우 : 06097)
전 화 02) 544-3468~9
F A X 02) 511-3920
E-mail holybooks@naver.com

ISBN 979-11-91797-30-5 03810
정 가 20,000원

※ 잘못된 책은 바꾸어 드립니다.